THOMAS REICHART

DAS FEUER DES DRACHEN

Was Chinesen antreibt,
wo sie dominieren und
warum sie über uns lachen

Ausführliche Informationen über
unsere Autorinnen und Autoren und ihre Bücher
finden Sie unter www.dtv.de

Dieses Buch ist auch als eBook erhältlich.

© 2020 dtv Verlagsgesellschaft mbH & Co. KG, München
Das Werk ist urheberrechtlich geschützt. Jede Verwertung ist nur
mit Zustimmung des Verlags zulässig. Das gilt insbesondere für
Vervielfältigungen, Übersetzungen und die Einspeicherung und
Verarbeitung in elektronischen Systemen.
Für Inhalte von Webseiten Dritter, auf die in diesem Werk verwiesen
wird, ist stets der jeweilige Anbieter oder Betreiber verantwortlich,
wir übernehmen dafür keine Gewähr. Rechtswidrige Inhalte waren
zum Zeitpunkt der Verlinkungen nicht erkennbar.
Satz: Uhl + Massopust, Aalen
Gesetzt aus der Concorde
Druck und Bindung: CPI books GmbH, Leck
Printed in Germany · ISBN 978-3-423-28255-0

Inhalt

Inhalt

Der Corona-Schock: In der Krise zeigt sich der Charakter

Eigentlich hätten wir gewarnt sein müssen. Über Wochen konnten wir beobachten, wie sich das Coronavirus in China immer weiter ausbreitete, wie die Zahl der Infizierten in die Zehntausende stieg und Tausende starben. Aber es schien uns als etwas, das weit weg war von Europa, von Deutschland. Als würde diese Epidemie auf einem anderen Planeten wüten. Und als wären die Grenzen Chinas auch die Grenzen für dieses Virus. Die Covid-19-Erkrankungen betrafen andere weit weg in Fernost, nicht uns in Deutschland. Inzwischen wissen wir, dass das ein schwerer Fehler war – und dass er uns nicht zum ersten Mal unterlaufen ist. Mir ist in meiner Zeit als Chinakorrespondent oft aufgefallen, dass wir zu glauben meinen, was in Fernost passiert, gehe uns nichts an. Das Problem ist also noch größer als das Virus. Es betrifft die Art, wie wir auf China schauen, und die Frage, was China mit uns und unserer Zukunft macht.

In der Krise zeigt sich der wahre Charakter, heißt es. Was also sagt uns der Corona-Schock über uns selbst und China? Was zeigt sich darin, das über den Kampf gegen die Pandemie hinaus in der Zukunft für uns alle bedeutsam sein wird?

Chinas Behörden haben das Virus über Wochen verharmlost, seine Ausbreitung und Gefährlichkeit sogar verheimlicht. Sie haben dabei die Chance vertan, das Virus einzudämmen. Denn schon Mitte Dezember 2019 erkrankten in Chinas Elf-

Millionen-Metropole Wuhan Menschen an einer rätselhaften Infektionskrankheit, die die Lungen befällt. Kurz darauf warnten Ärzte in Chatgruppen, dass eine Epidemie die Stadt bedrohe. Doch die städtischen Behörden spielten die Gefahr herunter, die Polizei ging sogar gegen Ärzte vor, weil sie Gerüchte verbreitet hätten. Erst nach dem Neujahrsfest, mehr als einen Monat nach dem Auftreten der ersten Fälle, wurden in Wuhan und überall in China einschneidende Schutz- und Quarantänemaßnahmen verhängt. Das Virus aber hatte sich da schon verbreitet. Die Fehler und Vertuschungen von Chinas Staats- und Parteiführung sorgten mit dafür, dass ein Unglück in Wuhan zu einer globalen Katastrophe wurde.

Deutschland hätte die Chance gehabt, zu beobachten und zu lernen, es also von Anfang an besser zu machen als China. Aber auch bei uns haben Regierung und Behörden viel zu langsam reagiert und wertvolle Zeit verstreichen lassen. Noch Anfang März 2020, als längst klar war, dass das Virus auch Europa erreicht hatte, vermittelten sie den Eindruck, als genüge es, die Hände regelmäßig zu waschen und in die Armbeuge zu husten. Unser Gesundheitsminister war über Wochen vor allem damit beschäftigt, die Gefahr des Virus herunterzuspielen und vor Verschwörungstheorien zu warnen, statt dafür zu sorgen, dass Ärzte, Praxen und Krankenhäuser ausreichend mit Schutzanzügen und Atemmasken auf die bevorstehende Pandemie vorbereitet waren. Deutschland erlaubte sich selbst zunächst eine Mischung aus Arroganz und Behäbigkeit, als würde ein hoch ansteckendes Virus, das in China Tausende getötet und ein ganzes Land lahmgelegt hatte, bei uns nur in der Form einer saisonalen Grippe auftreten.

Es wird Zeit, dass wir beides ablegen: die Arroganz und die Behäbigkeit. Denn Corona ist zum Stresstest für jede Gesellschaft geworden, zum Ausweis dafür, wie gut jedes einzelne

Land auf existenzielle Krisen vorbereitet ist. Wie gut sein Gesundheitssystem, seine Institutionen, Behörden und Regierungen und am Ende auch seine Bürgerinnen und Bürger funktionieren und in der Lage sind, mit Extremsituationen umzugehen. Erfolg oder Misserfolg entscheiden am Ende auch über das moralische Kapital, mit dem Staaten aus dieser Bewährungsprobe hervorgehen. Die Pandemie ist deshalb auch ein tiefer Einschnitt in unser aller Geschichte. Die Machtverhältnisse in der Welt werden neu sortiert. Es wird eine internationale Ordnung vor und nach der Corona-Pandemie geben. Jeder Staat gewinnt Gefolgschaft und Legitimität, indem er zentrale Aufgaben für seine Bürgerinnen und Bürger erfüllt. Dazu gehören Gesundheit, Sicherheit nach innen und nach außen und Mobilität oder die Möglichkeit aufzusteigen, vielleicht sogar reich zu werden. Was mir auffällt, ist, dass Bekannte hier in Deutschland den Eindruck haben, dass unser Land in all diesen Bereichen nicht vorankommt, dass Politik und Unternehmen bei wichtigen Aufgaben und zentralen Zukunftsfragen versagen. Umgekehrt räumen Bekannte in China, selbst die, die für die staatliche Parteipropaganda nur Hohn übrig haben, ein, dass sich in diesen Bereichen in ihrem Land viel verbessert habe. Diese Diskrepanz ist gefährlich, denn so wächst in Deutschland wie in China ein Misstrauen gegenüber der Demokratie. Wenn Demokratie es nicht schafft, zentrale Lebensfragen zu lösen, dann verliert sie ihre Stärke und ihren Reiz. Dann wächst der fatale Eindruck, dass die Diktatur möglicherweise die überlegene Staatsform sei.

Ich bin ein paar Monate vor Ausbruch der Corona-Pandemie mit meiner Familie aus Peking zurückgekehrt. Fünf Jahre habe ich in China das ZDF-Studio geleitet und fast jede Provinz dieses riesigen und rätselhaften Landes bereist. In dieser Zeit habe ich das irre Tempo und die rücksichtslose Wucht von

Abriss und Aufbau erlebt. Habe gestaunt, wie hart die Menschen für ihren Aufstieg arbeiten, wie viel sie ihren Kindern abverlangen, welche enormen technologischen Fortschritte China gemacht hat und uns, dem Land der Ingenieure, in vielem inzwischen weit voraus ist. Ich musste auch erleben, welcher Machtapparat dahintersteckt. Die Diktatur der Partei, die eiskalt jeden verfolgt, der ihr verdächtig erscheint. Ich habe in China den Aufstieg einer neuen Weltmacht erlebt, die unsere Zukunft im Guten wie im Schlechten prägen wird.

China schärft den Blick auch auf mein Zuhause, auf das, was mir, zurück in Deutschland, wichtig und wertvoll ist. Saubere Luft, sichere Lebensmittel, Wasser, das man aus dem Wasserhahn trinken kann, darüber habe ich früher nicht viel nachgedacht, aber ich weiß es nun zu schätzen, weil es mir in China lange gefehlt hat. Genauso ist es mit unseren Freiheiten. Niemand zensiert das Internet, blockiert Inhalte, hört meine Wohnung und mein Büro ab, liest Mails und Chatnachrichten mit. Meine Kinder staunten über die vielen Wahlplakate und dass man für das Klima demonstrieren kann, ohne verhaftet zu werden. Das kannten sie aus China nicht.

Aber mich treibt auch eine Sorge um, die größer wird, je länger ich wieder zurück bin. Mir fällt bei uns in Deutschland eine aufreizende Selbstgefälligkeit auf, verbunden mit dem selbstverständlichen Glauben, dass es genau richtig ist, wie wir die Dinge so machen. Wir ruhen uns aus auf den Erfolgen der letzten Jahrzehnte und nehmen nicht wahr, dass sich die Welt um uns herum grundlegend verändert hat.

China scheint im Moment auf der Überholspur der Nationen vorne zu liegen, geradewegs dabei, ehemalige Spitzenreiter abzuhängen. Aber ist das wirklich so? Ist Chinas Diktatur unserer Demokratie überlegen? Ist es effizienter, von oben herab durchzuregieren als in manchmal endlosen Debatten und Verhandlungen um die bessere Lösung zu ringen? Oder bedeutet das Fehlen von Gewaltenteilung und von Korrektiven, dass nicht nur Entscheidungen schneller passieren, sondern damit auch folgenschwere Fehler?

Als Covid-19 kam, witzelten viele:»Endlich etwas aus China, das länger als zehn Tage hält.« Deutschland schwankt hin und her zwischen einer vorurteilsbeladenen Arroganz gegenüber China und einer diffusen Angststarre. Beides hilft uns nicht weiter. Vor allem sollten wir unterscheiden zwischen den Menschen und dem Regime, das sie beherrscht. Das ist ein großer Unterschied. Über Chinesen habe ich mich gewundert und sie bewundert. Die Herrschaft der allmächtigen Partei ist etwas ganz anderes: Es ist ein eiskalter Unterdrückungsapparat, der uns herausfordert und auf den wir nicht vorbereitet sind.

Wenn bei uns in Deutschland etwas als besonders nebensächlich erscheint, sagen wir: Das ist so interessant, wie wenn in China ein Sack Reis umfällt. Hinter diesem Sprichwort steckt die Haltung, dass China möglicherweise wichtig, aber eigentlich doch sehr weit weg ist. So weit, dass es uns nicht betrifft. Und tatsächlich war es ja auch so, dass die umwälzenden Veränderungen, die China in den vergangenen 40 Jahren erlebte, Prozesse und Ereignisse waren, die vor allem in China passierten und auf China beschränkt waren. China war noch keine globale Macht, die das Schicksal der ganzen Welt hätte mitbestimmen können. Das ist nun anders. China ist mittlerweile eine Weltmacht, und was dort geschieht, das betrifft uns in Europa und in Deutschland unmittelbar. China überschreitet seine Grenzen, es greift aus in die Welt und kommt mit all seiner Macht auch zu uns nach Deutschland.

Es ist eben nicht nur ein Virus, das aus Wuhan die ganze Welt befällt. Das Virus ist nur die Krise, die uns zwingt, die viel größeren Veränderungen wahrzunehmen, die in den letzten Jahren schleichend, aber eigentlich rasend schnell vonstatten gegangen sind. Denn China steht nicht vor unserer Haustür, es ist schon längst da. Und es wird höchste Zeit, zu verstehen, was das für uns bedeutet. Wie wir damit umgehen, wovon wir profitieren und wovor wir uns hüten sollten. Umgekehrt ist es ja auch längst so, dass Chinesen sich für uns interessieren. Und dass sie uns viel besser kennen als wir sie. Dieses Buch ist eigentlich eine Anmaßung. Ich habe in meiner Zeit als Korrespondent in Peking gelernt: Nicht nur der Unterricht in chinesischer Sprache ist zuallererst eine Übung in Demut, das gilt auch für die Berichterstattung über dieses Land. Wann immer ich glaubte, etwas über China verstanden zu haben, kamen mir kurz darauf Zweifel, ob ich damit wirklich richtig lag. Es war ein ständiger Kreislauf. Bei den vielen Recherchen, Reisen, Interviews gewann ich tiefe Einblicke, nur um kurz darauf wieder den Eindruck zu haben, dass das nur ein Ausschnitt war. Dass China noch viel größer und unberechenbarer ist. Das lag auch daran, dass hier Dinge nebeneinander existieren, die sich eigentlich widersprechen: Kommunismus und Kapitalismus, Diktatur und Anarchie, Effizienz und Chaos, Hypermodernität und Rückständigkeit. Wie bei einem Kamerabild entscheidet der Fokus, was scharf hervortritt und was in der Unschärfe des Hintergrunds bleibt. Dieses Buch ist deshalb auch keines, das den Anspruch erhebt, China oder die Chinesen zu erklären. Es ist mein Blick auf China und auf Deutschland. Aber weil ich versuche, immer wieder den Fokus zu verändern, hoffe ich, am Ende doch ein möglichst breites und tiefes Bild von dem zu zeichnen, was wichtig und bedeutsam ist für China und damit am Ende auch für uns in Deutschland.

Das chinesische Wort für Krise ist *wēijī*. Es besteht aus zwei

Schriftzeichen, das eine, *wēi*, steht für Gefahr. Das andere, *jī*, steht für Chance. Chinas Partei und Regierung behaupten, dass das Land in der existenziellen Gefahr, die durch das Virus entstanden ist, seine Chance genutzt habe. China habe damit eine Erfolgsgeschichte geschrieben. Stimmt die Propaganda? Oder versucht Peking mit aller Macht, der Welt seine Version dieser Jahrhundertseuche aufzudrücken?

Schon jetzt ist es so, dass China seine Art, das Virus zu bekämpfen, als Ausweis dafür sieht, dass die Herrschaft der Kommunistischen Partei ein den westlichen Demokratien überlegenes System sei. Ein System, das Vorbild sein soll für die Welt. Corona wirkt hier wie ein Brandbeschleuniger für eine Auseinandersetzung, die sich lange vorher schon angekündigt hat. Die aber im Angesicht dieser lebensbedrohlichen Herausforderung eine neue, dramatische Brisanz bekommen hat. Beide Systeme, das diktatorische und das demokratische, treten in Konkurrenz zueinander, und es ist längst nicht ausgemacht, wer dabei obsiegen wird. Sicher ist nur, dass es für uns dabei um viel mehr geht als um unseren Wohlstand, um das Überleben von Säulen der deutschen Wirtschaft. Es geht um den Kern unseres Zusammenlebens, die Grundlagen unserer Demokratie, um das, was uns ausmacht und uns wichtig ist.

Sunzi, der große chinesische Philosoph und Militärstratege, schrieb vor rund 2500 Jahren: »Wer den Gegner kennt und sich selbst, wird in hundert Schlachten nicht in Not geraten.« Wie wäre es also, wenn wir einmal den Spieß umdrehten. Wenn wir selbst die Krise als Chance begriffen und diesmal von China lernten und abkupferten. Der Anfang dafür wäre eigentlich ganz leicht. Wir müssten nur versuchen, China besser zu verstehen.

Dieses Buch ist ein Systemvergleich, geschrieben aus der Perspektive eines Heimkehrers, der nach Jahren in Peking zwischen beiden Welten steht. Vertrautes in Deutschland erscheint mir als fremd, während mir umgekehrt viel Fremdes in China vertraut ist. Ich will in diesem Buch von diesen Unterschieden erzählen. In den ersten Kapiteln wird es dabei vor allem um Alltägliches gehen, um Werte, die Chinesen wichtig sind, Fähigkeiten, die sie stark machen, um das, was mich an ihnen beeindruckt, fasziniert und manchmal auch verstört hat. In anderen Kapiteln treten Staat und Partei nach vorne, Chinas innere Verfasstheit, der Systemwettstreit zwischen Demokratie und Diktatur sowie die Frage, wer technologisch die Nase vorn haben wird, und ob wir uns bald an Chefs aus China gewöhnen müssen. Ich denke, dass das Stadium des »Dazwischenseins« kein schlechter Ausgangspunkt ist, um beide Welten zu vergleichen. Und um zu erklären, welche Herausforderung uns in Deutschland bevorsteht. Warum das Feuer des Drachen uns einheizen wird.

1 Was macht China so stark (und uns schwach)?

Im Sommer 2019 kehrte ich aus China nach Deutschland zurück. Mein Flugzeug startete in Peking an einem der größten und betriebsamsten Flughäfen der Welt und landete in Berlin an einer Art Containerterminal. Aus den Gesichtern meiner chinesischen Mitreisenden las ich eine Mischung aus ungläubigem Staunen und Spott. Hatte die Maschine sich verirrt oder waren wir tatsächlich in Deutschland gelandet? Das chinesische Ehepaar, das vor mir im engen Flugzeuggang wartete, lehnte sich vor, um aus den kleinen Fenstern zu lugen. Beide waren Anfang 60, er im Designer-T-Shirt, sie mit Prada-Handtasche. Was sie sahen, schien sie nicht zu beeindrucken. Jede viertklassige chinesische Provinzhauptstadt hat inzwischen große, moderne Terminals. Der alte Westberliner Flughafen dagegen wirkte wie eine jener Messehallen, die sie in China innerhalb von einer Woche auf- und wieder abbauen. Für die Chinesen musste Berlin-Tegel ein Schock sein.

Ich konnte das nachvollziehen. Mir ging es bei meiner Rückkehr nicht anders. Die Ankunft in Tegel war nicht nur ein krasser Gegensatz zu meinem Leben in Peking, sie war wie ein Symbol für das, was mich nach unserer Rückkehr nach Deutschland begleiten und immer mehr verwundern würde. Natürlich, der neue Hauptstadtflughafen hätte schon vor Ewigkeiten fertig sein sollen. Dafür hatten sie in Peking kurz vor unserer Abreise einen zweiten Großflughafen fertiggestellt – in Rekordzeit und pünktlich. Als wir nach draußen auf die Flugzeugtreppe traten und die Stimmung bei dem chinesischen Paar vor mir schon im bedrohlichen Sturzflug schien, atmete die Frau tief ein. »Aber die Luft ist gut hier«, sagte sie besänftigend zu ihrem Mann. Es klang so, als begänne für sie nun eine Art Landpartie in einem etwas rückständigen Land.

Ist China wirklich effektiver und besser als wir?

Warum kriegt China Dinge so viel schneller hin als wir? Ist es effektiver und besser? Was macht China stark und uns schwach? Für Chinas allmächtige Partei sind diese Fragen schnell beantwortet: China ist zielstrebiger, effizienter – und das liegt in den Augen der Partei in erster Linie an der Überlegenheit des politischen Systems, an der allumfassenden Diktatur eben dieser Partei. Während wir demokratisch sind, aber uns gegenseitig blockieren und in Planfeststellungsverfahren verheddern, wird dort gemacht. Das ist der Eindruck, den die KP Chinas vermitteln will. Und dieser Eindruck verfängt bei vielen – nicht nur in China.

2014, zu Beginn meiner Zeit in China, versuchten chinesische Offizielle aus dem Außenministerium mir entschuldigend zu erklären, warum China zum Beispiel noch kein Rechtstaat sei, warum Strafverfahren bis heute allen Standards Hohn sprechen. China sei eben noch nicht so weit, sagten sie, China brauche noch Zeit, sei letztlich noch ein Entwicklungsland. In den letzten zwei, drei Jahren nahmen solche Gespräche eine ganz andere Wendung. China habe 850 Millionen Menschen aus der Armut herausgeholt und die Armutsrate von früher mal über 80 Prozent auf 1,7 Prozent gesenkt. Was fragst du uns da nach Rechtsstaatlichkeit? Chinas Macht beruht auf seinem Wirtschaftserfolg, dem enormen Aufstieg, den das Land erfahren hat. Mehr noch: Die Herrschaft der Kommunistischen Partei in China gründet auf den Wachstumszahlen der Wirtschaft und der Aussicht der Bürger, reich zu werden. Daraus ergibt sich ein typisch chinesisches Paradox: Der Fortbestand des Kommunismus in China hängt vom Erfolg des Kapitalismus im eigenen Land ab. Wie kam es dazu?

Chinas Aufstieg zur Weltmacht

Chinas Aufstieg zur Weltmacht begann in einem Fischerdorf am Perlflussdelta direkt gegenüber von Hongkong. Vor gerade mal 40 Jahren. Kaum einer im Westen kennt Shenzhen, aber jeder sollte es kennen. Denn Shenzhen ist China unterm Brennglas. Wer verstehen will, warum China so schnell so mächtig wurde, muss sich diese Stadt anschauen. Das ehemalige Fischerdorf hat heute über 20 Millionen Einwohner, es ist Chinas Silicon Valley. Die großen Tech-Konzerne wie Alibaba, Tencent, ZTE oder Huawei haben dort ihren Sitz. Ein knappes Dutzend Wolkenkratzer, mehr als irgendwo sonst in der Welt, entstanden allein 2016 in Shenzhen. Umsatz, Profit, Einwohnerzahlen – hier scheint alles in den Himmel zu wachsen.

Shenzhen war ein Experiment, das eigentlich nicht klappen konnte. Ende der 1970er-Jahre erlaubte Chinas starker Mann Deng Xiaoping Sonderwirtschaftszonen im Süden Chinas. Shenzhen war eine davon. Es waren kapitalistische Inseln innerhalb des Kommunismus. Freies Wirtschaften unter der Herrschaft der Partei widersprach der reinen Lehre, aber es funktionierte. Stück für Stück wurde das Experiment, das den unscheinbaren Titel Reform und Öffnung trug, im ganzen Land eingeführt.

Teil davon war auch eine Landwirtschaftsreform, die es Bauern erlaubte, alleine zu entscheiden, was sie anbauen wollten, und ihnen gestattete, Überschüsse selbst zu verkaufen. Die Versorgung mit Lebensmitteln verbesserte sich dadurch grundlegend. Katastrophale Hungersnöte wie noch Ende der 1950er- und Anfang der 1960er-Jahre, als bei Maos sogenanntem »Großen Sprung« nach unterschiedlichen Schätzungen zwischen 15 und 45 Millionen Chinesen starben, waren vorbei. Die durchschnittliche Lebenserwartung stieg von 66,6 auf heute 76,5 Jahre. Chinesen sind heute auch deutlich größer. Eine Studie des Imperial College in London zeigt, dass Chinesen dank besserer Ernährung und Gesundheitsversorgung sogar ihre Position in der weltweiten Größenrangliste deutlich verbessern konnten. Über einen Zeitraum von hundert Jahren betrachtet, wuchsen Chinas Frauen im Länderranking bis 2014 von Position 134 auf 87, die Männer von 130 auf 93.

Reform und Öffnung bedeutete auch, dass China vorsichtig seine Tore öffnete. Ausländische Unternehmen konnten sich in China niederlassen. Ohne ihre Investitionen wäre das chinesische Wirtschaftswunder kaum möglich gewesen. Nach Angaben der Weltbank war Chinas Bruttoinlandsprodukt (BIP) 2018 mehr als 76-mal so hoch wie zu Beginn der Reformen 1979. Es stieg von 178,3 Milliarden US-Dollar (1979) auf 13 608 Milliarden (2018). Das Pro-Kopf-Einkommen kletterte von lediglich 210 auf 9460 US-Dollar. Die Kindersterblichkeit sank bis 2018 um fast 90 Prozent. Nur damit man eine Vorstellung davon bekommt, wie gewaltig die Veränderungen waren: Deutschlands BIP wuchs im gleichen Zeitraum um etwa das 4,5-Fache, das Pro-Kopf-Einkommen von 11 050 auf 47 110 US-Dollar, also um gut das Vierfache.

Chinas prägende Erfahrung der letzten 40 Jahre ist also ein enormer Wohlstandsschub. Ganz entgegen der reinen Lehre wolle die Kommunistische Partei »ein paar Leuten erlauben, zuerst reich zu werden«, so Deng Xiaoping. Sein Experiment war der Beginn von Chinas atemberaubendem Wirtschaftswunder, dem chinesischen Kapitalismus unter dem Primat der Kommunistischen Partei und damit auch der Beginn von Chinas Aufstieg zur neuen Weltmacht.

Im Herbst 2018 war ich in Shenzhen, als die Stadt das 40-jährige Jubiläum dieses Experiments feierte. Auf dem langgestreckten Platz an der Fuzhong-Straße im Zentrum der Stadt, der gesäumt ist von Wolkenkratzern, staunten Hunderte über eine Lichtershow, die Chinas Aufstieg huldigte. Die Glasfassaden leuchteten im Rot der Nationalflagge, und aus den Lautsprechern dröhnte ein süßlicher Chor, der von der Liebe zu China sang. Die Zuschauer sangen mit. Ich musste in diesem Moment an jene denken, die diesen Aufstieg erarbeitet hatten und die ich in den Jahren zuvor in Shenzhen getroffen hatte. Die Arbeiter in der Schuhfabrik von Zhang Huarong, die morgens zum Appell strammstanden und danach im strengen Akkord schufteten. Die verzweifelten Arbeiter aus der Golfschlägerfabrik, die schutzlos mit gefährlichen Chemikalien hantieren mussten, an Leukämie erkrankten und dann entlassen wurden. Ich fühlte mich zurückversetzt in die engen, vergitterten Zimmer der Wanderarbeiter, in denen wir spätnachts nach ihrer Schicht bei Interviews saßen, schweißgebadet, weil die Ventilatoren nicht gegen die klebrige Schwüle der Stadt ankamen. Und ich erinnerte mich an das, was mich am meisten beeindruckt hatte: den unglaublichen Fleiß der Arbeiter und ihre hartnäckige Hoffnung, selbst den Aufstieg zu schaffen.

Shenzhen war in diesen 40 Jahren Chinas Werkbank und damit die Werkbank der Welt. Shenzhens Fließbänder, seine

Arbeiter und der kühle Pragmatismus der KP hatten China reich und stark gemacht. Indem die allmächtige KP bereit war, zumindest einen Teil der Wirtschaft nicht zu kontrollieren, entfesselte sie das ganze Potenzial von Chinas Bevölkerung – ihren Enthusiasmus und Arbeitseifer, ihren Einfallsreichtum und Hunger nach Aufstieg.

Und die Zukunft war schon da. Die Laser der Lichtershow zeigten an jenem Abend 2018 nun Großrechner, Glasfaserkabel, weltumspannende Netze. Chinas Hoffnung, dass der Aufstieg weitergeht, dass aus der Werkbank der Welt ein Hightech-Land wird, ruht auch auf Shenzhen und auf Konzernen wie Huawei. Das Hightech-Unternehmen, das bei uns in der Diskussion steht, ob man ihm den Ausbau des ultraschnellen 5G-Mobilfunknetzes anvertrauen kann, hat bei Shenzhen einen riesigen, neuen Firmencampus für bis zu 25 000 Mitarbeiter errichtet. Die Gebäude muss man gesehen haben. Es sind detailgetreue Kopien aus Old Europe, zum Beispiel vom Heidelberger Schloss. Huaweis Mitarbeiter flanieren durch Nachbauten von Freiburg, Paris oder Verona, ihre Büros und Konferenzräume verbergen sich hinter deutschen Altstadtfassaden. Und ihr Firmengründer erläutert ausländischen Journalisten gerne in einem italienischen Palazzo mit viel Marmor, welche Pläne Huawei in Deutschland und Europa verfolgt.

Alles überragend: Chinas Kommunistische Partei

Im Westen galt lange der Glaubenssatz, dass China mit seiner Marktöffnung und Liberalisierung letztlich zwangsläufig auch eine politische Öffnung vollziehen werde. Dass mit dem freien Wirtschaften der Kräfte auch eine Befreiung der Ideen und der

Meinungen einhergehen müsse. Das war ein Irrtum. China ist zwar aufgestiegen zur zweitgrößten Volkswirtschaft der Welt und wird in ein paar Jahren die größte sein. Doch es ist weit davon entfernt, sich politisch zu öffnen und zu liberalisieren. Im Gegenteil: Das Zentrum der Macht ist und bleibt auf absehbare Zeit die allmächtige Partei.

Es ist von Deutschland aus betrachtet schwer vorstellbar, wie groß und umfassend die Rolle und der Einfluss dieser kommunistischen Partei Chinas sind. Die KP durchdringt jeden einzelnen Bereich des Lebens in China. Sie hat ihre Zellen in Firmen, sie redet mit bei der Unternehmensführung – und zwar nicht nur in den mächtigen Staatsbetrieben, sondern auch bei internationalen Betrieben und Konzernen. Sie ist in Schulen, auf jeder Ebene in der Verwaltung des Landes. Die Partei steht über dem Gesetz und über der Regierung. Denn Regierung und Ministerien gelten in China eher als die ausführenden Organe dessen, was die höchsten Parteigremien ausgedacht und beschlossen haben.

Nichts zeigt die Macht der Partei besser als die chinesische Flagge. Auf dem roten Untergrund prangt links oben ein großer gelber Stern, um den herum vier kleinere gruppiert sind. Der große Stern ist Chinas Kommunistische Partei, die vier kleinen stehen für die vier Klassen: Arbeiter, Bauern, Kleinbürger und Bourgeoisie. Die Partei also überragt alles, nach ihr richtet sich das ganze Land aus.

In diesem chinesischen System schaut alles auf Xi Jinping, Staatspräsident auf Lebenszeit, Parteichef und als Chef der machtvollen Militärkommission der Oberbefehlshaber der Volksbefreiungsarmee. Wie er in den letzten Jahren diese riesige Partei auf sich ausgerichtet und unterworfen hat, das war ein faszinierender Prozess. Nichts daran war glitzernd modern, wie wir uns das neue China gern vorstellen. Es war alte

Parteischule, es waren stundenlange Belehrungen unter Hammer und Sichel, eine unablässige Propaganda, die Xi jeden Tag aufs Neue in den Olymp des Kommunismus erhob. Das Xi-System ist zwar in seinen (Überwachungs-)Mitteln Hightech, im Denken aber ist es sehr alt.

Was aus Xis Sicht zentral ist für die Partei, das hat er kurz nach seiner Wahl zum Generalsekretär von Chinas KP in einer Rede vor dem Zentralkomitee Anfang 2013 dargelegt. Xi verlangte von den Parteimitgliedern einen quasi-religiösen Glauben an den bevorstehenden Sieg des Sozialismus über den Kapitalismus. Die Mitglieder müssten bereit sein, sich für die revolutionären Ideale sogar selbst zu opfern. Aufgabe von Chinas KP sei es, so Xi, einen Sozialismus aufzubauen, der dem westlichen Kapitalismus überlegen sei und mit seiner wirtschaftlichen und technologischen Stärke eine dominierende Stellung in der Welt einnehme.

In dieser Rede Xis ist damit schon vieles angelegt, was China seitdem prägt – zuallererst der Systemwettstreit mit dem Westen. Dieser Wettstreit gehört zum Kern der kommunistischen Herrschaft in China unter Xi. So gern Peking seine Außenpolitik als Win-win-Angebot an die ganze Welt zu verkaufen sucht, in Wahrheit steht dahinter die Vorstellung, dass China alles auf ein Ziel auszurichten habe: den angeblich unausweichlichen Sieg des chinesischen Sozialismus über den Westen.

Trotz dieser Überzeugung fürchten Xi und Chinas KP nichts mehr, als das Schicksal der sowjetischen KP zu erleiden. Und mit wenig beschäftigen sie sich ausführlicher als damit, die Ursachen für den Zusammenbruch der Sowjetunion und die Implosion der dortigen KP-Herrschaft zu studieren. Das erste und alles überragende Ziel von Chinas KP ist, diesem Schicksal zu entgehen und an der Macht zu bleiben – um jeden Preis.

Xi glaubt an einen erbitterten Wettstreit der Ideologien und damit der Systeme. In seiner Rede behauptete er, die sowjetische KP sei gestürzt, weil sie ihr ideologisches Erbe aufgegeben habe. Sich von Lenin und Stalin loszusagen, habe die sowjetische Ideologie ins Chaos gestürzt. Xi verlangt von den Kadern das Gegenteil: den unbedingten Glauben an die Partei, ihre Lehren und ihr Erbe. Was auch bedeutet, die Menschheitsverbrechen unter Mao totzuschweigen. Die Folge ist, dass China unter Xi eine Verhärtung des Denkens und eine Verfolgung Andersdenkender erlebt wie seit Jahrzehnten nicht mehr.

Tiananmen-Massaker: Das Trauma und der Deal

Propaganda und Überwachung in China funktionieren – besonders bei den Jüngeren. Die meisten halten sich brav an die Internet-Zensur. Kaum einer nutzt VPN, eine verschlüsselte Internetverbindung, um jenseits der großen chinesischen Firewall nach Inhalten zu suchen, die der Parteilinie widersprechen könnten. Chinas Jugend ist weitgehend apolitisch. Auf Social-Media-Kanälen wie WeChat oder Weibo geht es um Privates und Berufliches, nicht um Politisches. Das war früher ganz anders.

In ihrer unumschränkten Allmacht wurde Chinas Kommunistische Partei einmal fundamental herausgefordert. Das war im Frühjahr und Frühsommer 1989, als Studenten gegen die Partei, ihre Korruptheit und den Machtmissbrauch durch die Kader protestierten. In der Nacht auf den 4. Juni 1989 ließ die Parteiführung die Demonstrationen auf dem Tiananmen-Platz im Herzen Pekings und anderswo im Land blutig und brutal niederschlagen.

Ein paar Monate, bevor sich dieser tiefe Einschnitt in der jüngeren Geschichte Chinas im Juni 2019 zum 30. Mal jähren sollte, machten meine Kollegen im ZDF-Studio in Peking einen sensationellen Fund. Versteckt hinter verstaubten Kassettenhüllen fanden sie das originale Drehmaterial von damals, insgesamt mehrere Dutzend Bänder. Die damalige Korrespondentin Gisela Mahlmann und ihr Kameramann Jochen Wichmann hatten in den Wochen vor dem Tiananmen-Massaker beinahe jeden Tag die Protestierenden begleitet. Ihr Drehmaterial galt als verschollen und tauchte nun wie durch eine glückliche Fügung wieder auf.

Wir ließen die verstaubten Bänder reinigen, und meine Kollegin Stefanie Schoeneborn und Cutter Jan Dottschadis machten daraus für das ZDF eine atemberaubende Dokumentation und Chronik der Ereignisse. Wir alle waren überwältigt von diesen Bildern. Sie erschienen so frisch und unmittelbar, dass ich bei ihrem Anblick für einen Moment glaubte, sie seien erst gestern gedreht worden und nicht schon vor 30 Jahren. Andererseits: Was mir darauf begegnete, war ein ganz anderes China als jenes, das ich jeden Tag sah. Es war eine ganz andere Jugend als die heute. Auf den Straßen Pekings wurde damals ungehindert für Reformen und mehr Demokratie demonstriert. Neben den Studenten standen Arbeiter, Ingenieure, Ärzte, Eltern mit ihren Kindern, sogar Mitarbeiter des chinesischen Staatsfernsehens. Was mich besonders berührte, war die Begeisterung der Menschen damals, wie offen sie vor der Kamera über ihre Hoffnungen und Sorgen sprachen.

Was heute undenkbar wäre, geschah damals täglich auf den Straßen. Zehntausende demonstrierten für Öffnung und Liberalisierung. Genauso wie nur ein paar Monate später bei uns in Leipzig, Berlin und in anderen ostdeutschen Städten. In diesem schicksalhaften Jahr 1989 nahmen Deutschland und

China unterschiedliche Wege, die uns bis heute prägen. Während die Revolution in der ehemaligen DDR friedlich blieb, die Volksarmee nicht auf die eigenen Bürger schoss und Deutschland die Wiedervereinigung gelang, tötete Chinas Volksbefreiungsarmee Tausende, und die Parteiführung vollzog die Wendung zu Repression und einem permanenten Misstrauen gegenüber der eigenen Bevölkerung.

So wie uns bis heute Mauerfall und Einheit prägen, so wirkt in China Tiananmen nach, obwohl es offiziell totgeschwiegen wird. Es ist ein Fixpunkt für diejenigen, die in China doch noch auf Demokratisierung hoffen. Und es ist ein Trauma der Partei, die um jeden Preis verhindern will, dass es noch einmal zu solchen Protesten, zu einer solch fundamentalen Herausforderung der Partei und ihrer Herrschaft kommt. Chinas KP braucht keine Wahlen zu fürchten, die sie von der Macht fegen könnten. Aber auch eine Diktatur wie die von Chinas KP kann nicht allein mit Druck und Repression funktionieren. Auch sie braucht eine Art von Legitimität, also eine Rechtfertigung ihrer allumfassenden Herrschaft. Diese Rechtfertigung ist der Deal, den es nach dem Massaker vom Tiananmen zwischen Herrschern und Beherrschten gab. Die Partei erklärte dem Volk: Wir sorgen dafür, dass ihr reich werdet, dafür haltet ihr den Mund.

Und die Partei versuchte zu liefern. Aufstieg, Wachstum und Wohlstand – das ist seitdem der Legitimationscode von Chinas KP. Umgekehrt gilt natürlich auch, dass ein Einbruch des Wachstums, alles, was Leben und Wohlstand in China gefährdet, zu einer grundsätzlichen Krise für die Herrschaft der Partei werden kann. Ich erinnere mich noch lebhaft, wie Chinas Ministerpräsident Li Keqiang 2018 vor dem Volkskongress niedrigere Wachstumszahlen verkünden musste. Das war keine Nebensächlichkeit. Durch das Fernglas von der Empore konnte ich erkennen, wie Li ins Schwitzen geriet. Er wusste vermutlich genau, dass es um viel mehr ging als die Prozentzahl hinterm Komma. In China sind Krisen und Katastrophen immer mehr als ein Sachproblem, es ist schnell eine Legitimationskrise der Partei insgesamt.

Das Versprechen – gegossen in Beton und Macht

Bei der Frage, wie die Partei liefert, denkt man vielleicht zuallererst an gewaltige Infrastrukturprojekte: an die 216 neuen Flughäfen, die China bis 2035 im eigenen Land bauen will, und an die 234, die es jetzt schon gibt und die zum großen Teil ebenfalls erst in den letzten 15 Jahren gebaut oder modernisiert wurden. Man denkt an Chinas Schnellbahnnetz, mit Abstand das größte der Welt, das Jahr für Jahr um mehrere tausend Kilometer wächst. An riesige Trabantenstädte wie Xiong'an, das seit 2017 zur Entlastung der Hauptstadt Peking aus dem Boden gestampft wird. Nicht alles davon funktioniert. Überall im Land gibt es Investitionsruinen, Geisterstädte, Brücken, die ins Nichts führen.

Noch bedeutsamer und potenziell bedrohlicher ist aber der rasante Anstieg der Verschuldung Chinas in den letzten zehn Jahren – nicht zuletzt durch die massiven Infrastrukturprojekte und den Versuch, über Kredite das rückläufige Wirtschaftswachstum zu stützen. Nach Angaben des Institute of International Finance in Washington lag die Verschuldung von Staat, Unternehmen und Haushalten 2019 bei über 300 Prozent des Bruttosozialprodukts. Chinas Verschuldung liegt damit fast auf dem Niveau der USA. Gefährlich ist aus Sicht des Internationalen Währungsfonds (IMF) dabei vor allem die schnelle Zunahme der Schulden. In einem Arbeitspapier aus dem Jahr 2018 befürchtet der IMF für China deshalb sogar eine Finanzkrise. Chinas Parteikader scheint das nicht zu irritieren. Sie können bis zum letzten Kubikmeter Beton die Zahlen vorbeten, die belegen sollen, mit welch riesigem Aufwand Chinas KP nicht nur das Land ausbaut, sondern damit auch seine eigene Macht zementiert.

Anspruch und Fähigkeit der Partei, zu liefern, zeigen sich dabei oft gerade nicht an Megaprojekten. Ich erinnere mich an einen Wintermorgen in Peking, an dem es schien, als hätten sich vor meinem Fenster plötzlich die Höllentore geöffnet. Dichte Rauchschwaden kamen von der Straße, aus einem Loch, das von Minute zu Minute größer wurde und zu einem bedrohlichen Krater im Asphalt anwuchs.

Ich musste zuerst an die Explosionen in einem Containerlager am Hafen von Tianjin denken, bei denen im Sommer 2015 über 170 Menschen starben. War etwas Ähnliches nun hier vor meiner Nase passiert? Würde wie in Tianjin gleich eine weitere, viel stärkere Explosion die Nachbarschaft erschüttern? Das war immer möglich in China, wo der Schutz der Bevölkerung regelmäßig überrollt wurde von einem irrsinnigen Aufbautempo und der Profitgier von Kadern und Unternehmen. Wo die Partei zur Sicherung ihrer Macht oft wie im Reflex unangenehme Wahrheiten wie zum Beispiel gravierende Sicherheitsmängel unterdrückte.

Wir hatten Glück. Wie sich herausstellte, war nur ein Rohr der Fernheizung gebrochen. Der Schlund aber war immerhin gut zehn Meter lang und fünf Meter breit, mitten auf einer Hauptverkehrsstraße im Zentrum Pekings. Wir stellten uns darauf ein, dass wir für die nächsten einhalb Jahre eine Dauerbaustelle vor unserem Fenster haben würden. Mindestens. Doch nach einer Woche, in der tagsüber der Verkehr auf

Stahlplatten über das Loch hinwegrollte und nachts gearbeitet wurde, war nicht nur das Leck gedichtet, sondern die Rohre auf einer Länge von gut hundert Metern ausgetauscht.

Wunderland versus Schneckentempo

Solange es gut ausgeht, wie in diesem Fall, sind das Geschichten, die nach einem China-Wunderland klingen. Ihre Kraft bekommen diese Geschichten aber erst durch unseren Alltag in Deutschland, durch unser Schneckentempo. Ich muss jedenfalls immer an den Pekinger Höllenschlund denken und wie schnell sie ihn gestopft haben, wenn ich in Berlin lese, dass eine U-Bahnstation ein gutes Jahr lang gesperrt ist, weil ein Aufzug erneuert wird. Ein Jahr. Wegen eines Aufzugs. Das chinesische Ehepaar vor mir bei der Rückkehr nach Berlin wird noch sehr gestaunt haben bei seinem Deutschlandbesuch.

Im Berliner Regierungsviertel komme ich jetzt wieder an den Orten vorbei, die ich noch aus der Zeit vor unserem China-Abenteuer kenne. Dazwischen liegen also nun fünf Jahre. Viele Orte, die Baustellen waren, als wir die Koffer packten, sind heute immer noch Baustellen. Da ist zum Beispiel der Erweiterungsbau des Marie-Elisabeth-Lüders-Hauses. Er steht an der Spree direkt gegenüber vom Reichstag und soll einmal Büros für Abgeordnete und Sitzungsräume beherbergen. Die Bauarbeiten an der Erweiterung begannen 2010 und sollten zwei Jahre dauern. Man ahnte damals schon, dass da etwas Gewaltiges entstehen sollte. Für eine riesige Freitreppe hin zur Spree fuhren Tag für Tag Kolonnen von Betonlastern auf. Die Größe der Kräne, der Betonwände und -vorsprünge, die da gen Himmel wuchsen, war furchteinflößend. Einen fast 40 Meter hohen Turm aus Glas und Beton konnte man irgendwann erahnen, umrahmt von Betonkonstruktionen, die aussahen, als hätte jemand mit Bierdeckeln experimentiert.

Wenn ich vom ZDF-Studio Unter den Linden zur Bundespressekonferenz in der Nähe der Baustelle ging, musste ich daran vorbei, durch einen zweihundert Meter langen Fußgängerpfad aus Baugerüsten, der mit Holzplanken ausgelegt war. Zwei Schritte waren es immer auf dem Holz, dann kam eine Metallschwelle, dann wieder zwei Schritte Holz. Als ich 2020 wieder zur Bundespressekonferenz ging, war der Fußgängerpfad noch immer da. Und auch der Rhythmus der Schritte war immer noch der gleiche: zweimal Holz, Metallschwelle, zweimal Holz. Das Marie-Elisabeth-Lüders-Haus ist immer noch nicht fertig. Es gab Streit mit dem Architekten, Baumängel, Wasser, das durch Betonplatten drang. Der Bundestagsvizepräsident und Vorsitzende der Baukommission des Bundestages Wolfgang Kubicki schlug zwischenzeitlich sogar vor, das Riesending abzureißen.

Etwas Vergleichbares habe ich in Peking nur einmal gesehen. Schuld war der gleiche Bauherr wie beim Marie-Elisabeth-Lüders-Haus: das Bundesamt für Bauwesen und Raumordnung. In Peking sollte die Behörde eine Erweiterung der deutschen Botschaft bauen lassen. Kein großes Ding, sollte man meinen. Aber auch das dauerte Jahre, in denen der Botschafter, wann immer man ihn danach fragte, in stiller Verzweiflung die Augen verdrehte. Was sollte er auch sonst machen. Die Baustelle ruhte wie tiefgefroren, egal ob in Peking bissiger Frost oder stechende Hitze herrschten. Die Visastelle blieb über Jahre ein Provisorium, und ich stelle mir vor, dass die Chinesen, die davor warteten, darüber ähnlich staunten wie jene, die mit mir in Berlin ankamen.

Während China im Turbotempo und mit langfristigen Plänen seine Infrastruktur modernisiert, verfallen in Deutschland Schienenstrecken, Autobahnen und Brücken, Bahnhöfe, Schulen und Krankenhäuser. Das Institut der deutschen Wirtschaft (IW) in Köln kam im Herbst 2019 zu dem Schluss, dass Deutschland in den nächsten zehn Jahren 450 Milliarden Euro investieren müsse, sonst drohe der Standort abgehängt zu werden. Der Deutsche Städte- und Gemeindebund geht allein für 2018 von überfälligen Investitionen über 159 Milliarden Euro aus. Die gewaltigen Summen zeigen, wie enorm der Nachholbedarf bei uns in den Bereichen Digitalisierung, Infrastruktur, Forschung, Bildung und Gesundheit ist. Aber es fehlt nicht allein am Geld. Oft werden Mittel nicht genutzt, weil in Deutschland die Regeln und Vorschriften zu kompliziert und langwierig sind. Nach Angaben des Bundesverbandes der Deutschen Industrie hat sich die Dauer von Genehmigungsverfahren im letzten Jahrzehnt mehr als verdoppelt. Was wichtig und entscheidend wäre für unsere Zukunft, verheddert sich in einer überbordenden Bürokratie und scheitert an einer Politik, der offenbar Mut und Entschlossenheit für die großen Ziele fehlen.

In Deutschland, das ist mein Eindruck nach meiner Rückkehr, herrscht ein weitverbreiteter Frust darüber, dass Staat und Regierung wichtige Anliegen und Projekte eben gerade nicht fertigbekommen. Das zerrüttet zunehmend den Glauben der Bürger an die Fähigkeit des Staates, Probleme zu lösen. Eine Allensbach-Umfrage hat Ende 2019 gezeigt, dass innerhalb von nur vier Jahren die Zustimmung der Deutschen zu unserem politischen System dramatisch zurückgegangen ist. Das Vertrauen in die Stabilität des Systems ist von 81 Prozent (2015) auf 57 Prozent (2019) eingebrochen. Die Überzeugung, dass unser politisches System eine besondere Stärke des Landes ausmacht, ist von 62 auf 51 Prozent gefallen.

Es ist schwer, dem vergleich- und belastbare Zahlen aus China entgegenzustellen. 2014 kam eine Umfrage der Pew Global Research zu dem Ergebnis, dass 92 Prozent der Befragten Vertrauen in Staats- und Parteichef Xi Jinping hatten. Gut möglich, dass die Ergebnisse auch deshalb so hoch ausfielen, weil unter dem Eindruck staatlicher Propaganda und Repression selbst bei einer Umfrage kaum einer sich zuzugeben traute, er habe kein Vertrauen zu Xi. Eine Studie der Chinese Academy of Social Sciences (CASS) jedenfalls kommt 2013, nur ein Jahr vor der PEW-Umfrage, zum gegenteiligen Ergebnis. Das CASS-Blaubuch zu sozialen Mentalitäten konstatierte eine Rekordtief für Vertrauen in der chinesischen Gesellschaft. Insbesondere gegenüber der Regierung sei das Misstrauen groß.

Dieser Befund wird auch dadurch gestützt, dass jede Familie, die es sich leisten kann, versucht, ihre Kinder in den USA oder in Europa studieren zu lassen, dass viele ihr Geld ins Ausland auf internationale Banken bringen und sich einen ausländischen Pass besorgen. Nicht unbedingt, um sofort auszuwandern. Dafür klappt der Deal noch zu gut, dafür lässt es sich zu gut verdienen in China. Aber es ist eine Sicherheit für den Fall der Fälle. Mich hat jedenfalls immer überrascht, dass der Glaube der Chinesen an China trotz Chinas unumstrittener Stärke erstaunlich schwach ist.

Welchen Schluss kann man daraus ziehen? Möglicherweise trifft beides zu, die Bewunderung für Xi Jinping wie auch das weit verbreitete Misstrauen in der chinesischen Gesellschaft, besonders gegen Partei und Staat, die den Einzelnen gängeln und entmündigen. Insgesamt aber scheint es nach wie vor so, als könne sich die allmächtige Partei unter Xi trotz allem auf eine relativ solide Zustimmung stützen, während gleichzeitig die Zweifel im Westen wachsen, dass Demokratien in der

Lage sind, auf die zentralen Zukunftsfragen Antworten zu liefern. Das müsste eigentlich für jeden ein alarmierender Befund sein.

Saubere Luft oder brummende Wirtschaft?

Es stimmt schon: Chinas Partei muss auch deshalb liefern, weil der Druck oder besser die Missstände so groß sind, viel größer als bei uns in Deutschland. Peking zum Beispiel lähmt im Sommer eine bleischwere Hitze, und ein grauer Smogvorhang verschleiert tagelang die Sonne. Die schnurgeraden Prachtstraßen, gebaut nach dem Vorbild Moskaus, wirken dann wie endlose Wüstentrassen ohne Aussicht auf eine Oase. Wer kann, flüchtet in klimatisierte Räume, wo die Luftreiniger auf voller Kraft laufen. Das Dröhnen dieser Geräte in unserer Wohnung, im Studio – das war mein Peking-Sound, sommers wie winters. Man starrt auf die App mit den Luftwerten und sieht nur rote Balken, nur furchterregende Zahlen. Wer raus will an solchen Tagen, braucht Atemmasken. Also bleibt man am besten drin. Und auch sonst plant man sein Leben draußen entlang einer Luft-App und mit dem Blick auf die Windstärke in den nächsten Tagen. Nordwind mit mehr als acht Knoten ist eine gute Nachricht, weil es den Dreck wegpustet. Die Kinder können zum Fußballtraining gehen, oder man kann rausfahren in die Pekinger Berge und auf der Chinesischen Mauer wandern.

Die Luft ist besser geworden in diesen fünf Jahren. Das Umweltprogramm der Vereinten Nationen (UNEP) spricht davon, dass zwischen 2013 und 2017 die Luftverschmutzung mit Feinstaub (PM 2.5) in Peking um 35 Prozent, in der angrenzenden Region um 25 Prozent zurückgegangen sei. Das ist viel mehr, als es in meiner subjektiven Wahrnehmung war. Aber es stimmt schon. Angesichts des großen Unmuts in der Bevölkerung wegen der Luftverschmutzung hat China mindestens bis 2017 mit erheblichem Einsatz versucht, die größten Luftverschmutzer wie Kohlekraftwerke und Zementfabriken Stück für Stück stillzulegen.

Dann kam der Winter 2017/18, und es gab ein Problem. In Peking sollten mit einem Mal alle Kohleöfen abgeschaltet werden. In vielen alten Häusern sind sie nach wie vor die einzige Wärmequelle. Der Rauch aus den Öfen ist einer der Gründe, warum im Winter oft über Tage eine dicke Smogglocke über der Stadt liegt, die die Sonne nicht durchlässt und das Atmen erschwert. Pekings Behörden hatten beschlossen, von Kohle- auf Gasheizungen umzusteigen. Die Verordnung sollte ab sofort gelten, ebenso wie das Verbot der Kohleöfen.

Was es am Ende zum Debakel machte, war ein typisch chinesisches Systemproblem: Der Befehl für saubere Luft kam von ganz oben und jede Ebene darunter wollte ihre Linientreue dadurch beweisen, dass es die Order ohne nachzudenken noch übererfüllte. Der Winter war sehr kalt. Aber es fehlte an Gas und Leitungen. Peking fror bitterlich. Da half auch der blaue Himmel nichts.

Seitdem haben Chinas Bemühungen um saubere Luft wieder deutlich nachgelassen. Nur eine Minderheit der Regionen hat zuletzt die Zielvorgaben erreicht. Zementfabriken, Stahlwerke und Kohlekraftwerke durften teilweise wieder arbeiten, weil gleichzeitig durch den Handelskonflikt mit den USA die Wirtschaftszahlen deutlich schlechter ausfielen. Eine Vielzahl neuer Kraftwerke ging ans Netz, während gleichzeitig die Investitionen für Solar- und Windenergie in den Keller gingen.

China, das lange als Klimachampion glänzte, bleibt weiter der mit Abstand größte Luftverschmutzer der Welt. Der

33

Grund hat wieder mit der Partei zu tun und dem Deal von 1989. Wichtiger als saubere Luft ist der KP eine wachsende Wirtschaft. Da glaubt sie, zuallererst liefern zu müssen. Da muss es Arbeitsplätze geben für die jährlich über acht Millionen Uniabsolventen. Da muss das Land den Übergang von der Werkbank der Welt zum Hightech-Land schaffen. Da entscheidet sich Chinas Stärke, sein Aufstieg zur Weltmacht. So jedenfalls sehen sie es.

Für Chinas Diktatur ist es ein Plebiszit, das sich an Wachstumsraten, an der Zahl der Patente, den verbauten Kubikmetern Beton und den Kilometern neuer Hochgeschwindigkeitsnetze und Autobahnen entscheidet. So merkwürdig es klingen mag: Chinas Tempo, seine rücksichtslose Effizienz und die Megalomanie seiner Großprojekte entspringen auch einem Gefühl der Schwäche. Und der Sorge der Partei, sonst die Macht verlieren zu können.

Lieber gehorchen als selbst denken

Was viele an China bewundern – seine strikte und zentrale Planung, der lange Atem –, hat zu einem Wirtschaftswachstum und einer Modernisierung des ganzen Landes geführt wie kaum je zuvor in der Geschichte. Doch es ist genau diese Zentralisierung der Macht, ein Wesensmerkmal der chinesischen Diktatur unter Xi Jinping, die gleichzeitig Chinas größte Schwäche ist. Chinas politischem System fehlt es an einer Gewaltenteilung, an der Möglichkeit zu Widerspruch und Korrektur. Wo nur noch Xis Wort gilt, wo jeder seine Parteitreue dadurch beweisen muss, dass er die Vorgaben nicht zu hundert, sondern zu hundertzehn Prozent umsetzt, da potenzieren sich von Ebene zu Ebene auch schnell die Fehler.

Die Schwächen zeigen sich besonders auch dann, wenn Dinge nicht laufen wie geplant, wenn Eigeninitiative, schnelle Entscheidungen auf lokaler Ebene gefragt wären, wenn eine Zivilgesellschaft bereitstehen sollte, die eingreift und hilft. Chinas Bürger haben schmerzhaft gelernt, dass Initiative zu übernehmen und Verantwortung zu tragen nicht belohnt, sondern bestraft werden. Dass es wichtiger ist zu gehorchen, als selbst zu denken.

Es sind deshalb nicht die angeblichen Vorzüge der Diktatur, die China stark machen, sondern vor allem die Chinesen selbst. Ihr Enthusiasmus, ihr Fleiß, ihre Risikobereitschaft und ihr Einfallsreichtum treiben dieses riesige Land voran. Was bewegt sie, was macht sie so stark, und warum spotten sie nebenbei gerne über uns Deutsche?

2 Warum Chinesen so viel arbeiten und uns für faul halten

Am Tag, als ich zu begreifen begann, was Chinesen leisten können, waren wir gar nicht in China. Wir drehten Ende 2018 in Pakistan, auf dem Karakorum Highway, der eines Tages Kaschgar in Chinas Westen mit Gwadar, der pakistanischen Hafenstadt am Arabischen Meer, verbinden soll. Der Weg führt über das Dach der Welt, vorbei an den Bergriesen des Himalaya und Karakorum. Es ist wahrscheinlich eines der gefährlichsten Bauprojekte der Welt. Ständig reißen Erdrutsch und Steinschlag die frisch gebaute Straße wieder auseinander. Und es drohen Anschläge von islamistischen Terrorgruppen.

Megaprojekt Karakorum Highway: Keine Pausen, keinen Tag frei

Wang Hui war der Chefingenieur des Mega-Bauprojekts. Er war erst Anfang 40, aber seit zehn Jahren baute er schon an dieser Straße. Seine Haare waren darüber grau geworden, der Blick aus der eckigen Brille müde. »Für uns ist das ein Rennen gegen die Zeit«, sagte Wang Hui. »Wir haben fast keine Pausen, arbeiten von morgens früh bis abends um elf. Und haben keinen Tag frei.« Dann musste er schon wieder los, raus zu einer der vielen Baustellen. In einem Tunnel stand eine Sprengung an. Düster war es dort, die Luft staubig und feucht. Am

Ende des Tunnels standen auf einem Gerüst pakistanische Arbeiter, die auf drei Ebenen die Sprenglöcher vorbereiteten. Immer zwei hantierten mit einem der Gesteinsbohrer, deren Lärm uns fast umwarf. Aber keiner trug hier Gehörschutz. Vielleicht weil das ihre geringste Sorge war. Das Gestein war nicht stabil. Ständig drohte etwas einzustürzen. Als wir wieder draußen waren, die Atemmasken ablegten und die Helme, seufzte Wang Hui: »Ich kann oft nicht schlafen. Besonders wenn etwas Unvorhergesehenes passiert. Dann kann nicht nur ich nicht schlafen, sondern auch alle auf der Baustelle und unsere Chefs in Peking.«

Am Abend saßen wir mit ihm in der Festung, einem umgebauten Hotel, das er und der Rest des Managements als Arbeits- und Schlafplatz nutzten. Es war wie ein Gefängnis. Wang Hui durfte es nicht alleine verlassen, immer musste eine Eskorte des pakistanischen Militärs dabei sein. Alles andere wäre zu gefährlich gewesen. Zum Essen fuhr der Koch aus China alles auf, was er und seine Kollegen vermissten. Knusprig frittierten Fisch mit süßsaurer Soße, Schweinebauch mit Sojasauce, Gemüse aus dem Wok, scharfen Tofu. Immer noch ein Gericht kam dazu. Als ginge es nicht allein ums Essen, sondern vor allem darum, das Heimweh zu kurieren. Sieben Tage die Woche arbeiteten sie alle, und nur einmal im Jahr hatten sie einen Monat frei. Dann fuhren sie heim, um ihre Familie zu sehen. Sie wirkten erschöpft und einsam. Seit über zehn Jahren bauten sie an diesem Highway. Von oben am Kunjerab bis herunter nach Manserah. Sie hatten damit angefangen, als sie gerade aus der Uni kamen, es war ihr erster Job. Und sie waren an ihn gebunden, kamen nicht davon los.

»Was macht ihr eigentlich, wenn ihr mit dem Highway fertig seid?«, fragte ich in die Runde.

»Wahrscheinlich werden sie uns nach Afrika schicken«, murmelte ein Kollege Wang Huis. »In Afrika haben sie viele Projekte.« Er seufzte: »Ausgerechnet Afrika.« Es war still in diesem Moment an der großen runden Tafel. Noch weiter weg, noch mehr Heimweh. Das war die Perspektive. Wang Hui pickte sich eine in Knoblauch eingelegte Gurke heraus. Dann sagte er: »Eines Tages werde ich meinem Sohn und meiner Tochter zeigen, wo ich hier gekämpft habe. Ich habe diese Straße gebaut. Und ich werde dann sehr stolz sein.« Die anderen nickten und schienen erleichtert. Vielleicht hatten all die Härten und Entbehrungen, die sie seit Jahren ertrugen, doch einen Sinn.

»Der Mann, der den Berg abtrug, war derselbe, der anfing, kleine Steine wegzutragen«

Konfuzius sagte: »Der Mann, der den Berg abtrug, war derselbe, der anfing, kleine Steine wegzutragen.« Ich werde immer wieder an diesen Satz erinnert: auf Baustellen im Nirgendwo, in schwülheißen Fabrikhallen in Südchina, bei Startups im Pekinger Silicon Valley. Chinesen arbeiten viel, viel mehr, als wir uns das vorstellen können. Millionen sehen ihre Familien nur einmal im Jahr für ein paar Tage, weil sie den Rest der Zeit weit entfernt arbeiten, sechs, sieben Tage die Woche. Das ist nicht wie in Amerika ein quasi-religiöser Arbeitsprotestantismus, sondern ein Hunger nach Aufstieg und Reichtum.

Chinesen halten uns für faul. Und im Vergleich zu ihnen sind wir das auch. In China hat man zwischen fünf und 15 Tagen im Jahr Urlaub, in Deutschland meistens um die 30. Eine Untersuchung der Chinese Academy of Social Sciences zeigte im Jahr

2018, dass Chinesen im Schnitt pro Tag 2,27 Stunden Freizeit haben. In Deutschland, Großbritannien oder den USA sind es im Vergleich fast doppelt so viele. In den meisten Branchen in China ist eine 40-Stunden-Woche die klare Ausnahme. In den Fabriken in Südchina zum Beispiel sind eher Zwölf-Stunden-Tage und mehr üblich. In Chinas Tech-Industrie hat der Arbeitsrhythmus sogar seinen eigenen Code: 996. Das bedeutet, dass der Tag um neun Uhr beginnt und um neun Uhr abends endet, an sechs Tagen die Woche. Die Bosse wie Alibabas Jack Ma finden das toll. »Ich persönlich halte 996 für einen großen Segen«, erklärte Ma im Frühjahr 2019 gegenüber der Belegschaft. Wie wolle man sonst erfolgreich sein? Viele seiner Mitarbeiter waren offenbar anderer Meinung. Mas Lob der Ausbeutung sorgte für erboste Kommentare in den sozialen Medien. Denn die Folgen von 996 sind in China die gleichen wie überall sonst auf der Welt – Burn-out, Depressionen, Herzinfarkte.

Auch Chinesen werden krank von zu viel Arbeit, aber wir wissen viel weniger darüber, weil vieles dazu verschwiegen wird. Eine Untersuchung zur psychischen Gesundheit unter rund 400 Tech-Arbeitern kam 2018 zu dem Ergebnis, dass sich rund die Hälfte erschöpft fühlte. Viele berichteten von Sehproblemen, Konzentrationsstörungen, Nacken- und Rückenschmerzen. Und das scheinen eher noch die weniger gravierenden Symptome zu sein. Aber das Bild ist nicht so eindeutig. Angesichts der enormen Belastungen könnte man zum Beispiel davon ausgehen, dass in Chinas Turbogesellschaft auch die Suizidrate hoch ist. So wie das in Japan und Südkorea der Fall ist, wo ein vergleichbares Arbeitspensum die Norm ist. Doch das Gegenteil ist der Fall: Nach Angaben der Weltgesundheitsorganisation (WHO) hat China nicht nur im Vergleich zu seinen Nachbarn eine deutlich niedrigere Suizidrate, sondern auch gegenüber Deutschland. In China lag sie 2016 bei 9,7 pro 100 000 Einwohnern, in Deutschland bei 13,6, in Japan bei 18,5, in Südkorea sogar bei 26,9. Wie immer muss man bei Statistiken aus China Vorsicht walten lassen. Abcr die Unterschiede sind so eklatant, dass sie zumindest einen großen Trend zeigen. Ganz offensichtlich prägen die Hoffnung auf Aufstieg, die Erfolgsgeschichten derer, die es geschafft haben, so sehr das Bild von sich selbst und dem eigenen Leben, dass Belastungen anders wahrgenommen werden. Harte Arbeit gilt deshalb per se zunächst als etwas Positives. Ich erinnere mich an eine in Bremen im Fach Soziologie promovierte Chinesin, die auf ihre Forschungsaufträge verzichtete und nach Shenzhen ging, um dort ein eigenes Start-up zu gründen.»In Deutschland sitzen die Leute werktags um zehn noch im Café und trinken Latte Macchiato«, sagte sie,»hier in China kann ich viel mehr erreichen.«

Natürlich ist nicht alles effektiv, nicht sofort perfekt. Aber die Tatsache, dass es einfach gemacht wird, dass jeden Tag Hunderte Millionen Menschen kleine Steine wegtragen, das hat in den letzten 40 Jahren in China Berge versetzt. Manchmal habe ich den Eindruck, dass das bei uns in Deutschland zu einer Art Fatalismus führt, nach dem Motto: Was können wir schon gegen die 1,4 Milliarden Chinesen ausrichten? Als wäre der wirtschaftliche Wettstreit eine Art Fußballspiel, bei dem 83 Millionen Deutsche in erschreckender Unterzahl gegen China antreten müssten. Das stimmt natürlich nicht, weil der Erfolg nicht nur eine Frage der puren Zahlen ist, sondern des Erfindungsreichtums, der neuen Ideen und des technologischen Fortschritts.

Genauso verkehrt aber wäre es, zu glauben, dass Chinesen nur Arbeitsameisen seien – fleißig zwar, aber ohne eigene

Ideen, diszipliniert bis zur Selbstaufgabe, aber gut nur im Nachahmen. Es stimmt schon, dass in einer totalitären Diktatur wie in China, in einem Schulsystem, das die Kinder auf das pure Auswendiglernen trimmt, das unkonventionelle Denken nicht gefördert wird. Aber Chinesen sind eben fleißig und erfindungsreich.

China führte 2018 mit deutlichem Abstand bei der Zahl der anerkannten Patente (rund 432000) vor den USA (rund 308000), Japan (rund 195000) und der Europäischen Union (rund 128000). Selbst wenn man die Zahl der Patentanmeldungen ins Verhältnis setzt zur Zahl der Einwohner, liegt China mit 1001 Anmeldungen pro eine Million Einwohner noch vor Deutschland (884) auf Rang vier. Innovativer sind die Menschen nur noch in Südkorea, Japan und der Schweiz.

Stimmt schon, die Zahl der Patentanmeldungen oder der anerkannten Patente sagt noch wenig darüber, wie viele davon innovativ sind und es dann auch zur Umsetzung schaffen. Nach Angaben der OECD liegt China bei Universitätspatenten mit lediglich fünf Prozent zum Beispiel deutlich hinter Japan mit 27 Prozent. Aber insgesamt zeigen die Daten, dass wir uns dringend verabschieden sollten von der Vorstellung, dass Chinesen zwar arbeitsam, aber eigentlich ideenlos sind. Sie sind nämlich gerade dabei, uns in beidem zu überflügeln.

Unbedingter Wille zum Aufstieg

Was Chinesen vielleicht am meisten von uns unterscheidet, ist ihr unbedingter Wille zum Aufstieg, ihr Ehrgeiz, es zu schaffen. China drängt nach vorn, und zwar ganz wörtlich. Während sie in Japan strenge Anstehregeln für die U-Bahn haben und im Aufzug schon fast die Tür wieder geschlossen ist, ehe geklärt ist, wer nun wen vorlässt beim Aussteigen, geht es in China häufig darum, der Schnellere, Gewitztere, im Zweifel auch Rücksichtslosere zu sein. Man darf das nicht persönlich nehmen. Das Schubsen, Schieben, auf den Füßen stehen, das Vordrängeln mit einem Blick größter Ahnungslosigkeit sind Teil dieses China-Taktes. Alle rennen nach vorne, weil die Zukunft Aufstieg und Reichtum verspricht, und weil davon nur etwas abbekommt, wer es ganz nach vorne schafft. Wenn Staat, Polizei oder irgendwelche Aufseher streng rufen: »Schlange stehen!«, dann machen sie das natürlich. Aber sobald die Obrigkeit wegschaut, gehen die Ellbogen raus und das Rennen wieder los.

Das unbedingte Ziel, reich zu werden, ist die treibende Kraft in der chinesischen Gesellschaft. Sie prägt die Partnerwahl, die Kindererziehung und ist für jeden Einzelnen wie ein Seelen-Treibstoff, der vieles ertragen lässt. Gleichzeitig setzt sie alle unter einen enormen Stress.

Und bei uns? Es fühlt sich an, als hätte ich fünf Jahre in einem chinesischen Hochgeschwindigkeitszug gelebt. Man merkt das Tempo nicht mehr, man ist ja mittendrin. Aber wenn der Zug ganz plötzlich stoppt, wird es gefährlich. Es haut einen nach vorne gegen den Sitz des Vordermanns, weil man nach den Trägheitsgesetzen der Physik die Geschwindigkeit noch in sich hat. So erging es auch mir und meiner Familie. Wir trugen die chinesische Geschwindigkeit noch in uns, als wir wieder in Berlin landeten, und knallten mit voller Wucht gegen eine deutsche Bedächtigkeit, in der es oft scheint, als dauere alles immer länger, als gehe nichts richtig voran.

Einen der häufigsten Sätze, die ich seit meiner Rückkehr höre, ist: Mach langsam, alles mit der Ruhe. Jeder scheint besorgt darum, dass sich andere ja nicht hetzen. Ja nicht zu viel machen. Das finde ich nett und fürsorglich. Aber auch ein bisschen komisch. Ich habe mich in China oft nicht getraut, die Zahl der Urlaubstage in Deutschland zu nennen, weil ich befürchten musste, dass mir das niemand glaubte. Doch zurück in Deutschland lese und höre ich ständig von Klagen über Arbeitsverdichtung, Überstunden, Burn-out. Ich weiß, dass das ein Problem ist, dass es Menschen schwer zu schaffen machen kann. Dass viele wirklich krank davon geworden sind. Aber das Ausmaß, in dem es mir begegnet, hat mich erstaunt. Und weil ich aus China komme, hat es mich auch misstrauisch gemacht. Kann es sein, dass wir es manchmal übertreiben mit dem Klagen über zu viel Arbeit? Dass wir uns wohl darin fühlen, uns als überlastet und überarbeitet darzustellen? Eher bremsen wir uns gegenseitig, als dass wir uns anfeuern. Eher erklären wir dem anderen, dass er es nun aber wirklich ruhig angehen lassen muss, als dass wir uns Mut machen, etwas Ungewöhnliches zu schaffen.

Auf den Titeln der großen Magazine geht es ständig um Entschleunigung, Achtsamkeit, Wege zu sich selbst oder aus der Ehrgeizfalle. Statt etwas gemeinsam auf die Beine zu stellen, scheinen alle damit beschäftigt, ihr Selbst zu streicheln. Bei all den Retreats, Wellness-Oasen, Langsamkeits-Seminaren erholen wir uns so viel, dass wir ganz müde werden. Mir kommt es so vor, als wäre uns der Hunger abhandengekommen und – ja – der Ehrgeiz, etwas zu erreichen. Uns erscheint er oft als etwas Verdächtiges.

Für Chinesen dagegen ist Ehrgeiz nichts Unsittliches, sie halten ihn eher für einen Fitmacher. Aus ihrer atemlosen Beschleunigung schöpfen sie ihre Energie und Stärke. Das chinesische Wort *fen*, »harte Arbeit«, wurde Ende 2018 in China sogar zum beliebtesten Wort des Jahres gewählt. Man stelle sich das vor. Glück werde durch harte Arbeit erreicht, hatte

Staats- und Parteichef Xi den Chinesen schon zuvor auf den Weg gegeben. Sie hätten es natürlich als Kalenderspruch abtun können, aber offenbar traf es einen Nerv, denn der Satz wurde in Chinas zensiertem Internet schnell populär. Auch der Blick auf die Zukunft ist in China ein ganz anderer. Mindestens bis zum Ausbruch der Corona-Pandemie ging es Deutschland sehr gut, besser sogar noch als vor fünf Jahren. Die Arbeitslosigkeit war so gering wie seit Jahren nicht, die Wirtschaft wuchs im Vergleich zu China zwar langsam, aber stetig. Die Menschen hatten genug Geld, um Jahr für Jahr mehr privat zu konsumieren. Trotzdem war allgegenwärtig eine Furcht vor der Zukunft, überall spürte man die Sorge, dass die guten Jahre vorbei sein könnten. Umfragen zeigten, dass eine Mehrheit glaubte, dass es für Deutschland in Zukunft abwärts gehen wird. Auf den Bestseller-Listen standen Bücher, die den ganz großen Crash prognostizieren. War das eine diffuse Ahnung von dem bevorstehenden Einschnitt? Oder eher eine typisch deutsche Eigenheit, die Zukunft schwarz zu malen?

In China dagegen ist die Vorstellung, dass es in Zukunft noch besser werden wird, beileibe nicht nur Teil der Parteipropaganda, die ausgerechnet in Anlehnung an Amerika ständig vom »chinesischen Traum« redet, der dank Xi und der KP dabei sei, wahr zu werden. Umfragen des Pew Global Research Centre zeigen, dass eine deutliche Mehrheit der Chinesen davon ausgeht, dass es ihren Kindern einmal besser gehen würde. Diese Einschätzung deckt sich auch mit den Erlebnissen in den Familien und über die Generationen hinweg. Der Wirtschaftsaufstieg Chinas in den letzten 40 Jahren bedeutete für viele Familien einen enormen Wohlstandszuwachs. Die Erinnerung an das karge Leben in der Vergangenheit ist noch sehr präsent, und das prägt eben auch den Blick nach vorn, die Zukunftserwartung der Chinesen. Wobei der enorme Druck auf die städtische Mittelschicht unter anderem durch exorbitante Immobilienpreise, Bildungskosten und stagnierende Einkommen die Zukunftsperspektive dort zum ersten Mal kippen lassen könnte.

Erstaunlicherweise ergeben empirische Studien über Aufstiegs- und Zukunftschancen in China und Deutschland ein völlig anderes Bild als diese subjektiven Wahrnehmungen, wie sie in den Umfragen festgehalten werden. Das World Economic Forum hat Anfang 2020 eine Studie veröffentlicht, in der die soziale Mobilität weltweit verglichen wird. Deutschland schneidet da im internationalen Vergleich relativ gut ab und kommt auf den elften Platz. China hingegen liegt viel weiter hinten auf Platz 45. Das bedeutet, dass wir in Deutschland unsere Zukunft und die Aufstiegschancen deutlich pessimistischer sehen, als sie in Wahrheit sind, während umgekehrt Chinesen ihre eigenen Chancen optimistischer wahrnehmen. Das ist kein kleiner Unterschied. Ich merke ihn im Alltag hier in Deutschland wie in China und muss dabei an einen Satz von Konfuzius denken, der den chinesischen Zukunftsoptimismus so beschreibt: »Verbringe nicht die Zeit mit der Suche nach Hindernissen. Vielleicht ist keines da!«

Aufstieg und Erfolg im Hier und Jetzt

China ist auch deshalb so fixiert auf Aufstieg und Erfolg im Hier und Jetzt, weil es nirgendwo ein Vertrösten auf ein Jenseits gibt. Selbst der Boom von Religionen und Religiosität, den das ansonsten weitgehend atheistische China gerade erlebt, richtet sich ganz auf das Diesseits, darauf, im Jetzt ein bisschen Sinn und Spiritualität zu erfahren. Man muss gar nicht weit in die Vergangenheit gehen, um zu verstehen, woher das kommt. In der Kulturrevolution hat Mao in den 1960er- und 1970er-Jahren Schüler und Studenten gegen die Alten aufgehetzt, die nach der konfuzianischen Lehre eigentlich in hohen Ehren zu halten sind. Es war ein eiskalter Schachzug, eine Art Putsch Maos gegen die Parteigrößen und angebliche Konterrevolutionäre, um seine eigene Macht zurückzuerobern. Aber der Preis war fürchterlich. Der Furor der aufgestachelten Jugend richtete sich gegen Lehrer und Eltern, gegen Tempel und wertvolle Kunstschätze. Über eine Million Menschen wurden ermordet. Das ganze Land war zerrissen von einer Atmosphäre der Angst, des Misstrauens und eines fast vollständigen Zerfalls der staatlichen Ordnung. Das Alltagsleben, der Wertekosmos und die kulturelle Identität sind damals abgeschnitten worden von der langen chinesischen Tradition. Wie eine Ming-Vase, die auf dem Boden zersplittert und die man nicht mehr richtig zusammenkleben kann. Tatsächlich gibt es einen Laden in Peking, der solche Scherben aus der Kulturrevolution sammelt und versucht, daraus etwas Neues zu machen. Aber eben keine Vasen mehr.

Das Trauma der Kulturrevolution prägt bis heute die chinesische Gesellschaft. Das Rennen nach Reichtum füllt auch eine ethische oder religiöse Leere, die seit den Zerstörungen nie ganz überwunden wurde. Deng Xiaoping hat nach Maos Tod zwar verordnet, dass der große Vorsitzende zu 70 Prozent richtig lag. Das geht auf eine chinesische Redensart zurück und war wie ein sehr vorsichtiges Eingeständnis, dass Mao auch Fehler gemacht habe. Aber über diese Fehler darf seitdem nicht geredet werden. Nicht über die 15 bis 45 Millionen Menschen, die elendig verhungert sind, als Mao beim sogenannten »Großen Sprung« China von heute auf morgen vom Agrar- zum Industriestaat machen wollte, Bauern in die

Fabriken beorderte und die Ernten wegbrachen. Und eben auch nicht über die Kulturrevolution mit all ihren kulturellen und seelischen Verwüstungen, der Angst vor Verrat, dem Misstrauen, das immer noch nachwirkt und das die Beziehungen untereinander belastet.

Staats- und Parteichef Xi Jinping befördert stattdessen einen neuen Mao-Kult und unterbindet jede Kritik an dem Massenmörder. Nicht genug, dass in vielen Städten Chinas noch überlebensgroße Mao-Statuen stehen, dass sein Portrait über dem Eingang zur Verbotenen Stadt prangt. In der Schule müssen die Kinder jetzt wieder rote Lieder lernen, Lieder aus der Kulturrevolution also. Dabei hat Xis Vater, der ein hoher Kader der Partei war, ebenfalls unter der Kulturrevolution gelitten, wurde gedemütigt mit Schmähtafeln, die auch er um den Hals tragen musste. Xi selbst wurde aufs Land geschickt in die ärmliche Provinz Shanxi. Heute ist das Stoff für Xi-Propaganda, damals aber, so hat Xi es 2004 selbst in einem Interview eingeräumt, musste er in Peking um sein Leben fürchten.

Die Geschichtsverdrängung ist durchaus damit vergleichbar, wie Deutschland nach dem Zweiten Weltkrieg zunächst die Verbrechen des Dritten Reichs verdrängte und sich in den Wiederaufbau des Landes, in das deutsche Wirtschaftswunder stürzte. Nur dass es in China nie etwas Vergleichbares gab wie bei uns später dann die Auschwitz-Prozesse oder das Eichmann-Verfahren in Israel, nie eine durch die 68er-Bewegung erzwungene Aufarbeitung mit einem Schuldeingeständnis. So etwas hat Chinas Kommunistische Partei immer verhindert, weil es ihre eigene Macht und Legitimation beschädigen würde. Auch wenn Xi um die Schrecken der Kulturrevolution vermutlich genau weiß, ist die Gefahr einer offenen Diskussion über den Kulturbruch und über den Terror der Mao-Zeit für ihn und die Partei viel zu gefährlich. Deshalb meidet jeder in China den Blick zurück. Was zählt, ist das Jetzt und eine Zukunft, die möglicherweise noch viel mehr bringt. Und in der es den Kindern auf jeden Fall besser gehen soll.

Disruption als Lebenserfahrung

Bei uns in Deutschland gilt: Wer ständig seine Arbeitsstelle wechselt, gilt als flatterhaft, wer Unternehmen gründet, damit scheitert und neu beginnt, vielleicht sogar als unseriös. Wir wollen Beständigkeit, Chinesen dagegen wollen Wandel. Tatsächlich ist ihre prägende Lebenserfahrung die Disruption, die Erfahrung, dass, wie in der Kulturrevolution, von heute auf morgen alles anders, alles verloren sein kann. Sie lesen davon fast jeden Tag. Da ist der angesehene Professor an einer der besten Unis des Landes, der einen kritischen Kommentar schreibt und seine Stellung verliert. Da ist Chinas berühmteste Schauspielerin, die wegen angeblicher Steuerhinterziehung für Monate verschwindet, der Selfmade-Milliardär, der aus einem Hongkonger Luxushotel entführt und in China ins Gefängnis geworfen wird. Der Interpol-Chef, der einmal der Stolz von Chinas Außenpolitik war und dann festgenommen wird und wegen angeblicher Korruption für 13 Jahre ins Gefängnis kommt. Die Schlussfolgerung aus dieser enormen Verunsicherung, aus der Gewissheit, dass Partei und Staat einem jederzeit alles wegnehmen können, ist, dass alle im Jetzt möglichst viel erreichen wollen. Es erhöht das Tempo, gerade weil es jederzeit auch vorbei sein kann.

Der Preis: Einsamkeit

Die Kosten für dieses atemlose Nachvornehasten, für den unbedingten Willen, reich zu werden, sieht man überall – und man riecht sie auch. Chinas Luft ist in den großen Städten immer noch verpestet, Böden und Flüsse sind vergiftet, die Meere leer gefischt und verschmutzt. Aber die Kosten gehen noch viel weiter. In Chinas getriebener Gesellschaft fiel mir oft ein weitverbreitetes Gefühl von Einsamkeit auf, ein Mangel an Nähe und Wärme, weil Geldverdienen für viele bedeutet, Familie und Freunde zurückzulassen. Es trifft nicht nur jene, die als Wanderarbeiter weit weg von zu Hause schuften müssen und spätnachts auf einer Bierkiste vor ihrer Unterkunft sitzen und in die Sterne starren. Die in einem Baucontainer leben und damit kämpfen, dass das Videotelefonat mit der Familie immer wieder abbricht. Es trifft auch die Gewinnertypen, diejenigen, die von allen bewundert werden. Deren Aufsteigergeschichten herumgereicht und bewundert werden. Typen wie Yu Li, die Nummer eins unter Chinas Internetstars.

Wir trafen ihn in Shenyang im Nordosten des Landes, in einem luxuriösen Appartement. Es war schon weit nach Mitternacht, aber für Yu Li war das die hektischste Zeit. Drei Stunden Quatsch machen, brüllen, charmieren vor dem Computer mit Selfie-Kamera – das war sein Programm. Dafür bekam er Geld von seinen über 13,5 Millionen Abonnenten. Chinas staatliche Fernsehshows sind zensiert, altbacken. Deshalb schauen viele lieber Yu Lis Kanal, wo es schräg, albern und trotzdem harmlos zugeht. Und wo außer Sex und Politik fast alles erlaubt ist. Auch die Big Bosses sind dabei, Chinas Superreiche. »Sie geben mir Geld, genauso wie sie in einem Club in Peking oder Shanghai über 10 000 Euro für eine exklusiven Wein ausgeben«, sagte Yu Li. Es ist ihre Art, es sich gut gehen zu lassen.« Mit einer Show verdiente er locker 15 000 Euro und mehr. Und dann waren da auch noch seine Mitarbeiter, die eigene Shows hatten und ihm von ihren Einnahmen abgeben mussten.

Yu Li, einst Automechaniker, ließ sich inzwischen im eigenen Rolls Royce chauffieren. Er hatte es geschafft, sollte man meinen. Aber als er nach der Show in seiner Suite aus Marmor und Goldrand stand, im Gesicht eine Feuchtigkeitsmaske, da brach es plötzlich aus ihm heraus. »Ich habe riesigen Druck. Ich kann nicht mehr richtig schlafen«, sagte er. Sobald er sich wiederhole, kritisierten ihn seine Kunden. Ständig müsse er alle bei Laune halten. »Schau meine geschwollenen Augen! In diesem Geschäft sind Tag und Nacht vertauscht. Ich habe auch keine Freunde mehr. Dieses Geschäft schneidet mich vollkommen ab vom wirklichen Leben.«

Was ihn und seinen Kunden fehlte, was sie alle zusammen spätnachts vor die Monitore trieb, das waren eben gerade nicht Zahlen, Profit und Geld. Sondern die Sehnsucht nach Nähe, Freundschaft – etwas, das einen nicht mehr allein sein ließ. Selbst im Rolls Royce.

Und trotzdem: Vor die Entscheidung gestellt, zwischen Reichtum oder Freundschaft und Familie zu wählen, entscheiden sich Chinesen meist für Ersteres. Das gilt nicht nur als okay, sondern sogar als gesellschaftlich erstrebenswert. Natalie Wang, die Ehefrau des Nio-Gründers William Lee, Chinas wichtigstem Start-up für Elektroautos, schwärmt davon, dass ihr Mann so beschäftigt sei, dass er nur am Wochenende und dann auch nur zwei Stunden Zeit für die Familie habe. Und nachdem Pekings Stadtregierung die Immobilienspekulation von Privatleuten eindämmen wollte und Ehepaaren nur noch den Kauf von maximal zwei Appartements erlaubte, ließen sich viele einfach scheiden. Nur zum Schein,

nur für den Kauf. So jedenfalls war es bei den meisten gedacht. Aber einige sollen sich auch darüber zerstritten haben,
wer die sechsstellige Wertsteigerung innerhalb eines Jahres im
außer Rand und Band geratenen Immobilienmarkt am Ende
für sich einstreichen kann.

Die Entscheidung fällt auch deswegen so aus, weil sich aus
dem Reichtum alles andere ergibt. Wer eine Frau finden will,
braucht eine eigene Immobilie dringender als Charme. Und
umgekehrt ist vielen Frauen ein dickes Auto wichtiger als die
große Liebe. China ist eine hierarchische Gesellschaft, die auf
Status achtet. Im Kaiserreich war das eine Frage der Stellung
am Hofe. Wer in Peking durch die Hutongs geht, kann an den
Hauseingängen, an der Größe der Portale, an den Steinlöwen,
die den Eingang bewachen, erkennen, wie einflussreich der
Hausherr einmal gewesen sein muss. Und noch heute werden
Position und Einfluss schon beim Kennenlernen taxiert, wenn
man die Visitenkarten austauscht. Sie werden nicht einfach
weggesteckt wie bei uns in Deutschland, sondern aufmerksam
gelesen. Aus Höflichkeit, und weil man sehen will, ob sich die
Bekanntschaft lohnt, ob sie in Zukunft hilfreich sein kann.

Einmal stand ich in Peking auf einem Flohmarkt, bei uns
im Park, wo meine Kinder alte Spielsachen verkauften. Da
kamen die Frau und die Schwiegermutter eines chinesischen
Freundes und Mitarbeiters vorbei. Die Frau kannte ich gut, die
Schwiegermutter sah ich zum ersten Mal. Sie kam aus Shanghai, wo die Menschen als geschäftstüchtig gelten und man
sagt, dass die Frauen besonders viel Wert aufs Aussehen legen.
Die Frau meines Freundes versuchte uns gegenseitig vorzustellen, aber die Schwiegermutter hatte kein Interesse. Sie zogen
weiter, und ich brauchte eine Weile, bis ich verstand, was da
passiert war: Der Flohmarkt war offenbar zu meiner Visiten-
karte geworden, ich war nicht mehr der Chef ihres Schwieger-

sohnes, sondern ein einfacher Händler. Mit jemandem, der auf dem Markt alten Krempel verkauft, wollte sie nicht reden. Das lohnte sich nicht.

Status und seine Symbole sind in China wie Medaillen, die allen anderen signalisieren, dass man es im Rennen nach Reichtum geschafft hat. Oder dass es die Eltern geschafft haben, denn natürlich gibt es längst auch eine Generation der Reichenkinder, die selbst gar nicht gearbeitet haben. Eine Art Bling-Bling-Generation, die es sich relativ ungeniert gut gehen lässt. Status durchdringt alles. Die Mode, die von möglichst großen Labelnamen lebt. Die Wohnungsausstattung, die gar nicht genug Gold und Kristall haben kann und eine Art neobarocke Brutalistik zelebriert. Die Autos, die je größer, desto besser sind.

Doch Reichtum und Status sind in China höchst ungleich verteilt. China hat laut der Forbes-Liste inzwischen knapp 400 Milliardäre, nur die USA haben mit über 600 noch mehr. Auf der Liste der hundert reichsten Menschen der Welt sind 15 Chinesen mit dabei. Gleichzeitig lebten in China im Jahr 2017 noch über 30 Millionen Menschen unter der nationalen Armutsgrenze. Wie weit die Schere von Armut und Reichtum ausgerechnet im kommunistischen China auseinandergeht, zeigt der sogenannte Gini-Koeffizient. Sozialwissenschaftler messen damit das Ausmaß an Ungleichheit in einem Land. In Deutschland liegt der Gini-Koeffizient bei 0,46, in China dagegen bei 0,29. Deutschland gehört damit zu den Gesellschaften, die im weltweiten Vergleich ein höheres Maß an Gleichheit aufweisen, China dagegen zu den Staaten, die eine besonders ungleiche Gesellschaft haben. Das scheint ein Widerspruch zu sein zu den Debatten in Deutschland, dass das Land unfairer geworden sei. Aber es zeigt vor allem dies: Chinas Gesellschaft scheint mehr Spannung, mehr Ungleichheit zu ertragen.

Wobei niemand weiß, ob nicht doch irgendwann der Punkt erreicht ist, an dem die Bewunderung für die Rolls-Royce-Fahrer umschlägt in den Furor der Benachteiligten.

Denn eigentlich gehen Sozialwissenschaftler davon aus, dass bei Werten wie in China die Wahrscheinlichkeit für Unruhen und soziale Revolten stark zunimmt. Tatsächlich gibt es in China sehr viele Unruhen. Es sind vielfach lokale Proteste in Fabriken, wenn Arbeiter entlassen oder Lohnzahlungen verweigert werden. Solche Proteste greifen aber in der Regel nicht über auf andere Fabriken oder über Städte hinaus, sie erfassen nicht eine ganze Region. Das liegt zuallererst an Polizei und Staatssicherheit, die dagegen sofort massiv vorgehen. Es hat aber auch damit zu tun, dass es bei den Protesten meist um sehr konkrete Missstände geht. Ungleichheit per se ist dagegen kaum ein einigendes Motiv für eine Bewegung, die breiter und größer werden könnte. Möglicherweise hat die Bereitschaft, Ungleichheit eher hinzunehmen, aber auch mit dem Erbe des Konfuzianismus und seinem hierarchischen Gesellschaftsmodell zu tun. Jede und jeder muss sich da einordnen in Gesellschaft und Familie, im Dorf und im Staat. Jeder ist den Autoritäten zunächst einmal zu Loyalität und Gefolgschaft verpflichtet.

Die entscheidende Chance, um in dieser strengen Hierarchie die Leiter hochzuklettern, ist Bildung. Sie ist das zentrale Vehikel der sozialen Mobilität. Auf sie richten sich alle Hoffnungen und alle Erwartungen. Und deshalb gibt es für chinesische Familien kaum etwas Wichtigeres für ihre Kinder als Schule und ein Paukregiment wie kaum sonst auf der Welt.

3 Bildung: Pauken bis zum Umfallen

Bildung ist für die meisten Chinesen die maßgebliche Aufstiegschance. Und sie versuchen, sie mit einer Entschlossenheit und Härte zu nutzen, die uns fremd und übertrieben erscheint. Bildung in China ist ein knallharter Wettbewerb um die wenigen Plätze an den knapp 40 Top-Universitäten des Landes. Dieser Wettbewerb beginnt schon im Kindergarten, und er kennt keine Pause, bis die Resultate des *gaokao*, des chinesischen Abiturs, vorliegen. Diese Zahlen entscheiden über die Zukunft jedes Einzelnen. Deshalb gilt: Chinesen geben für die Bildung ihrer Kinder mit am meisten Geld aus (11,4 % der Konsumausgaben). Bei uns hingegen kommen die Ausgaben für Bildung erst weit hinten (0,7 %). Ganz vorne stehen in Deutschland Wohnen und das Auto. Das sind die Prioritäten, das ist der Unterschied.

An einem Wochenende in Peking war einmal ein chinesischer Freund unseres ältesten Sohnes über Nacht zu Besuch. Am Abend sahen wir zusammen einen Film. Der Freund fand das schön, aber sehr ungewöhnlich.

»Warum?«, fragte meine Frau. »Guckt ihr zu Hause keine Filme?«

»Nein, ich mache vor allem immer Hausaufgaben«, antwortete er.

»Aber wenn du mit den Hausaufgaben fertig bist?«

»Dann hat mein Vater extra Hausaufgaben für mich.«

Der Filmabend bei uns war deshalb etwas Besonderes für

ihn, und es hatte einige Zeit an Vorbereitung und viele We-Chat-Nachrichten mit seinen Eltern gebraucht, bis der Termin stand. Unsere Söhne trafen sich nach der Schule mit Kindern aus Afrika, Pakistan oder Australien. Mit chinesischen Schulfreunden dagegen war es immer schwierig, weil sie kaum Zeit hatten und auch die Nachmittage und Abende fest verplant waren. Auf den Straßen in China sieht man deshalb zwar Kinder im Vorschulalter spielen. Aber sobald sie eingeschult sind, verschwinden sie praktisch von der Bildfläche. Dann beginnt ein Lernmarathon, der den allergrößten Teil des Tages und auch das Wochenende einnimmt. Man sieht sie höchstens noch beim Familienausflug, der gerne in den Nordwesten Pekings führt, wo die beiden Top-Universitäten Beida und Tsinghua ihren Sitz haben. Vor den Campusschildern posieren dann Grundschüler für ein Foto, das Hoffnung und Erwartung in einem ist.

Chinas staatliche Schulen sind eigentlich ein Graus. Sie erscheinen wie Paukfabriken, wo von morgens früh bis weit in den Nachmittag stillgesessen und auswendig gelernt wird. Aber wer glaubt, dass unser Schulsystem in Deutschland deshalb überlegen sei, dass wir unsere Kinder besser auf das Leben und die Zukunft vorbereiten, der sollte einen Blick auf die Bildungsstudien der OECD werfen, zum Beispiel die Pisa-Studie von 2018. Darin wurden 15-Jährige in 79 Ländern in Mathematik, Lesen und Naturwissenschaften getestet. Insgesamt liegt China an der Spitze, gefolgt von Singapur, Macau und Hongkong. Deutschland schafft es gerade noch unter die Top-20-Länder.

Sicher, Chinas Regierung gab nur die Daten von vier Provinzen frei: Peking, Shanghai, Jiangsu und Zhejiang. Daten aus ländlichen Regionen, die gegenüber den Metropolen in der Qualität der Bildung deutlich abfallen, lieferte China nicht. Und im Vergleich zur Pisa-Studie 2015 tauschte sie auch noch eine Provinz aus. Statt der Provinz Guangdong, zu der Megastädte wie Shenzhen oder Guangzhou gehören, wurden nun die Zahlen aus Zhejiang südlich von Shanghai gewertet. Guangdong galt einmal als die Werkbank der Welt und hat neben Hightech-Firmen nach wie vor viele jener tristen Fließbandfabriken, denen China seinen wirtschaftlichen Aufstieg verdankt. Guangzhou hat also, kurz gesagt, mehr benachteiligte Regionen als Zhejiang, dessen Hauptstadt Huangzhou als eines der Sinnbilder für das ultramoderne China steht. Tatsächlich sind Bildungschancen insgesamt in China sehr ungleich verteilt zwischen Stadt und Land. Es ist vor allem die städtische Mittelschicht mit insgesamt etwa 400 Millionen Menschen, deren Kinder Zugang haben zu einem Bildungssystem, das auf hohem internationalem Niveau ist.

Das Pisa-Ranking Chinas gibt also mitnichten den Stand des gesamten Landes wieder, sondern höchstens den seiner Vorzeigeregionen. Das ist ungefähr so, als wenn Deutschland nur die Ergebnisse der Bildungsspitzenreiter aus Sachsen, Bayern und Thüringen für den Vergleich einreichen würde. Darüber hinaus ist der Sprung, den die China-Provinzen im Vergleich zur vorhergehenden Studie von 2015 erzielen, so groß, dass Bildungsexperten Zweifel an den Zahlen haben, weil so enorme Verbesserungen kaum nachvollziehbar sind.

Aber selbst die Ergebnisse von 2015 zeigen ein für Deutschland wenig schmeichelhaftes Bild. In Mathematik und Naturwissenschaften liegt China in der Gruppe der Top 10 und damit deutlich vor Deutschland. Nur beim Lesen schnitten deutsche Schüler 2015 besser ab. Und noch etwas sollte uns beunruhigen: In allen drei Bereichen schnitten deutsche Schüler 2018 insgesamt schlechter ab als 2015. Deutschland fällt also zurück, es liegt mit diesen Ergebnissen knapp über dem Durchschnitt der OECD-Länder und ist in Sachen Bildung weltweit nur noch Mittelmaß. In China hingegen sieht das Parteiblatt *Global Times* die Ergebnisse der Pisa-Studie als Beleg für den »unaufhaltbaren Aufstieg« des Landes. China hole schnell auf, das Bildungssystem und die Wettbewerbsfähigkeit boomten.

Die Überheblichkeit der Dichter und Denker

Wir schauen hierzulande gerne auf andere Länder und ihre Bildungssysteme herab. Das Land der Dichter und Denker scheint gedanklich immer noch davon auszugehen, dass Wilhelm von Humboldts Reformen in Preußen zu Beginn des 19. Jahrhunderts, die Einführung von Volksschule, Gymnasium und modernen Universitäten, eine Art Qualitätsgarantie für die Zukunft sei. Der Pisa-Schock aus dem Jahr 2001 scheint daran nur wenig geändert zu haben. Wir glauben offenbar nach wie vor, dass unser Bildungssystem zwar ein paar Macken hat, aber im Prinzip weltweit führend ist. Dass wir Deutschen, im Vergleich zu anderen, die Dinge tiefer durchdringen und gründlicher bearbeiten, dass wir gebildeter und kreativer sind als anderswo. Diese kulturelle Überheblichkeit hat weitreichende Reformen bislang verhindert und ist zu einer Gefahr für die wirtschaftliche Leistungsfähigkeit des Landes geworden.

Chinas Schulen sind natürlich kein Vorbild. Sie sind extrem strikt und ganz auf Tests fixiert. In der Regel folgt nach sechs Jahren Grundschulzeit die Mittelschule, die drei Jahre dauert. Wer die Aufnahme in die Oberstufe schafft, schließt nach weiteren drei Jahren die Schuldausbildung mit dem *gaokao*, der

Zugangsprüfung für die Hochschulen, ab. Die Klassen an Chinas Schulen sind fast doppelt so groß wie in Deutschland. Als normal gelten 45 Schüler pro Klasse, aber es können auch deutlich mehr sein. Die Schüler tragen meist Schuluniform und sitzen still und kerzengerade an ihren Plätzen. An einer Grundschule in der Provinz Shaanxi haben die Eltern sogar eine Art Tischgeländer gekauft, die auf die Pulte montiert werden und die Kinder zur korrekten Schreibhaltung zwingen sollen. In dieser Position verbringen chinesische Schüler überall den größten Teil des Tages. Eine chinesische Freundin, deren Sohn in Peking in die Grundschule geht, erzählte mir verzweifelt, dass die Kinder inzwischen noch nicht einmal in der Pause draußen toben dürfen. Sie sind praktisch einen ganzen langen Schultag, der in China oft von 7 Uhr 30 bis 17 Uhr geht, zum Sitzen verurteilt. Wer das aushält, kann es schaffen in diesem System. Wer nicht, wird schnell aussortiert und scheitert. Es gibt in diesem unbarmherzigen Betrieb wenig Verständnis und Geduld für Kinder, die besondere Bedürfnisse haben und Förderung brauchen.

Noch härter ist es an chinesischen Internaten. Die Schüler werden da oft schon morgens um fünf geweckt und müssen vor dem Frühstück eine Stunde exerzieren. Nach der Schule sitzen sie regelmäßig noch bis nachts um elf an den Hausaufgaben. An den Tagen, an denen sie frei haben und nach Hause können, holen die meisten ihr massives Schlafdefizit auf.

Auch jenseits der Internate ist für die meisten Kinder nach einem langen Schultag noch nicht Schluss, weil es dann zu privaten Lerninstituten geht für Mathe, Chinesisch oder Englisch. Eine typische chinesische Mittelklasse-Familie zahlt häufig zwischen 400 und 600 Euro pro Monat für solche Kurse, das entspricht grob gesagt etwa einem Fünftel des monatlichen Haushaltseinkommens. Wohlgemerkt für ein Kind.

Es ist schwer, da nicht mitzumachen, selbst wenn man es für völlig übertrieben und schädlich für die eigenen Kinder hält. Die Lehrer an den Schulen erwarten, so absurd sich das vielleicht anhört, dass die Kinder den Stoff bereits gelernt haben. Anders ist die Menge oft gar nicht zu schaffen. Und dann ist da der Druck der anderen Eltern, die Vorstellung, dass das eigene Kind später scheitern könnte, weil man nicht genug gezahlt hat für die Paukinstitute, weil man es nicht genug getriezt hat.»Was soll ich machen«, seufzte die chinesische Freundin, deren Sohn sich mit dem strengen Lernregiment schwertat.»Ich mache ja schon viel weniger als die anderen. Aber du kannst nicht ganz ausscheren.«

Eine andere Freundin schickte ihre zehnjährige Tochter zusätzlich viermal die Woche zum Schwimmtraining.»Am Anfang hat sie danach immer geweint, weil das Training so anstrengend war«, erzählte sie uns freimütig. Aber sie habe darauf bestanden, dass ihre Tochter dabeibleibe.»Es ist wichtig, dass sie Härte lernt und sich durchbeißt.« Inzwischen weine sie auch nicht mehr.

Zhi – Wissen

Ja, auch wir Deutschen halten uns für bildungsbeflissen. Aber es ist nichts im Vergleich zu dem, welche Bedeutung und welches Ausmaß Lernen in chinesischen Familien einnimmt. Ein guter Freund erzählte, dass es in seiner Kindheit zu Hause kein Sofa, keinen Ort zum Entspannen gab. Sein Vater, ein angesehener Archäologe, war der Ansicht, dass man in den eigenen vier Wänden entweder essen oder schlafen solle, ansonsten aber lesen und studieren. Für Ausruhen sei kein Platz.

Diese Haltung hat ihre historischen Wurzeln im Konfuzianismus. *Zhi* – Wissen – ist eine der fünf Tugenden, nach denen ein Mensch nach den Lehren Konfuzius' eifern sollte. Das Streben nach Wissen war dabei nicht nur Teil des eigenen Wachstums, sondern damit verbunden war auch die Chance für den wirtschaftlichen und gesellschaftlichen Aufstieg der ganzen Familie. Im kaiserlichen China gab es spätestens seit der Tang-Dynastie im 7. Jahrhundert eine Zugangsprüfung für zukünftige Beamte, die *keju*. Abgefragt wurde die möglichst genaue Kenntnis alter Schriften und Meister. Diese Zugangsprüfung stand im Prinzip fast jedermann offen, auch wenn es zu verschiedenen Zeiten Einschränkungen gab. Aber ein Feudalsystem wie in Europa, in dem der Bauer oder Handwerker quasi qua Geburt kaum in einen höheren Stand aufsteigen konnte, gab es in China nicht. Bildung war deshalb die große und auch beinahe die einzige Chance für gesellschaftlichen Aufstieg, vorausgesetzt natürlich, man bekam überhaupt Zugang zu einer Schule.

Die Prüfung zur Beamtenschaft wurde Anfang des 20. Jahrhunderts bei dem Versuch abgeschafft, das zerfallende Kaiserreich zu reformieren. Sie gibt es also heute nicht mehr, aber sie prägte über rund 1300 Jahre die Vorstellung von Bildung und Aufstieg. Deshalb ist es auch nicht verwunderlich, dass inzwischen etwas anderes an die Stelle des *keju* getreten ist. Es ist das sogenannte *gaokao*, das große Examen, mit dem Chinas Schüler ihre Schullaufbahn abschließen und das darüber entscheidet, ob und wo sie anschließend studieren können. Es hört sich vielleicht an wie unsere Abiturprüfung, aber es ist viel mehr. Für die Prüflinge ist es ein, ja vielleicht der lebensentscheidende Moment. Ein Wissenskanon wird da abgefragt, der über Jahre eingetrichtert, auswendig gelernt wurde. Ganz ähnlich wie früher bei der Beamtenprüfung. Am Tag des *gaokao* werden die Schüler in Bussen zur zentralen Prüfung gefahren, damit keiner zu spät kommt, Straßen werden gesperrt, damit kein unnötiger Lärm sie stört. Manche von ihnen haben das ganze Jahr zuvor in kasernenartigen Paukschulen verbracht, damit es klappt. Es geht da nicht um eigene Interpretationen oder Kreativität, sondern um das getreue Wiedergeben dessen, was andere früher schon gedacht und geschrieben haben. So funktioniert die Prüfung, ja so funktioniert Schule insgesamt in China. Das liegt natürlich auch daran, dass chinesische Schüler, um zu lesen und zu schreiben, nicht 27 Buchstaben, sondern Tausende Schriftzeichen lernen müssen. 50 000 gibt es ungefähr, gut 3000 davon sind im alltäglichen Gebrauch. Grundschüler in China sollten in den ersten beiden Jahren 800 Zeichen, in den beiden folgenden dann noch mal weit über 2000 lernen. Das sture Auswendiglernen und Wiederholen dieser Zeichen prägt nicht nur den Unterricht in Lesen und Schreiben, sondern die gesamte Idee von Schule und Lernen bis heute.

Die Folgen des Paukdiktats treiben inzwischen sogar staatliche Stellen in China um. Im Sommer 2018 sorgte das Erziehungsministerium für Aufsehen, weil es den übermäßigen Druck auf Chinas Kinder monierte. Das Ministerium kritisierte, dass Schüler viel zu viel Hausaufgaben bekämen. Allein für Chinesisch müsste beinahe jeder zehnte Grundschüler mehr als zwei Stunden zu Hause nacharbeiten – pro Tag. Die Kinder bewegten sich deshalb auch viel zu wenig. Ein erheblicher Teil sei übergewichtig, kurzsichtig und leide unter zu wenig Schlaf. Dem Ministerium waren auch die privaten Lerninstitute ein Dorn im Auge. Aber eine der wichtigsten Ursachen der Misere, die zentralen Prüfungen, das *gaokao* für den Hochschulzugang oder auch das *zhongkao* für den Zugang zur Oberstufe, hat es bislang nicht abgeschafft oder erleichtert.

Fußball – nicht pauken, sondern spüren

Für meinen Freund Tao ist das starre Pauken auch der Grund, warum China nicht Fußball-Weltmeister werden wird, wie Staats- und Parteichef Xi Jinping sich das wünscht. Tao ist Fußballtrainer. Ab und zu haben wir zusammen auf einem Platz in der Nähe von Pekings Ritan Park gespielt. Tao hat alles, was einen wirklich guten Fußballer ausmacht. Die perfekte Technik, vor allem aber den Instinkt, wo der Ball als Nächstes sein wird und wohin er selbst laufen muss, das Gespür für den Moment, in dem er den Pass spielt, der die Abwehrmauern des Gegners zusammenfallen lässt. Dinge, die man nicht pauken kann, die man spüren muss. Tao wäre ein erstklassiger Fußballprofi gewesen, hätte nicht eine Verletzung ihm die Karriere vermasselt. Auf meinem Weg zum Studio kam ich immer an dem Platz vorbei, wo er als Trainer die ganz Kleinen unterrichtete. Tao sagt, dass er am liebsten mit den Kleinen übt. Die seien noch wild und verspielt, so wie man es im Fußball sein muss. So wie er selbst war, als er im alten Peking auf den Straßen herumkickte. Damals ließen einen die Eltern das noch. Heute seien die Größeren gefangen in der Schulmühle. Zweimal im Jahr könne er das Training ganz einstellen, weil dann Prüfungen anstehen und die Eltern die Kinder nicht mehr rauslassen. Und auch beim Fußball wollten alle nur die schnellen Ergebnisse. »Viele chinesische Trainer pauken Pässe wie Schriftzeichen«, sagt Tao. »Das ist verrückt. Fußball braucht Wildheit, Kreativität, Fantasie. Das kannst du doch nicht auswendig lernen. So wird das nie was mit uns und dem Fußball.«

Tao hatte recht. Auch wenn die Liebe der Chinesen zum Fußball groß ist. Der Fußball hatte diese Liebe vielleicht genau deshalb bislang nicht recht erwidert. Die entscheidende

Frage aber ist natürlich, ob der Mangel an Freiheit in Chinas Schulsystem nicht nur dem Fußball schadet, sondern insgesamt der Kreativität und der Fähigkeit, innovative Lösungen für neue Probleme zu finden. Die Pisa-Studie, in der Chinas Vorzeigeprovinzen ganz vorne liegen, kann darüber kaum Auskunft geben. Aber wir sollten uns nicht zu sicher sein, dass wir in Deutschland da per se weiter sind. Das liegt an unserem eigenen Schulsystem und an einem Trend aus China, der uns noch vor viel größere Herausforderungen stellen wird.

Erstarrt im Kanon von gestern

Die erste Frage, die uns Schulen in Deutschland vor unserer Rückkehr aus China stellten, war:»Französisch oder Latein?« Es ging nicht um das, was die Kinder in China gesehen und erfahren hatten. Auch nicht um die Frage, wie gut ihr Englisch oder Chinesisch nun sei. Wichtiger als die Frage, was sie aus der Fremde mitbrachten, war, ob sie in das deutsche System reinpassten. Und da reduzierte sich alles auf die zweite Fremdsprache, die es für die Zulassung zur gymnasialen Oberstufe braucht.

Ich mag Französisch, aber seine Vormachtstellung im Lehrplan höherer Schulen verstehe ich nicht. Mit Latein und Französisch unterrichten wir die *linguae francae* vergangener Imperien und Epochen, aber mit den Anforderungen der Zukunft hat das nichts zu tun. Es genügt doch ein Blick auf die Zahlen: Englisch mit 1,27 Milliarden und Mandarin mit 1,12 Milliarden Menschen sind laut dem Fachmagazin *Ethnologue* die mit Abstand am meisten gesprochenen Sprachen der Welt. Auch Spanisch sprechen mit rund 537 Millionen fast doppelt so viele Menschen wie Französisch. Warum also sorgen wir nicht dafür, dass unsere Kinder erstens exzellent Englisch sprechen und zweitens immer mehr auch Mandarin oder Spanisch? Umgekehrt, so viel ist sicher, werden chinesische Schüler immer besser im Englischen. Und eine Untersuchung von Auswärtigem Amt und Goethe Institut zeigt, dass das Interesse, Deutsch zu lernen, in China in den letzten fünf Jahren stark zugenommen hat.

Bildungsministerien und Schulen in Deutschland legen in ihren öffentlichen Präsentationen auch immer viel Wert darauf, dass Schüler Eigeninitiative und selbstständiges Arbeiten lernen sollen. Von Peking aus betrachtet, klang das für mich wie ein wohltuender Gegensatz zum sturen Auswendiglernen an Chinas Schulen: hier das frei sich entfaltende und wachsende Individuum, dort das Pauken im Akkord. Vielleicht ist es kein Wunder, dass sich auch diese Vorstellung als Klischee entpuppte, besonders auf deutscher Seite. Eigenständiges Arbeiten scheint in der deutschen Schulwirklichkeit häufig zu bedeuten, dass Lehrer ihre eigentliche Aufgabe ruhen und Schüler anleitungslos Themen alleine bearbeiten und erlernen lassen, die in der Regel zu groß und zu wenig definiert sind. Wie soll das klappen, wenn Schüler zum Beispiel für sich schon mal »das Mittelalter« oder »den Mauerfall« erarbeiten sollen? Was da im Gewand von autonomem Lernen daherkommt, ist eigentlich doch eher die Selbstaufgabe dessen, was Lehrer im besten Fall schaffen können: sich gemeinsam mit Schülern für ein Thema zu begeistern, gemeinsam zu lernen. Die Selbstabschaffung von Lehre ist eine Praxis, die in Deutschland weit verbreitet zu sein scheint. Wir haben deshalb wenig Grund, uns dem chinesischen System des Auswendiglernens irgendwie überlegen zu fühlen.

Die chinesische Art zu lernen ist deshalb natürlich noch lange kein Vorbild. Aber es gibt doch genügend Beispiele weltweit, wie erfolgreiches Lernen funktionieren kann. Wir müssen nur nach Estland oder Finnland schauen, nach Kanada und Irland. Was mir auffällt, ist ein Desinteresse an deutschen Schulen daran, wie es andere vielleicht besser machen. Wie in vielen Unternehmen scheint auch in Lehrerzimmern die Überzeugung zu herrschen, dass schon alles richtig ist, wie wir es machen, ja dass es sogar die einzig mögliche Art ist, Dinge zu tun. Ich habe jedenfalls sehr gestaunt, als einer meiner Söhne mit einer Mathearbeit nach Hause kam, die voller roter Korrekturen war. Nicht weil das Ergebnis falsch, sondern weil der Rechenweg und die Schreibweise anders waren als in Deutschland. Klar, er hatte es in Peking halt anders gelernt. Aber war am Ende nicht entscheidend, dass das Ergebnis stimmte? Warum war es schon ein Fehler, dass er einen anderen Weg gewählt hatte? Und wäre es für die Zukunftschancen unserer Kinder nicht hilfreich, wenn wir uns ein bisschen mehr daran orientierten, was international üblich ist, statt auf deutschen Sonderwegen zu beharren?

Vielleicht liegt mein Eindruck von Erstarrung und Unbeweglichkeit auch daran, dass in Deutschland Lehrkräfte im Vergleich zu anderen OECD-Ländern im Schnitt älter sind. Und dass die Ausgaben für Bildung in unserem Land im OECD-Schnitt unterdurchschnittlich sind. Im Jahr 2016 waren es nur rund 3,6 Prozent des Bruttoinlandsproduktes, die Deutschland für Bildung von Grundschule bis Universität ausgab. In China übrigens sind es seit Jahren mehr als vier Prozent. Setzt man die Ausgaben ins Verhältnis zur Wirtschaftskraft pro Kopf, werden Bildungsausgaben in Deutschland erst recht zu einem Armutszeugnis für das Land. Unser Anspruch, eine Bildungsnation zu sein, wird als Wunschdenken entlarvt. Wer es ernst meinte mit Bildung und Innovation, müsste andere Prioritäten setzen.

Der Boom der Privatschulen

Trotz der staatlichen Propaganda, die Chinas Bildungssystem und seinen Aufstieg über den grünen Klee lobt, sind Chinas Eltern und Kinder keineswegs allesamt glücklich damit. Im Gegenteil: Der Druck von klein auf ist enorm, und die Kosten sind es ebenfalls. Nicht nur für die teuren Nachhilfeinstitute, die praktisch jedes Kind oft schon ab dem Kindergartenalter besucht. Wer verhindern will, dass sein Kind in den riesigen Klassen untergeht, der schiebt dem Lehrer immer mal wieder einen *hongbao* rüber, einen roten Umschlag mit Bargeld, der in China nach wie vor das Schmiermittel der Wahl ist. Es geht dabei gar nicht mal nur darum, gute Noten zu kaufen. Oft ist der *hongbao* schon nötig, damit das Kind vom Lehrer keine extra strengen Zensuren bekommt.

Wer irgend kann, versucht deshalb diesem repressiven Schulsystem zu entfliehen. Und wenn die Zahl chinesischer Kinder, die in China oder außerhalb des Landes auf Privatschulen gehen, ein Hinweis ist, dann steht es ziemlich schlecht um Chinas Schulen, egal wie gut seine vier Spitzenprovinzen in der Pisa-Studie abgeschnitten haben. Chinas reich gewordene Mittelschicht und erst recht die Oberschicht versuchen ihre Kinder auf englische oder amerikanische Privatschulen zu bringen. Es ist ein Hase und Igel mit den staatlichen Behörden, die befürchten, dass dadurch der Einfluss der Kommunistischen Partei auf Chinas Jugend schwinden könnte. Deshalb durften lange nur Eltern mit mindestens einem ausländischen Pass ihre Kinder auf die internationalen Schulen schicken, die in Chinas Metropolen florieren. Für findige Chinesen kein Problem. Sie kauften Immobilien oder Grundstücke im Ausland und bekamen zum Dank für die Investition einen Pass des Landes. In der Türkei liegt die Grenze dafür bei umgerechnet 250 000 US-Dollar, in Portugal gibt es den EU-Pass für Käufe ab insgesamt 500 000 Euro nach einer fünfjährigen Aufenthaltszeit, die allerdings bei nur sieben Tagen pro Jahr liegt.

Das bekamen dann auch die chinesischen Behörden spitz, die selbst gerade dabei waren, in den staatlichen Schulen den Lehrplan noch mehr in Richtung kommunistischer Propaganda zu trimmen – inklusive Mao-Gedichten und roten Kampfliedern aus der Kulturrevolution. Dem sollte kein chinesisches Kind entgehen, und so wurden die Zugangskriterien für die internationalen Schulen in China weiter verschärft. Alternativen Schulmodellen wie zum Beispiel Waldorfschulen, die von chinesischen Eltern gegründet und eine Zeit lang toleriert wurden, wurde sogar ganz die Genehmigung entzogen. Dem Erfindungsreichtum jener Eltern, die genug Geld haben, wird das keinen Abbruch tun.

Chinesische Freunde fuhren im Sommer mit der zwölfjährigen Tochter Tania schon mal nach England. Sie soll in vier Jahren dort auf eines der Elite-Internate gehen. Aber, so dachten sich die Eltern, es kann nicht schaden, sich rechtzeitig umzuschauen. Auch deutsche Privatschulen können sich vor dem Ansturm von Schülern aus China kaum retten. Im Kolleg St. Blasien im Südschwarzwald haben sie ein Limit für Schüler aus China eingeführt, damit die Verkehrssprache im Internat auch wirklich Deutsch bleibt. Derzeit kommt dort fast jeder sechste Internatsschüler aus China. Ähnlich sieht es in Salem aus. Der dortige Schulleiter erklärte kürzlich in einem Interview, man könnte die Schule dreimal mit chinesischen Kindern füllen, deren Eltern sich ein liberales Erziehungssystem wünschen.

Chinas neue Bildungselite

Kurz nach unserer Rückkehr nach Deutschland lernten wir Dan und July aus Shanghai kennen. Die beiden heißen eigentlich anders, aber wie viele aus Chinas Mittelklasse haben sie sich englische Vornamen gegeben. Das macht es für Nichtchinesen einfacher. Sie waren nach Berlin gekommen, weil ihr 15-jähriger Sohn Marc auf eine Privatschule im Berliner Südwesten wechseln sollte. Die Schule hat ein angeschlossenes Internat und noch andere chinesische Schüler in seinem Alter. Dass Kinder auf ein Internat gehen, das gibt es natürlich auch bei uns in Deutschland. Aber Marcs Geschichte liegt doch etwas anders. Und sie erzählt viel darüber, wie weit Familien in China für die Bildung ihrer Kinder gehen.

Marc will Fußballprofi werden und zwar, das ist sein Traum, bei Chelsea in London. Schon klar, viele wollen das. Aber für einen Jugendlichen aus Shanghai ist der Traum noch etwas weiter weg als für andere. Marc hat es in Shanghai in die chinesische Auswahlmannschaft seiner Altersgruppe geschafft. Aber es war klar, dass Chelsea ein Traum bleibt, solange er in China kickt. Also hat er nach der Schule noch Extrastunden Englisch genommen. Marcs Tage in Shanghai waren für deutsche Verhältnisse unfassbar lang. In der Regel lernte er noch bis elf oder halb zwölf Uhr nachts, ehe es am nächsten Morgen in aller Frühe wieder losging. Aber abgesehen von seinem Traum, Fußballprofi zu werden, war das alles für chinesische Jugendliche überhaupt nicht ungewöhnlich.

Bei Marc war es vermutlich so, dass sich seine Sehnsucht nach Chelsea und der Wunsch von Xi Jinping nach erstklassigen Fußballern auf glückliche Weise trafen. Deshalb hatte niemand etwas dagegen. Deutschland, das Land des ehemaligen Weltmeisters, sollte der erste Schritt sein. Tagsüber die internationale Schule, abends Training bei Hertha Zehlendorf, ein Verein, der für seine überaus erfolgreiche Jugendarbeit international bekannt ist. Aber so ganz reichte das Programm July und Dan noch nicht. Marcs neuen Vereinstrainern war aufgefallen, dass er am Ball ein großes Talent war, aber noch robuster spielen musste. Fußball, so meinten sie, sei nun mal kein berührungsloser Sport wie Chinas Volkssportarten Tischtennis und Badminton. »Wir haben jetzt Privattrainer für Marc engagiert«, sagte Dan. »Jeden Morgen um sechs hat er noch mal Extratraining vor der Schule.« Er zog sein Smartphone raus und zeigte mir wie zum Beweis ein Video, in dem zwei Trainer Marc Bälle zuwarfen, die er aus der Luft zurückspielte. Am Waldrand im Hintergrund sah man, wie gerade die Sonne aufging.

Wir waren schon froh, wenn wir die grundlegenden Anforderungen unseres neuen Alltags in Deutschland halbwegs hinbekamen. Aber anders als bei July, Dan und Marc war das unser Zuhause. Wir mochten uns nach fünf Jahren in China wie Fremde fühlen, aber immerhin kannten wir die Sprache und hatten eine grobe Erinnerung daran, wie man sich hier zurechtfindet. Tatsächlich aber gab es ständig Momente, da uns der neue Alltag in Deutschland heillos überforderte. Momente, in denen wir schon froh waren, wenn die Kinder morgens rechtzeitig aus dem Haus kamen, und wir keine elementaren Schultermine oder Elternabende verpassten. Wie war es möglich, dass unsere neuen Freunde aus Shanghai, kaum dass sie hier angekommen waren, schon Privattrainer für die Profikarriere ihres Sohnes engagierten? Was für ein unglaubliches Maß an Ehrgeiz und Enthusiasmus trieb die drei an?

Dan und July machten kein Geheimnis daraus, dass sie sich fürchteten vor dem Tag, an dem sie zurück nach Shanghai fliegen würden. Sie trösteten sich damit, dass Marc schon vorher oft für längere Zeit weg gewesen war, wenn seine chinesische Auswahlmannschaft zu Turnieren oder Trainingslagern in Europa gewesen war.

Natürlich ist es offen, ob Marcs Traum von einem Profivertrag bei Chelsea in Erfüllung gehen wird. Ebenso wenig ist klar, ob Tania es nach ihrer Zeit auf einem englischen Internat auf Eliteuniversitäten wie Oxford oder Cambridge schaffen wird, wie ihre Eltern sich das wünschen. Sicher ist, dass sie es allesamt mit all ihrem Ehrgeiz und Enthusiasmus versuchen. Und dass Chinas immense wirtschaftliche Macht und der Einfluss, der damit einhergeht, ihnen helfen werden.

China ist für Englands Premier League der mit Abstand wichtigste Auslandsmarkt. Clubs wie Chelsea warten eigentlich nur auf einen Spieler wie Marc, der ihre Marketingchancen in China erheblich verbessern würde. Ein chinesischer Spieler bei Chelsea – man kann sich jetzt schon ausmalen, wie oft allein dieses Trikot in China verkauft werden wird.

Was Tanias Hoffnungen auf Oxbridge anbetrifft, so könnte ihr ausgerechnet der Brexit helfen. Denn so viel scheint klar, dass der Austritt Großbritanniens aus der EU auch dazu führen wird, dass zum Beispiel Studenten aus Deutschland nicht mehr länger in den Genuss von niedrigeren Studiengebühren kommen werden. Derzeit zahlen sie ebenso viel wie britische Staatsbürger. Doch künftig wird wohl der normale, etwa doppelt so hohe Satz gelten. Umgekehrt zeichnet sich jetzt schon ab, dass China selbst Druck ausübt, um für seine Studenten den verbilligten Zugang zu einem der weltweit führenden Universitätssysteme zu erhalten. Wie so oft nutzt Peking dabei die Aussicht auf Handelsabkommen und Investitionen.

Was da also heranwächst, ist eine chinesische Bildungselite, die beide Welten, Ost und West, kennt und sich in jeder fließend verständigen kann. Sie ist so belastbar wie kreativ, so linientreu wie risikofreudig. Das ist die nächste Generation, die nächste Herausforderung für unser Bildungssystem und für unsere Kinder.

4 Familie auf Chinesisch

Chinesen halten uns für Egoisten. In ihren Augen kreisen wir ausschließlich um uns selbst und um unsere Befindlichkeiten oder höchstens noch die unseres Partners und des Kindes. Den weiteren Familienkreis, so sehen sie es, halten wir uns am liebsten vom Leib, und die Alten schieben wir in Heime ab, wo sie allein gelassen ihrer Tage fristen. Chinesen finden, sie seien da ganz anders. Keine Egoisten, sondern Familienmenschen. Und damit meinen sie nicht unser Modell der Kernfamilie von Eltern und Kind. Das ist für sie höchstens ein Stück von Familie. Die ganze Familie schließt mindestens drei Generationen ein – Großeltern, Eltern, Kind –, die idealerweise auch alle zusammen unter einem Dach leben. Wenn ein junges Paar in China Nachwuchs kriegt, passiert deshalb oft Folgendes: Die Großeltern ziehen ein, ungefragt und egal wie klein die Wohnung ist. Widerstand ist zwecklos, denn nach alter konfuzianischer Tradition steht ihnen nun das Regiment zu im Haus – und die Erziehung der Enkelkinder.

Ich habe das Prinzip erst richtig verstanden, als meine eigenen Eltern und Schwiegereltern ihren Besuch ankündigten. Ohne je zuvor in China gewesen zu sein, machten sie es genauso wie chinesische Eltern. Sie riefen an und überraschten uns mit der Nachricht, sie hätten jetzt schon mal gebucht. Vier Wochen bei uns. Sonst lohne es sich ja nicht. Und zwar gemeinsam, also Eltern und Schwiegereltern zusammen. So sei es doch viel netter.

»Wie schön«, sagten meine Frau und ich. Und: »Wir freuen uns!« Es erging uns wie unseren chinesischen Bekannten: Widerstand war zwecklos. Wir mögen uns alle sehr und wollten, dass das auch nach vier Wochen China so blieb. Mir war aber nicht klar, wie das klappen sollte, wie drei Haushalte so lange unter einem Dach zusammenleben sollten. Je näher die Ankunft rückte, desto nervöser wurden wir. Eine chinesische Freundin fand, das sei typisch Westler. »Das wird toll!«

Meine Frau hatte dann einen Einfall: »Wir müssen eine Reise durch China machen, alle zusammen.« Zu Hause falle uns sonst die Decke auf den Kopf. »Warum nicht«, sagte ich und sah schon die Schlagzeile vor mir: »Fährt eine deutsche Großfamilie durch China«. Es klang nach einem Stück, das Drama oder Komödie verhieß. Aber es kam ganz anders.

Wir waren vorher schon viel gereist in China – als Kleinfamilie nur, also meine Frau, unsere beiden Söhne und ich. Die Menschen waren freundlich interessiert und unsere Kinder entwickelten eine gewisse Professionalität für Fotoposen, weil sie für Chinesen so exotisch aussahen, dass jeder mit ihnen ein Bild haben wollte. Wir mochten China und das Reisen dort. Aber es war nichts im Vergleich zu dem, was passierte, als wir plötzlich mit drei Generationen unterwegs waren. Mir schien, als hätten wir nun erst die richtige China-Größe erreicht. Als würden wir nun überhaupt erst richtig wahrgenommen. Die Reisegruppe aus Omas, Opas, Eltern und Kindern änderte alles. China lächelte uns an und öffnete die Arme, wie ich es vorher noch nicht erlebt hatte.

In Xi'an, im muslimischen Viertel, brachten uns die Kellner mit Strahlen den Kebab am Stock. Im Hotel in den Bergen von Yunnan setzte sich die halbe Belegschaft zu uns, um die Großeltern mit einer eigenen Teezeremonie zu beeindrucken. Auf dem Kreuzfahrtschiff, mit dem wir den Jangtse entlangschipperten, ernteten wir verliebte Blicke und sogar Applaus von mitreisenden Chinesinnen, als Großeltern und Enkel gemeinsam die Tanzfläche enterten. Später in Peking, im vollbesetzten Bus Richtung Himmelstempel, beobachtete ein Mann meine Eltern lange und interessiert. Dann fragte er sie, wie alt sie seien. Chinesen können das bei Westlern schwer einschätzen. Als er die Antwort hörte, weiteten sich seine Augen. »Oh«, sagte er, und sein Blick zählte unsere Reisegruppe durch. »Dann seid ihr ja fast eine richtige chinesische Familie.« Plötzlich diskutierte der halbe Bus darüber, wo wir am besten aussteigen und was wir noch alles ansehen sollten. Es war, als würden wir dank unserer Eltern und ihrer Charme-Offensive erst richtig ankommen, oder besser: als würde China uns erst als Großfamilie richtig in Empfang nehmen.

Meine Familie, mein Haus

Man kann Familie kaum überbewerten in China. Gesellschaft und Staat bauen nicht auf dem Individuum auf oder einem sozialistischen Kollektiv, sondern auf der Familie. Sie ist der ideelle Fixpunkt für die Gesellschaft und jeden Einzelnen – trotz des Strebens jedes Einzelnen nach Aufstieg und Reichtum. Ein wesentlicher Teil der Identität bestimmt sich aus den Beziehungen innerhalb der Familie. Es gibt deshalb im Chinesischen nicht nur Wörter für Bruder oder Schwester, für Onkel oder Tante, sondern es gibt den großen und den kleinen Bruder, die große und die kleine Schwester, den Onkel mütterlicherseits und die Tante väterlicherseits. Im Chinesischunterricht fielen mir, in meiner Verzweiflung ob der Vielzahl der Vokabeln, die Eskimos ein, die Dutzende Begriffe für unterschiedliche Arten von Schnee haben. Bei Chinesen sind es mindestens ebenso viele Begriffe für die verschiedenen Familienbeziehungen. Die übrigens auch im täglichen Gebrauch sind. Innerhalb der Familie spricht man sich nicht an mit dem eigentlichen Namen, sondern etwa mit »kleiner Bruder« oder »großer Bruder«.

Womit auch schon deutlich wird, dass Familie in China eine streng hierarchische Sache ist. Das kommt aus der Tradition des Konfuzianismus. Drei der fünf Beziehungen, die nach Konfuzius elementar sind für den Menschen, betreffen die Familie. Für ihn ist es das Verhältnis zwischen Vater und Sohn, Mann und Frau, großem und kleinem Bruder. Daneben sind für ihn nur noch die Beziehungen zum Staat und zwischen Freunden bedeutsam. All diese Beziehungen sind hierarchisch, aber sie sind verbunden mit wechselseitigen Verantwortlichkeiten und Pflichten.

China ist ein patriarchalischer Staat. Die Erwerbstätigenquote bei Frauen liegt bei knapp 66 Prozent. Das ist weniger als in Deutschland, wo sie bei knapp 72 Prozent liegt. Und die Top-Jobs bleiben im Wesentlichen den Männern vorbehalten. Ein Blick auf die Führung der allmächtigen Partei sagt schon viel. Im Ständigen Ausschuss des Politbüros, dem Machtzentrum Chinas: sieben Männer, keine Frau; im Politbüro: 24 Männer, eine Frau; im Zentralkomitee: 194 Männer, zehn Frauen.

Der verstörendste Ausdruck dieses Geschlechterverständnisses ist, dass nach Angaben des Statistikbüros im Jahr 2016 die Zahl der Männer in China die der Frauen um fast 34 Millionen überstieg. Woran das liegt? Im Zuge von Chinas Ein-Kind-Politik wurde oft schon im Mutterleib selektiert – Jungen wurden bevorzugt, Mädchen oft abgetrieben. Vor allem auf dem Land herrschte die Vorstellung, dass männliche Nachfahren für die Eltern im Alter besser sorgen könnten. Die Folge für Chinas Gesellschaft ist nun, dass es Millionen junger, frustrierter Männer gibt, die keine Aussicht haben, selbst eine Familie gründen zu können. Oder die sich in Form eines modernen Menschenhandels Frauen in Südostasien kaufen, um so der Vorstellung von Familie gerecht zu werden. Das chinesische Wort *jia* für Familie bedeutet übrigens auch Haus oder besser Heim. Und tatsächlich korrespondiert die Idee von Familie in China mit der Architektur des traditionellen Peking-Hauses. Das besteht im Wesentlichen aus vier fensterlosen Mauern, die das Haus nach außen hermetisch abschirmen. Durch ein Tor kommt man von der Straße in einen Vorraum, der oft noch mit einer Wand von einem Innenhof abgetrennt ist; die Wand soll böse Geister abhalten. Erst danach gelangt man in den inneren Bereich mit den Wohn- und Schlafgebäuden. So ähnlich ist auch die Vorstellung von Familie. Sie ist ein Schutzraum gegenüber einer Welt draußen, die häufig als gefährlich und unsolidarisch wahrgenommen wird.

Diese klare Unterscheidung von Innen und Außen betrifft auch den Blick auf die anderen. Wenn Chinesen ihre Familie durchzählen, nutzen sie als Einheit das Wort *kou*, damit sind die Münder gemeint, die es zu ernähren gilt. Wenn sonst Menschen gezählt werden, geht es um *wei*. Es gibt also einen grundsätzlichen Unterschied zwischen Familien und vielleicht noch Freunden, für die man sich verantwortlich fühlt, und allen anderen, gegen die man sich durchsetzen muss.

Das Ideal einer chinesischen Familie, bei der drei oder gar vier Generationen unter einem Dach leben, gibt es natürlich heute viel weniger als vielleicht noch vor einigen Jahrzehnten. Trotzdem leben immerhin noch in 17 Prozent der chinesischen Haushalte drei Generationen, also Großeltern, Eltern und Kind, zusammen. In Deutschland dagegen leben in nur

3 Prozent der Haushalte fünf oder mehr Personen. Bei uns besteht Familie aus Eltern und Kind. Aber die Vorstellung, dass der natürliche Zustand einer Familie darin besteht, dass Großeltern, Eltern, Kind zusammenleben, die ist uns in Deutschland so fremd, wie sie in China als das Ideal erscheint. Selbst in Peking oder Shanghai leben viele unserer chinesischen Freunde mit mindestens einem Elternteil zusammen. Das hat nicht nur kulturelle Gründe, sondern ganz praktische ökonomische. Um in den großen Metropolen Chinas als Familie der Mittelschicht über die Runden zu kommen, müssen in der Regel beide Elternteile arbeiten. Ihr Kind vertrauen sie dann entweder einer *ayi*, also einer Haushaltshilfe, am liebsten aber den eigenen Eltern an. Und umgekehrt sehen es die Großeltern als ihre ureigene Pflicht oder eher ihr Privileg an, die Erziehung der Enkel zu übernehmen. Wer in Chinas Städten auf den Straßen und in den Parks unterwegs ist, wird sich vielleicht wundern, aber in der Regel sieht man Babys und Kleinkinder immer nur mit den Großeltern, während die Eltern bei der Arbeit sind.

In manchen Fällen ist es sogar so, dass die Großeltern die gesamte Erziehung übernehmen. Das Millionenheer der Wanderarbeiter etwa lässt die eigenen Kinder zurück, um in den großen Städten am Fließband zu arbeiten. Die Großeltern bleiben mit den Enkeln in den ländlichen Dörfern, wo sie oft überfordert sind mit der Erziehung der Kleinen.

Die zurückgelassenen Kinder von Hanxia

Ich muss bei diesem Thema immer an Zhou Junming und seine Frau Tang Hongmei denken, die ich in Guangzhou am Perlflussdelta in einer winzigen Wohnung traf, am Vorabend ihrer gefährlichen Reise zu ihren drei Kindern, die bei den Großeltern aufwuchsen. Zhou und Tang waren um die 30, beide Wanderarbeiter. Ihr Heimatdorf lag knapp 600 Kilometer nördlich in der armen Provinz Hunan. Wie hunderte Millionen anderer Chinesen, waren sie vom Land in die Stadt gezogen, um in den Fabriken Geld zu verdienen. Sie arbeiteten zwölf Stunden am Tag, ohne Wochenende oder Urlaub. Nur zum chinesischen Neujahrsfest reichten Zeit und Geld für die Fahrt nach Hause in ihr Dorf.

Zhou sah traurig aus, wenn er von seinen Kindern sprach. »Ich vermisse meine Kinder sehr. Aber ich muss arbeiten und bin sehr müde. Ich habe kaum Zeit und Kraft, so viel zu denken.« Als er am Abend vor der Fahrt nach Hause mit seiner Frau losging, um Geschenke zu kaufen, wirkten sie ratlos und verloren. Ein Jahr lang hatten sie die Kinder nicht gesehen. Was gefiel ihnen, wie waren sie jetzt? »Ich weiß gar nicht, wie groß meine Kinder sind, welche Kleidergröße ich kaufen soll«, sagte Tang.

Es war noch dunkel, als sie losfuhren, durch die staubigen Straßen der Fabrikarbeiterstadt. Zuerst waren sie alleine, dann kamen immer mehr Lichter, immer mehr Motorräder hinzu. Es schwoll an zu einem breiten, endlosen Strom der Erschöpften und Sehnsüchtigen. Alle wollten nun nach Hause zu ihren Familien. Alle hatten sie darauf gewartet, darauf hingearbeitet und gespart. Und so waren die Motorräder hoch beladen, mit allem, was sie tragen konnten: Mikrowellen, Gasherden, Hasenkäfigen. Aber vor allem mit den Wünschen und Hoffnungen, dass diese paar Tage, die sie nun hatten, die langen Monate des Wartens und Getrenntseins irgendwie wettmachen würden.

In den letzten 30 Jahren sind über 300 Millionen Chinesen vom Land in die Städte gezogen. Es ist eine der größten Völkerwanderungen in der Geschichte der Menschheit. Sie stülpt ein ganzes Land um – und sie reißt Familien auseinander. Wir kamen mit unserem Wagen vor Tang und Zhou in ihrem Ort an. Hanxia war ein raues Dorf mit zugigen Häusern, in der Mitte der Brunnen für das Trinkwasser und die Wäsche. Es war ein Dorf der Alten und der Kinder. Eine ganze Generation fehlte hier, weil die Fabriken den Eltern keine Zeit ließen, Eltern zu sein. Es gibt in China viele Orte wie Hanxia. Man nennt sie auch die Dörfer der verlassenen Kinder. Zhous Vater war knorrig und stark, hatte riesige Hände. Aber die Kräfte schwanden ihm: »Die Kinder gehen zur Schule. Wir müssen auf dem Feld arbeiten, wir haben nicht viel Zeit für sie«, sagte er. »Wir kochen drei Mahlzeiten und passen abends auf sie auf.«

Opa und Oma Zhou schlachteten ein Huhn an diesem Abend, es gab Kartoffelschnaps in der zugigen Stube, die noch ein Rohbau war. Die älteste Tochter hatte seit Wochen ungeduldig die Tage gezählt, erzählte der alte Zhou. Aber als die Eltern endlich kamen, als die Familie wieder vereint war, kam erst der eigentliche Schmerz. Zur Begrüßung kletterte der jüngste Sohn auf seinem Vater herum. »Bist du froh?«, rief Zhou. »Ja, ich bin froh«, sagte sein Sohn. Und Zhou: »Ich bin auch froh, endlich bin ich zu Hause.«

Aber dieses eine Bild hat sich mir eingebrannt. Wie die beiden Töchter vor dem Fernseher sitzen blieben. Ausgerechnet in diesem Moment, ausgerechnet sie, die vorher die Tage gezählt hatten. Wie die Mutter zu ihnen ging, vor ihnen kniete, verzweifelt und flehend auf sie einredete und dabei in die verschlossenen Gesichter ihrer Kinder blickte, die nicht begreifen konnten, warum sie zurückgelassen worden waren. Die vielleicht gerade in diesem Moment, da die Eltern wieder da waren, die Enttäuschung und das Gefühl des Verlassenwordenseins erst ganz deutlich empfanden.

Chinas fundamentale Umwälzungen haben nicht nur das Leben der Menschen auf den Kopf gestellt, sondern sie haben auch grundsätzlich verändert, wie Familie funktioniert oder wie sie überlebt. Das bedeutet aber nicht, dass das Ideal einer Familie, des Umgangs zwischen Kindern und Eltern, der Verehrung der Ahnen nicht fortbestehen würde. Im Gegenteil: Es ist nach wie vor sehr mächtig.

Ich habe das oft erlebt bei unseren chinesischen Bekannten, dass ihnen die Idealvorstellung der Familie in Form von ungeduldig fordernden Eltern begegnete. Es ging immer um das gleiche Thema: Wann heiratest du endlich, wann bekommen wir Enkel? Es wird langsam Zeit! Du bist schon nicht mehr so jung. Die Kinder nahmen es still und ergeben hin. Es würde nie jemand wagen, dagegen zu rebellieren. Manche chinesischen Eltern behaupten gar, dass Pubertät, die Rebellion der Heranwachsenden gegen die Eltern, eine Erfindung des Westens sei. In China gebe es so eine Pubertät nicht. Ganz im Sinne des Konfuzianismus sind chinesische Kinder zu Gehorsam und Achtung gegenüber ihren Eltern verpflichtet.

Die Einordnung und Unterordnung war für Konfuzius zentral für eine harmonische Gesellschaft. Sie sollte erreicht werden in einer Art aufsteigendem Dominoeffekt. War die Familie in Harmonie, galt das auch für das Dorf, die Provinz, das Reich, ja selbst für den ganzen Kosmos. Diese Gesellschaftsphilosophie feiert unter Xi Jinping wieder eine große Renaissance und dient auch als Rechtfertigung für die Herrschaft der KP. Dabei kam der schwerste Angriff auf die chinesische Familie von eben dieser KP in Form der von Mao initiierten Kulturrevolution. China brach dabei nicht nur mit einer langen Kulturtradition, es zerstörte nicht nur unschätzbare Kunstgüter, Schriften und Tempel. Die Kulturrevolution war auch ein Angriff auf den Schutzraum der Familie. Als würde das Gift der Kulturrevolution die schützenden Mauern des *jia*, des Heims, niederreißen und die Familie von innen heraus vergiften.

Maos Attacke auf die Familie

Es ist schwer, sich vorzustellen, wie tief das gehen kann. Aber in der Nacht, in der ich Zhang Hongbing traf, bekam ich eine Ahnung davon. Zhang war in seiner Jugend ein glühender Mao-Verehrer und Rotgardist gewesen. Eigentlich hätten wir uns schon viel früher treffen sollen. Aber immer wieder rief er an, dass es später werde. Den Grund erfuhr ich erst, als er gegen 23 Uhr 30 an mein Hotelzimmer klopfte. Chinas Stasi und die Ausländerpolizei hatten ihn aufgehalten, weil sie ihn davon abhalten wollten, mit mir, einem westlichen Journalisten, zu reden. Er ließ sich davon nicht abbringen. Zhang wollte seine Geschichte erzählen, die Geschichte eines Muttermordes. Am besten sofort. Es war schon nach Mitternacht, als er Platz nahm auf einem Stuhl vor den Scheinwerfern und der Kamera, auf seinem Schoß ein Stapel Papiere. Er hatte sich aufgeschrieben, was er sagen wollte. Denn vieles war so monströs, dass er glaubte, es nur ablesen zu können.

Er zeigte mir ein Schwarz-Weiß-Bild von früher: der Vater, rechts daneben Zhang, links die Mutter. Zwei Jahre lang wurde sie bei ihrer Arbeit im Krankenhaus drangsaliert, weil sie – die überzeugte Kommunistin – angeblich nicht linientreu war. An einem Februarabend 1970, Zhang war 16, brach es aus ihr heraus.»Meine Mutter sagte, der große Verräter und Feind des Volkes ist Mao Zedong! Der reaktionäre, kapitalistische Weg, das war Mao Zedongs Tat. Er hat andere zu Sündenböcken gemacht und dafür bestraft.«

Zhang musste sich festhalten an seinen Aufzeichnungen, um von der Tragödie zu sprechen, von dem, was in ihm – dem 16-Jährigen – damals vorging. »In dem Moment war meine Mutter nicht mehr meine Mutter. Sie verwandelte sich in einen blutrünstigen Dämon mit dunklem Gesicht, scharfen Klauen, einem alles verschlingenden Maul. Ein Monster, ein Klassenfeind.« Zhang fing an zu weinen in diesem Moment. Es war zwei Uhr nachts inzwischen. So lange hatte er mit seiner Erzählung gebraucht, bis er zu diesem Punkt gekommen war. Wie alle anderen hatte Zhang als Jungpionier ein Kinderlied gelernt: »Vater ist uns nah, Mutter ist uns nah, aber niemand ist uns so nah wie der Vorsitzende Mao.« Es war ein Kampflied gegen die alte Idee, was Familie eigentlich sein sollte. Zhang glaubte an das Lied und handelte danach. Er schrieb einen Brief und denunzierte seine Mutter bei den Rotgardisten.

Der Ort des Schauprozesses ist inzwischen ein Parkplatz; die Bühne, auf der die Mutter stehen musste mit Schmähtafeln um den Hals, eine Hochzeitsagentur. Zhang ging ratlos umher, als versuchte er sich zu orientieren in der Vergangenheit. Er war nicht dabei, als seine Mutter zum Tode verurteilt und das Urteil sofort vollstreckt wurde. Zhang Hongbin aber galt nun als Held. Eine Bildertafel in der Schule zeichnete kurz darauf den Verrat nach, lobte ihn als »standhaften Kämpfer gegen die konterrevolutionäre Mutter«. Vorbildlich fand das damals die maoistische Volkserziehung.

Am nächsten Morgen führte er mich durch seine alte Heimatstadt, entlang der Spuren seiner Vergangenheit. Wo immer wir hinkamen, wurden wir beschattet von der örtlichen Stasi, von Männern mit Herrentäschchen, die sich den Regenschirm tief vors Gesicht hielten. Die uns mal alleine passierten, dann wieder als angebliches Pärchen mit einer Frau am Arm. Die an den Häuserecken stehen blieben und telefonierten. Es stört die Partei, dass Täter wie Zhang öffentlich bereuen. Sie sieht sich in einer Linie mit Mao. Kritik an ihm ist Kritik an der Partei und bedroht die eigene Macht.

China, geh nach vorn, stand an einer Mauer, hinter der sich eine riesige Baustelle für neue Appartementblöcke erstreckte. Weiter hinten zwischen Bauschlamm und Zement stand einmal das Haus von Zhangs Familie. Ja, China geht voran, es reißt ab und verdrängt, womit es nichts mehr zu tun haben will. Als wir zum Krankenhaus kamen, wo seine Mutter gearbeitet hatte und wo sie als angebliche Reaktionärin gepeinigt worden war, kam der Direktor des Hauses vor die Tür. Vermutlich hatte die Stasi ihn informiert. Er stellte Zhang zur Rede.

»Unsere alten Angestellten sagen, dass du schuld bist und dass du sie verraten hast.«

Zhang senkte den Kopf und sagte:»Ich habe meine Mutter verraten, das stimmt. Heute denke ich anders.«

Eine Menschenmenge bildete sich vor dem Eingang um die beiden. Patienten im Pyjama, Großeltern, die ihren kleinen Enkeln die Antibiotikainfusion hochhielten, Luftballonverkäufer.

»Deine Mutter war sehr enttäuscht und verzweifelt«, sagte der Direktor, als müsse er einen Mitarbeiter tadeln.»Du sollst das bereuen.«

»Ja, ich soll bereuen«, antwortete Zhang.»Tut mir leid.« Dann machte er drei tiefe Verbeugungen vor dem Direktor, den Kotau. Er hoffte auf Verständnis. Aber in den Blicken der anderen stand das Urteil fest. Da hatte jemand seine Mutter umgebracht. Wie konnte man das verstehen oder verzeihen.

Später standen wir in einem kleinen Grünstreifen am Flussufer. Seine Mutter soll hier verscharrt worden sein, auf einer

Anhöhe mit einem Apfelbaum. Zhang kniete nieder, und dann brach er zusammen. Minutenlang weinte er. Aus Verzweiflung über die Tat, aber mir schien auch noch wegen etwas anderem. Seit er sich entschlossen hatte, über seinen Verrat und die Ermordung seiner Mutter zu sprechen, seit er die Last öffentlich gemacht hatte, die sein ganzes Leben überschattete, suchte er nach Vergebung, nach jemandem, der seine Reue annahm. Aber er fand niemanden. Zhang bleibt alleine mit seiner Schuld, weil das Land mit der eigenen kollektiven Schuld nichts mehr zu tun haben will. Er ist zum Außenseiter geworden. Mao hingegen, dem er wie Millionen anderer fanatisch nacheifern wollte, wird in China heute wieder zum Säulenheiligen der KP. Niemand spricht mehr über die Verwüstungen, die er in Millionen Familien angerichtet hat.

Auch von der Ein-Kind-Politik hat sich die KP Ende Oktober 2015 verabschiedet. Ich kann mich noch erinnern, wie die Nachricht kam, und daran, wie ungläubig meine chinesischen Freunde darauf reagierten. Über Jahrzehnte waren die Inspektoren der Behörde für Familienplanung, die die Ein-Kind-Politik durchgesetzt hatte, wie allmächtige Götter, die über Leben und Tod, Glück und Tragik in den Familien entschieden. Die Inspektoren konnten Zwangssterilisationen durchsetzen und Abtreibungen noch im neunten Monat. Sie konnten Karrieren und Familien zerstören. Sie waren gefürchtet wie kaum eine andere Institution. Und dann kam diese unscheinbare Nachricht aus einer Parteisitzung, ab 2016 erlaubte China die Zwei-Kind-Familie. Als sich die Überraschung gelegt hatte, machten sich Wut und Frust bei vielen in meinem Bekanntenkreis breit. Sie hatten den Eindruck, dass das zu spät kam, dass sie um das zweite Kind betrogen worden waren.

Chinas Demografiefalle

Früher durften chinesische Familien kein zweites Kind haben, heute wollen sie oft keines mehr. Der ökonomische Druck auf die Mittelschicht, gerade in den Metropolen, ist zu hoch, die Wohnungen sind teuer, die Kosten für Schule und Bildung bereits eines einzigen Kindes ebenso. Vielleicht liegt es auch daran, dass die Eltern es selbst oft nicht anders kennen, weil sie selbst Einzelkinder waren. Und so richtet sich ihre ganze Sorge und ihr Ehrgeiz nun auf das einzige Kind. Das soll fit gemacht werden für die Aufnahmeprüfung zur Uni, für einen beinharten Wettbewerb um Jobs und horrend teure Wohnungen. Für den ganz normalen Überlebenskampf, dem sich Chinas Mittelschicht Tag für Tag ausgesetzt sieht.

Chinas KP hat sich vor allem deshalb zum Kurswechsel entschieden, nun auch zwei Kinder pro Familie zu erlauben, weil das Land eine der am schnellsten alternden Gesellschaften der Welt ist. Was Forscher die demografische Falle nennen, ist in China mit 1,4 Milliarden Einwohnern ein weit größeres Problem als in Deutschland mit seinen 83 Millionen. Die Zahl der über 65-Jährigen liegt im Moment noch bei elf Prozent, in Deutschland ist sie derzeit bei 21 Prozent. Aber die Zahlen werden sich schon bald annähern. 2050 werden nach einer Prognose der UNO in China 26 Prozent über 65 sein, in Deutschland 30 Prozent. Doch die Abkehr von der strengen Familienregelung hat nichts an der Geburtenrate verändert. Sie liegt mit 1,68 nach wie vor in etwa so niedrig wie in Deutschland mit 1,57. Das stellt China vor enorme Herausforderungen. Die typische chinesische Familie hat heute diesen Zahlencode: 4 2 1 – vier Großeltern, zwei Eltern, ein Kind. Was passiert, wenn dieses eine Kind Eltern und Großeltern versorgen soll?

Bislang war es so, dass die Familie nicht nur Schutzraum war, sondern auch Ersatz für ein unzureichendes Sozialsystem in China. Aber mit der Generation der Einzelkinder wird das schwierig.»Wir haben jetzt das Problem, dass wir zu wenig Alters- und Pflegeheime haben und zu wenige Sozialeinrichtungen«, sagte mir einmal Professor Wang Ming von der renommierten Tsinghua-Universität.»Auch Krankenversicherungen und Renten sind zu knapp.« Insgesamt werde der Geburtenrückgang dramatische Auswirkungen auf die chinesische Gesellschaft haben. Die Zahl der Alten- und Pflegeheim-Plätze im Verhältnis zur Gesamtbevölkerung ist schon jetzt nur halb so groß wie bei uns in Deutschland. Der Versuch, das Heimsystem durch private Investoren auszubauen, hat bislang nicht geklappt, weil für die meisten in China ein solcher Heimplatz zu teuer ist. Eine Pflegeversicherung wie bei uns gibt es in China nicht.

Das Problem ist auch deshalb so groß, weil bislang Chinesen vergleichsweise früh in Rente gehen – Männer mit 60, Akademikerinnen mit 55, Arbeiterinnen sogar schon mit 50. Die Regierung möchte das Rentenalter hochsetzen. Die Chinesische Akademie für Sozialwissenschaften (CASS) warnte im Frühjahr 2019, dass zum Beispiel die Rücklagen der Rentenkasse für städtische Arbeiter im Jahr 2035 aufgebraucht seien. Auf die staatliche Rente ist also kein Verlass. Rund zwei Drittel der Erwachsenen in China gehen deshalb nach einer Untersuchung der Versicherungsgesellschaft Pacific Prime China davon aus, dass sie auch im Rentenalter noch teilweise oder ganz werden arbeiten müssen.

Die demografische Falle wird so zu einer Bedrohung für Chinas Idee einer Familie. Wenn weder die Unterstützung durch die eigenen Kinder noch die durch den Staat funktioniert, läuft China Gefahr, dass es seine Alten im Stich lässt und damit genau das passiert, was Chinesen uns Westlern oft vorwerfen. Was meine Familie und mich angeht, so hatten wir unsere eigene China-Lektion gelernt. Kurz bevor meine Eltern und Schwiegereltern wieder zurück nach Deutschland flogen, sind wir noch zum Peking-Ente-Essen gegangen. Mit meiner Frau und den Kindern waren wir schon ein paar Mal in dem Restaurant, und jedes Mal, wenn wir an einem der riesigen runden Tische saßen, kam ich mir etwas verloren und einsam vor. Zu acht, als Drei-Generationen-Familie, war das ganz anders. Plötzlich passte die Tischgröße, plötzlich war alles in schönster chinesischer Harmonie. Der Drehteller in der Mitte füllte sich mit Speisen und kreiste von einem zum nächsten. Niemand musste mehr über den Tisch brüllen. Wir hatten wieder die richtige China-Größe erreicht. Es war ein schöner Abend, und wir beschlossen, dass wir davon etwas nach Deutschland mitnehmen wollten. Als wir umzogen von Peking nach Berlin, nahmen wir unseren eigenen China-Tisch mit. Er ist riesig, ziemlich schwer und passte noch nicht einmal in den Pekinger Aufzug. Aber hier in Deutschland ist er herrlich. Acht Personen an einem Tisch, das ist jetzt auch hier genau die richtige Größe.

5 Wie Chinesen genießen: Essen (und Sex)

Auf dem Gehsteig im Schatten der Alleebäume parkte vor unserer Wohnung in Peking oft ein Kartonsammler mit seinem Tuk Tuk. Er lag dann auf der kleinen Ladefläche auf einem Stapel Kartons, den langen, abgewetzten Armeemantel um sich geschlungen wie eine Decke. Manchmal schlief er so, manchmal las er in abgegriffenen Büchern. Um ihn herum wogte der Pekinger Verkehr, drängelten sich Kurierfahrer vorbei an hupenden Autos und Fußgängern, stritten Restaurantbesitzer mit Gemüselieferanten. Er aber blieb unbewegt von all dem auf seinen Kartons liegen, aufmerksam versunken in seiner Lektüre. Jedes Mal, wenn ich an ihm vorbeikam, musste ich an einen liegenden Buddha denken. Mir erschien er in diesen Momenten wie ein Fels der Entspanntheit und Ruhe, an dem die Fluten dieser hektischen, nimmermüden Stadt einfach abprallten.

Genuss ist das Wohlbehagen, das wir empfinden, wenn wir etwas Gutes erleben oder mit all unseren Sinnen wahrnehmen. Der Kartonsammler war ganz sicher ein echter Genießer. Aber kennen Chinesen sonst den Genuss oder den Müßiggang, die uns nicht von außen auferlegt werden? Können sie abhängen und genießen, bewegungslos am Pool liegen, den halben Tag im Café sitzen? In unseren Klischeevorstellungen scheinen wir davon auszugehen, dass Chinesen wie Arbeitsameisen rastlos an einem immer noch größeren Wirtschaftswachstum arbeiten. Aber stimmt das so?

Die Strategie des Nichtstuns

Im Taoismus gibt es das Prinzip des *wúwéi*, was wörtlich übersetzt so viel heißt wie »ohne Tun«. Es ist die Vorstellung, durch Nichtstun die Dinge ihren eigenen Lauf nehmen zu lassen. Das erinnert für westliche Ohren erst mal an den herrlichen Satz des Schriftstellers George Mikes: »Die Faulenzer sind die eigentlichen Wohltäter der Menschheit. Denkt daran, wie viel Unheil allein durch Nichtstun verhindert worden ist.« Aber *wúwéi* ist tatsächlich kein Lob der Faulheit. Gemeint ist damit eher, dass man nichts Unnatürliches oder nur das Nötige unternimmt, weil sich dann daraus von selbst das Richtige ergibt. Das Konzept bezieht sich eher auf einen Regierungsstil, darauf, dass der Fürst, der Kaiser oder heutzutage der Generalsekretär der KP gar nicht groß einzugreifen brauchen, sondern allein schon durch ihre Autorität, durch das ihnen eigene Mandat des Himmels dafür sorgen, dass das Rechte geschieht.

Entspannen oder gar Faulheit dagegen gelten keineswegs als erstrebenswert. Konfuzius etwa erklärte: »Wenn kleine Leute müßig verweilen, kommt nichts Gutes dabei heraus.« Muße und Mühelosigkeit war im Konfuzianismus höchstens etwas für diejenigen, die sich das leisten konnten. Von den kleinen Leuten, den *xiǎorén*, hingegen wurde harte Arbeit erwartet. Auch bei seinen Schülern war Konfuzius da unnachsichtig. Als er einen von ihnen tagsüber schlafend erwischte, fällte er ein vernichtendes Urteil. »Morsches Holz kann man nicht schnitzen. Eine Mauer aus Mist kann man nicht tünchen.« Auch Sinnlichkeit fand Konfuzius verdächtig und hielt sie, wenn er sie bei Schülern zu erkennen glaubte, für eine Charakterschwäche, für ein Zeichen von Weichheit und Verfall.

Die Kampagne der Spaßlosigkeit

So ähnlich ist das auch bei Partei und Staat, die sich heutzutage ganz in die Tradition des alten Denkers stellen, nachdem sie unter Mao Konfuzius am liebsten im Mülleimer der Geschichte entsorgen wollten. Chinas KP hat Ende 2012 gar einen acht Punkte umfassenden Frugalitätsplan verabschiedet, sozusagen ein Lob der Spaßlosigkeit. Der Befehl zu Bescheidenheit und Einfachheit galt vor allem den Parteikadern, die es mit Luxuseskapaden und Korruption zu weit getrieben hatten. Nun sagte das Politbüro ihnen den Kampf an und befahl ein Ende von Formalismus und Bürokratismus, besonders aber von Hedonismus und Extravaganz. Chinas großer Frugalitätsplan wurde begleitet von einer massiven Antikorruptionskampagne. Sie richtete sich gegen hohe und niedere Kader, die in der so bildhaften wie rücksichtslosen Sprache der KP auch als Kampf gegen Tiger und Fliegen bezeichnet wird. Fast 240 000 Mitglieder der KP seien bislang schon bestraft worden, vermeldete im September 2017 die staatliche Nachrichtenagentur Xinhua. Angeführt wurde dieser Kampf von Wang Qishan, einem der ganz Mächtigen im KP-Olymp um Xi Jinping, der mit seiner großen, hageren Statur und seinem scharf gezeichneten Gesicht schon phänotypisch wie gemacht war für den Auftrag, in der Partei Härte und Einfachheit, ja mehr Spartanismus durchzusetzen.

Kaum ein Funktionär traut sich seitdem mehr in die teuren Restaurants, die früher so beliebt waren. Seegurke, Ochsenpenis, Schildkröte, sündhaft teurer *báijiǔ*-Schnaps – was früher mal Status und Einfluss bewies und womit es sich die Kader gut gehen ließen, ist seitdem passé. Auch das Suppenrestaurant bei uns um die Ecke musste schließen. Hinter der ausladenden Neonreklame, die einen buddhistischen Tempel nachahmte, in dessen Zentrum gottgleich eine Suppenschale thronte, verbarg sich keine einfache Kantine, sondern eines der teuersten Restaurants der Stadt. Denn in die Suppen kam nur, was wirklich edel und selten war und worauf man als Westler vielleicht nicht gleich gekommen wäre. Seegurke eben, Schlange und die Genitalien verschiedener Tierarten. Das war angeblich gut für die Männlichkeit der Kader und VIP, die ihre Limousinen draußen dicht an dicht geparkt hatten. Aber Chinas Frugalitäts- und Antikorruptionskampagne fegte auch den Suppentempel beiseite.

Seitdem sind Chinas Beamte in ständiger Sorge, dass sie bei zu viel Genuss und Müßiggang erwischt werden könnten. Die ausufernden Essen, bei denen gerne mal zwei Dutzend verschiedene Gerichte aufgetischt wurden und man mit dem Glas in der Hand um den ausladenden runden Tisch gehen musste, um mit dem Gastgeber anzustoßen und den Schnaps auf ex hinabzustürzen, bei dem dann mit jeder Trinkrunde die Lautstärke am Tisch größer und die Standfestigkeit geringer wurde, diese Treffen sind selten geworden. Man verabredet sich jetzt eher nachmittags im Coffeeshop. Das geht schneller und ist weniger verfänglich.

Natürlich ist von außen schwer zu sagen, ob es bei diesen übervollen Tischen nicht immer schon weniger um Genuss und mehr darum ging, den Status des Einladenden zu demonstrieren, Beziehungen zu knüpfen und Abhängigkeiten zu schaffen. Die Frugalitätskampagne der Parteiführung aber hat ein Klima geschaffen in China, das weit über die Mitgliedschaft in der KP hinausgeht. Sie setzt den Ton im ganzen Land. Es ist eine von oben verordnete Lustfeindlichkeit und Spießigkeit, die in viele Bereiche ausmäandert, weil die Partei per se glaubt, überall alles besser zu wissen. Und so sehr sich die kleinen Leute darüber freuen mögen, dass nun Kader verfolgt werden, für deren Ausschweifungen sie sowieso nur noch bitteren Spott übrig hatten, so wichtig ist ihnen selbst der Genuss, vor allem ein gutes Essen.

Himmelreich Essen

Ein chinesisches Sprichwort sagt:»Das Essen ist des Volkes Himmelreich.« Was übersetzt so viel heißt wie: Essen kann man in China gar nicht überschätzen. Man muss das erlebt haben, das Glücksgefühl, wenn ein dampfender Hotpot vor einem steht, der Sud so scharf, dass es einem schon beim Blick darauf die Tränen in die Augen treibt. Oder wenn immer noch ein Gang kommt, fein abgewogen von scharf und süß, von warm und kalt, von frittiert und gedämpft, ein Yin und Yang der Genüsse. Dann ist die Frage eigentlich längst beantwortet. Können Chinesen genießen? Klar können sie das – und wie.

Das Essen, das Genießen bestimmt auch viele Gespräche. Ein höflicher Gruß in China lautet:»Hast du schon gegessen?« Es ist ein Überbleibsel aus Zeiten, als China hungerte. Die Frage, ob es dem anderen gut gehe, war gleichbedeutend mit der Frage, ob er schon gegessen habe. China hat schon lange keine Hungersnöte mehr, aber die Tatsache, dass der Gruß weiter benutzt und geschätzt wird, zeigt, wie wichtig Essen ist, wie sehr auch das einfache, frische Mahl verehrt wird. Essen ist so zentral, dass man sogar weit weg von China unweigerlich genau dort landet.

An einem lauen Spätsommerabend sitzen meine Frau und ich mit July und Dan bei einem Italiener im Südwesten Berlins. Alle vier sind wir neu hier, gerade erst angereist aus China. Wir aus Peking, July und Dan aus Shanghai. Vor ein paar Tagen haben wir uns kennengelernt an einer Schule am

Rande Berlins, auf die ihr Sohn Marc gehen soll. Als der Kellner die Karten bringt, wirken Dan und July etwas angespannt, ziellos blättern sie durch die englischsprachigen Seiten. An den Nebentischen haben sie gesehen, dass jeder sein eigenes Essen bestellt. Aber das sind sie nicht gewohnt. In China bestellt nicht jeder für sich allein, alle Gerichte sind für alle. Dan und July sind sehr erleichtert, als wir vorschlagen, dass wir die Gerichte teilen könnten, die Antipasti, den Hauptgang, die Desserts. Und ja, lasst uns schauen, dass wir genug Gemüse bestellen. Ihr Deutschen esst immer ganz schön schwer, sagt Dan, der eigentlich kein Kostverächter ist. Wo bleibt bei Euch das Gemüse? Die italienischen Kellner verstehen schnell, was wir wollen. Essen teilen, kein Problem.

Bei Dan und July zu Hause beginnt der Tag meist mit einem schnellen Imbiss. Ich erzähle von meinem Lieblingsstand bei Oma Wang in Shanghai, wo es, finde ich, die besten Baozi gibt. Frühmorgens, wenn die Hochgeschwindigkeitsstadt so still ist, als würde sie noch halb träumen, wenn an der noch fast leeren Uferpromenade ein paar Lenkdrachen dem verblassenden Mond nachwinken und im Park sich die Menschen in andächtiger Tai-Chi-Zeitlupe bewegen, knetet Wang Qiaoying schon den Baozi-Teig. 80 Jahre ist sie alt – resolut und geschäftstüchtig wie vor 30 Jahren, als sie anfing, die Teigtaschen zu backen. Ihr Geheimrezept für die Fleischfüllung hat sie von anderen abgekupfert. »Ich wusste anfangs nicht, wie man Baozi richtig füllt«, hat mir Oma Wang mal verraten. Sie habe sich alles von anderen abgeschaut.

»Typisch chinesisch«, findet July und kichert, während Dan wissen will, wo Oma Wang ihren Stand hat. Nanyang Lu im Jing'an-Bezirk, sage ich, nicht weit von den schönen Altstadtvierteln, wo in den engen Gassen die Wäsche trocknet, die Frauen mit Lockenwicklern im Haar schwatzen und die Männer im Pyjama zum Laden nebenan schlurfen. Ja, ich weiß, wo das ist, sagt Dan und seufzt.»Das alte Shanghai. Hast du gesehen, dass sie davon immer mehr abreißen?« Ja, habe ich. Oma Wang selbst musste schon dreimal umziehen mit ihrem Laden. Eine Gasse lebt noch, die nebendran ist schon so ausgestorben, dass die leeren Häuser aussehen wie verfallende Gerippe. In der dritten steht dann bereits ein nagelneuer Appartementblock.»Für 15 000 Euro der Quadratmeter«, sagt Dan.»Wahnsinn.«

»Und die Baozi?«, fragt Dan, ohne eine Pause einzulegen.»Die macht sie mit Schweinefleisch und Zwiebeln?«

»Ja«, sage ich,»und sie brät sie in riesigen Pfannen, bis sie goldgelb und schön knusprig sind.« Plötzlich fühlt es sich an wie in China. Wenn die Welt allzu trist und erdrückend wirkt, wenn Liebgewonnenes von heute auf morgen abgerissen wird, Geld und Wachstum weichen muss, wenn die Behörden einen schikanieren oder die Zensur einen erdrückt, wenn überall der Druck noch größer wird, dann bleibt Chinesen immer noch das Essen. Und das Reden übers Essen. Beides ist schön, und beides erleichtert.

Oma Wang muss nichts abwiegen, erzähle ich. Sie sagt, was sie für ihre Fleischfüllung brauche, zähle sie nur mit ihrem Herzen. July nickt versonnen, als wollte sie sagen, genau so muss das sein.»Ihr habt die Baozi natürlich mit Essig gegessen, oder?«

»Ja«, sage ich,»und ich habe mich gleich auch mit der heißen Brühe in der Füllung vollgespritzt.«

»Anfängerfehler«, lacht July und hält sich dabei die Hand vor den Mund. Das finden Chinesinnen höflich, weil man dann die Zähne nicht sieht.»Du musst mit den Stäbchen vorher ein Loch in die Baozi machen. Dann passiert dir das nicht.«

Ach, Baozi, alle vier scheinen wir jetzt ihrem Geschmack nachzuhängen, diesem wohligen Alles-auf-einmal-Genuss aus knusprigem Teig, warmer Brühe und würziger Fleischfüllung. »Oma Wang wollte übrigens, dass ich bei ihr einsteige und ihre Baozi in Deutschland verkaufe«, erzähle ich. »Ja klar«, sagt Dan lachend. »Sie ist eben eine geschäftstüchtige Shanghaierin.« Aber es stimmt schon. Was wir mit am meisten vermissten nach unserer Rückkehr nach Deutschland, war das chinesische Essen. Dan und July grinsen, als sie das hören. Aber sie sind zu höflich, um zuzugeben, dass es ihnen nach zwei Wochen in Deutschland schon genauso geht. Aber wir haben einen Tipp für sie, diesen Asia-Markt ganz in der Nähe. Nach fünf Jahren in Peking haben wir uns eigentlich auf Grillabende mit Bratwürsten und ordentlichen Steaks gefreut, auf Allgäuer Käse und Schwarzwälder Kirschtorte. Aber dann überkam uns alle die Sehnsucht nach dem China-Geschmack. Nach süß-geschmorten Auberginen, einem dampfenden Teller chinesischer Nudeln, über den man brennend scharfes Chiliöl gießt, gegrilltem Fisch mit Zitronengras und Kräutern.

Wir fanden diesen riesigen Asia-Markt, und es war herrlich. Sie hatten alles. Oder zumindest sehr viel von dem, was uns in China ans Herz gewachsen war. Der Einkaufswagen wurde voll und voller. Und als wir an der Kasse unsere Sachen eingepackt hatten, standen da zwei große Kartons mit asiatischen Köstlichkeiten. Eine Chinesin beobachtete uns verwundert und fragte dann: »So viel?! Haben Sie ein Restaurant?«

Dan lacht. »Bei uns in China gibt es ein Sprichwort. Bei gutem Essen möchte man am liebsten platzen, bei schlechtem Essen am liebsten hungern.«

Wer hat die Pasta erfunden? Chinesen!

Als die Pasta kommt, landen wir bei der unvermeidlichen Frage, wer die Nudel eigentlich erfunden hat: die Italiener oder die Chinesen? Wobei, das ist doch eigentlich klar, finden Dan und July. China natürlich. Der Kellner mit den dampfenden Pastatellern stockt einen Moment, als wollte er protestieren, überlegt es sich dann aber doch anders. Vielleicht ahnt er, dass die beiden Chinesen recht haben. Man muss das in China gesehen haben, den Tanz mit dem Teig, das schweißtreibende Ziehen, Werfen und Verdrehen. Auf einem der Märkte in Xinjiang, im muslimischen Viertel von Xi'an, in den vielen kleinen Nudelläden überall im Land. Und wie dann am Ende Nudeln daraus werden. Dünn und gleichmäßig, als wäre es Zauberei. Nudelmaschinen brauchen sie nicht. Es ist eine Kunst, weitergegeben von Generation zu Generation. Und wahrscheinlich war es tatsächlich so, dass Marco Polo auf seiner Reise nach China dort Nudeln gegessen hat. Dass die Nudel im Reich der Mitte erfunden, und er die Idee nur mit nach Italien gebracht hat. Die auf Holzfeuern brodelnden Saucen aus Lammfleisch, Zwiebeln, Tomaten und Paprika, wahrscheinlich sind sie der Ururahn der Bolognese. In jedem Fall aber sind chinesische Nudeln, wenn sie frisch dampfend auf den Tisch kommen, ein warmes, schnörkelloses Glück.

Es ist spät geworden beim Italiener. Sollen wir noch ein Dessert bestellen? In Shanghai würde man jetzt zum Beispiel zu Xu Junwen fahren. Der macht die besten Youtiao und da trifft sich spätabends die Szene der Nachteulen und Partygänger. In einem der schäbigeren Viertel von Shanghai parken dann Jaguar, Lamborghini und Ferrari, die vorher noch vor dem Linx oder anderen teuren Clubs der Stadt standen.

Wo die Reichen und Schönen Champagner ordern, nicht eine, nicht zwei Flaschen. Ein halbes Dutzend Dom Pérignon. Die Flasche für 1000 US-Dollar. Und dann stehen sie vor Xus Imbiss Schlange, warten auf ihr Stück Youtiao für 50 Cent. Youtiao ist wie ein langgestreckter Berliner oder Krapfen. Der Teig allerdings ist leicht gesalzen, wird in die Länge gezogen und im heißen Öl goldbraun ausgebacken. Youtiao wärmt wie eine weiche Decke, die jeder irgendwann braucht, in dieser Stadt der harten Ellbogen. »Ein guter Youtiao darf nicht ölig schmecken«, hat Xu mir mal erklärt. »Wenn man reinbeißt, muss er innen weich und außen schön knusprig sein.« Der Champagner im Club war fürs Image, für den Status, aber der Youtiao ist fürs Herz, das ist der Genuss.

Schon klar, dass uns Westlern vieles in China als wenig genussvoll erscheint. Was bitteschön hat es mit Genuss zu tun, wenn die Reisschale fast am Mund hängt und die Stäbchen wie ein Metronom im Allegretto den Reis reinschaufeln? Wenn ein typischer chinesischer Mittagstisch nach dem Essen aussieht, als sei eine Herde Elefanten über den Tisch marschiert? Oder die Suppe so laut geschlürft wird, dass man es im ganzen Lokal hört. Wobei: Bei der Suppe ist der Genuss dann tatsächlich größer. Es ist wie bei einem guten Rotwein. Wenn sich die Suppe mit viel Luft vermengt, entfalten sich die Aromen besser. Es ist also nicht so einfach. Und umgekehrt finden Chinesen natürlich auch, dass wir Westler ein Genussproblem hätten. Wie kann man, nur ein Beispiel, Teebeutel ins Wasser hängen und darin ziehen lassen, bis alles nach Spülwasser schmeckt, wenn es doch Teezeremonien gibt, wo das Wasser die Teeblätter nur streichelt, wo Genuss und Geschmack eine Frage der Geduld und Konzentration sind?

So viel jedenfalls ist sicher. In China, wo die Menschen angeblich nur aufs Arbeiten getrimmt sind, nimmt man sich wesentlich mehr Zeit fürs Essen, selbst in der Mittagspause, als bei uns. Aber klar, es ist dann eben auch erst später Schluss.

Shoppen, Selfies, Sex

Was bedeutet in China sonst noch Genuss? Shopping zum Beispiel, gerne die großen Labels, die großen Autos. Und Reisen, bei denen es manchmal scheint, als seien die Selfies, die man davon nach Hause bringt, wichtiger als die Reise selbst. Aber natürlich gibt es auch noch andere Genüsse, die für die Partei und ihren Frugalitätsplan weniger harmlos sind. Sex zum Beispiel. Der passt nicht recht in den Plan. Zumindest jener, der außerhalb der Ehe stattfindet. Oder der, der sich gut zum Verkaufen von Produkten eignet. Als Erstes traf es die Automessen von Shanghai und Peking, die berühmt waren für ihre Models, die in ziemlich kurzen Röcken die neuesten Modelle präsentierten. Die Models mussten weichen, sehr zum Ärger der Besucher und der Agenturen. Für Zheng Yi, Präsident von esee Model, war der Eingriff von Chinas Sittenwächtern damals ein Beleg dafür, dass die Regierung besorgt sei, sie könnte Einfluss verlieren.»Unser politisches System ist noch immer nicht vergleichbar mit denen des Westens. Vielleicht müssen sie etwas unternehmen, um die Kontrolle zu bewahren.«

Tatsächlich schien es, als sei die Lust auf Freizügigkeit für die KP genauso verdächtig wie die Lust auf Freiheit. Sie gilt als Ausdruck westlicher Dekadenz, als ein Zeichen von Weichheit und Morschheit, wie Konfuzius sie schon kritisierte. Die von oben herab verordnete Frugalität und Prüderie hat deshalb immer auch eine antiwestliche Spitze, als müsse China sich vor zu viel Fleischlichkeit schützen.

Aber es trifft beileibe nicht nur Westliches, sondern sogar Chinas Kaiserin. Ein TV-Epos über Wu Zetian, Herrscherin am Ende des 7. Jahrhunderts, wurde nach der Premiere abgesetzt. Zunächst hieß es wegen »technischer Probleme«. Den wahren Grund aber sah man, als die Serie wieder auf Sendung ging. Die Dekolletés der Hofdamen – man mag es kaum glauben – waren Chinas Zensurbehörde zu tief. Der Film musste umgeschnitten werden. Weil in Taiwan die Originalversion lief, konnte sich jeder selbst ein Bild machen. Der Unterschied war eigentlich nicht so groß. Den Zensoren schien er trotzdem wichtig.

Hou Yunyi, die für den Film die Kostüme entworfen hatte, staunte nicht schlecht, als sie davon erfuhr. »Ich hätte wirklich nicht gedacht, dass der Film deswegen geändert werden muss.« Sie habe die Kostüme nach den historischen Vorbildern aus der Tang-Dynastie geschneidert. »Das war eine relativ offene Periode in der chinesischen Geschichte«, so Hou, »die Taille in der Tang-Dynastie ist relativ hoch, und die langen breiten Ärmel und das Cape betonen alle die Schönheit der asiatischen Frau.«

Doch was schön ist und was nicht, darüber bestimmt in China allein die Partei – und die Zensurbehörde. Auf einer Pressekonferenz habe ich damals den zuständigen Vizeminister gefragt: Warum ist ein Dekolleté der Tang-Dynastie im heutigen China auf einmal anstößig? Die Antwort von Tian Jin dauerte gute vier Minuten. »Film und Fernsehen sollen Wahrheit und Güte, Schönheit und positive Kräfte verbreiten.« Es gehe darum, den Kern von Chinas Werten zu bewahren. Warum die Tang-Dynastie demnach unchinesisch war, sagte er nicht. Schon während der Frage hatten die chinesischen Kolleginnen und Kollegen gekichert. Nach den Dekolletés wollten oder durften sie selbst nicht fragen, aber zitieren konnten sie den Reporter aus Deutschland nun natürlich schon. Und so fand sich die Frage am Abend dann sogar im chinesischen Fernsehen wieder und wurde in den sozialen Medien millionenfach verbreitet. Meine chinesischen Kollegen waren stolz auf mich: Ich sei nun eine Berühmtheit in China, fanden sie und grinsten breit. Wegen einer Dekolleté-Frage.

So wie der Serie um die Kaiserin ergeht es inzwischen auch männlichen Schauspielern und Sängern, die Ohrringe tragen, eine in den Augen der Sittenwächter allzu gewagte Frisur oder ein Tattoo. Im Nachhinein werden in den Fernsehshows, in denen sie auftreten, ihre Ohren und Oberarme verpixelt, oder sie bekommen einen digitalen Topf aufgesetzt, der die blondierten Haare verbergen soll. Was die Millennials schick und cool finden, halten die Zensoren für verweichlicht und effeminiert. Die staatliche Nachrichtenagentur Xinhua schrieb 2018 in einem Kommentar von »verfaulten Pflaumen« und den nachteiligen sozialen Folgen einer »pathologischen Ästhetik«. Xinhua fürchtete »negative Auswirkungen dieser kranken Kultur auf junge Menschen«. Es sei für die Zukunft des Landes von großer Bedeutung, was eine Gesellschaft und die Populärkultur eines Landes annehmen, ablehnen und verbreiten. Der Aufstieg Chinas, die sogenannte »nationale Verjüngung«, ist laut Xinhua nur möglich, wenn man der Dekadenz und dem Verfall durch schlechte, in diesem Fall westliche Kulturen widerstehe und exzellente, in diesem Fall die eigene, fördere.

Die staatlichen Zensoren haben entlang dieser Linie zuletzt auch Foren in sozialen Medien verboten, in denen es um schwule oder lesbische Themen ging. Zeitungen und Fernsehsender dürfen darüber nicht mehr berichten. Selbst Onlineshops mussten Artikel in den Regenbogenfarben der LGBQ-Bewegung aus ihrem Sortiment nehmen.

Für Professor Peng Xiaohui, Sexualwissenschaftler an der

Universität von Wuhan, zeigt das nur, wie rückständig China beim Umgang mit Sex ist. 99 Prozent seiner Landsleute seien sexuelle Analphabeten, behauptet Professor Peng. Er selbst ist inzwischen zu einer Art Dr. Sommer von China geworden, beantwortet Sexfragen im Internet. 96 Millionen haben bei ihm schon Rat gesucht. »Auf der Oberfläche muss man sich politisch korrekt zeigen«, sagt er. »In der Öffentlichkeit muss ich mich so darstellen, dass ich moralisch nicht angreifbar bin. Aber wie es im privaten Leben aussieht, weiß keiner.«

Ähnlich wie bei großen Essen, die Chinesen auch in Restaurants am liebsten in abgetrennten Separees zu sich nehmen, findet auch der fleischliche Genuss versteckt, hinter der Fassade statt. Prostitution ist offiziell verboten. Aber landesweit soll es rund zehn Millionen Prostituierte geben, die in Läden arbeiten, die offiziell als Massage- und Friseursalon oder als Karaokebars gelten. Topco Sales, der größte Hersteller für Sexspielzeug weltweit, ist ein chinesisches Unternehmen und sitzt in der Nähe von Hangzhou. Am meisten verkauft Topco Sales nach wie vor in den USA und Europa. Das mit Abstand größte Wachstum aber haben sie in China. Die Zuwachsraten zu Hause liegen bei 70 bis 80 Prozent pro Jahr. Das Reich der Mitte ist tatsächlich nur an der Oberfläche auch ein Reich der Sitte. Aber dass die Oberfläche so ist, wie sie ist, dass erzwingt die Partei mit großer Sittenstrenge.

Für Konfuzius bestand das Ziel eines geglückten Lebens in der ständigen Vervollkommnung des Selbst. Auch Genuss war für ihn demnach harte Arbeit. So ähnlich sieht es auch Chinas KP heute. Erlaubt ist an Genuss und Hobbies, was einen voranbringt. Man sieht das zum Beispiel beim Skifahren. Es gibt immer mehr Skigebiete im Land, wenn auch noch nicht so viele Skifahrer. Am Anfang lächelten wir noch über die Chinesen. Ein paar fuhren richtig gut Ski, der Rest vor allem ziemlich furchtlos. Auf einer der Pisten im Skigebiet von Chongli, vier Stunden nordwestlich von Peking, stapften einmal auf halber Höhe Frau Liu und Herr Yang mit geschulterten Skiern bergan. Sie suchten den Lift, um wieder ins Tal zu kommen. Sie hatten dort unten ein bisschen geübt und waren dann voreilig hoch auf den Berg. »Die Piste ist ganz schön lang, und meine Beine sind schon müde«, sagte Frau Liu. »Irgendwie klappt es nicht mit den Bewegungen, die ich gelernt habe.« Ich bot Frau Liu an, ihr zu helfen. Sie war einverstanden. Der erste Schwung klappte gut, der zweite auch. Aber dann rauschte sie, ohne zu bremsen, geradeaus den Berg runter. Herr Yang sah es, schien besorgt und rauschte dann hinterher. Weiter unten traf ich beide im Schnee, aber unverletzt wieder. »Mein Kopf war ganz leer«, sagt Frau Liu. »Ich wollte einen Bogen fahren, aber ich konnte meine Beine nicht kontrollieren.« Frau Liu wollte dann keine Hilfe mehr von mir. Sie nahm lieber den Rettungsschlitten ins Tal.

Fünf Jahre später gab es auf Chinas Pisten immer weniger Frau Lius und Herr Yangs, dafür aber immer mehr Leute, die einen Carvingschwung wie aus dem Lehrbuch trainierten. Eine chinesische Freundin sagte einmal: »Ihr Westler fahrt Ski zum Spaß und um zu entspannen. Wir machen das, um eine neue Fähigkeit dazuzulernen.« Der Genuss für sie bestand darin, dass sie das Skifahren immer besser beherrschte, dass sie sich eine weitere Fähigkeit aneignete, die sie als Person voranbrachte – und möglicherweise auch im Wettbewerb mit anderen.

In meinem letzten Winter in China stand ich in Nanshan, einem kleinen Skigebiet eineinhalb Stunden nördlich von Peking, vor einer steilen Buckelpiste. Eine Gruppe chinesischer Skifahrer war vor mir. Sie wollten paarweise gegeneinander ein Rennen über die Buckelpiste fahren. Da sprach mich einer von ihnen an. Ob ich mitmachen wolle und gegen ihn antreten. Das machte ich und staunte nicht schlecht. Die Frau Lius und Herr Yangs hatten mich offenbar etwas überheblich werden lassen. Mein Gegner auf der Buckelpiste war gut, sehr gut sogar. Auf halber Strecke drohte er davonzuziehen, hatte eine Länge Vorsprung. Dann wurde er aber selbst übermütig, fuhr noch aggressiver und schneller und wagte dann zu viel. Ein Buckel hob ihn aus, er konnte sich fangen, aber das Rennen, das eigentlich schon entschieden war, hatte er damit verloren. Knapp, sehr knapp nur.

Ich fuhr an dem Tag nach Hause mit der Gewissheit, dass viele Chinesen nach nur fünf Jahren nicht mehr nur verwegen fahren, sondern inzwischen auch ziemlich gut. Sie hatten enorm aufgeholt in einer Disziplin, die doch eigentlich zu unseren Kernkompetenzen gehört. Was kommt da auf uns zu, dachte ich mir, wenn das auch anderswo so rasant geht?

6 Warum in Chinas Diktatur wahre Anarchisten leben

Frau Ma war meine erste Chinesischlehrerin. Wenn es mal wieder hakte, erklärte sie mir mit einem strengen Lächeln: »Ihr Kollege von der Deutschen Welle ist ein sehr fleißiger Mensch.« Dann machte sie immer eine Pause. »Sehr fleißig. Macht große Fortschritte.«

Ich erinnere mich an den Geschmack von Jasmin-Tee, den es bei ihr immer gab, und an ein merkwürdiges Ziehen im Bauch, das ich vor einem langen Vormittag in ihrer Sprachschule immer spürte. Frau Ma war selten zufrieden mit mir. Ich glaube, dass sie schon am dritten Tag die Hoffnung aufgab, mir die Sprache je beizubringen. Aber zumindest eine Sache wollte sie mir mitgeben. Wenn ich schon die Sprache nicht beherrschte, sollte ich mich zumindest nicht danebenbenehmen. »Chinese ist ein sehr höflicher Mensch«, betonte sie immer wieder beschwörend und sah mir dabei eindringlich in die Augen. »Sehr höflicher Mensch.«

Während der ersten Wochen in China musste ich viel an Frau Ma denken. Besonders ältere chinesische Männer, und manchmal auch Frauen, hatten die Angewohnheit, lautstark ihre Atemwege freizumachen, um dann auszuspucken. Schon wo zwei oder drei in einer Schlange beisammenstanden, begann eine unverhohlene Drängelei. Und wenn man an einem Schalter zu lange brauchte, um verstanden zu werden, konnte es vorkommen, dass einer von hinten nicht mehr warten wollte, sich neben einen stellte und selbst lautstark sein Anliegen vorbrachte. In Restaurants riefen die Gäste nach der Kellnerin, als wären sie Feldwebel auf einem Kasernenhof. Und wer selbst bedient werden wollte, musste ebenfalls laut nach der Bedienung verlangen. Je besser das Essen, desto lauter konnten die Essgeräusche sein. China war hart. Aber höflich? Wenn ich versuchte, etwas auf Chinesisch zu sagen, kam es vor, dass mich mein Gegenüber groß ansah und dann anfing, laut loszulachen. Zuerst dachte ich, dass es an mir lag, weil ich nicht genug gelernt hatte. Vor meinem inneren Auge erschien dann Frau Ma, die mir schmallippig erklärte, dass dem Kollegen von der Deutschen Welle das nicht passiert wäre. »Sehr fleißiger Mensch«, hörte ich sie wieder sagen. »Macht große Fortschritte.« Erst später fand ich heraus, dass es nicht allein mein Ausländerakzent war, oder die Tatsache, dass ich nicht fleißig genug war. Irgendwann nahm mich mein Freund Chao grinsend zur Seite und fragte: »Woher hast du denn diese ganzen alten Wörter? So redet hier kein Mensch mehr.«

»Die habe ich bei Frau Ma gelernt«, protestierte ich.

»Bei Frau Ma?« Chao lachte. »So hat man hier vielleicht zuzeiten von Herrn Mao gesprochen.«

Lag es daran, dass Frau Ma seit Jahrzehnten nicht mehr in China lebte? Ich beschloss, dass es früher mal eine Art Frau-Ma-China gegeben haben musste, in dem man für ihre Wörter nicht ausgelacht wurde und in dem Chinesen sehr höfliche Menschen waren. Es war nur nicht dieses China.

Nach einer Weile verstand ich, dass das Ruppige in China nicht persönlich gemeint war, kein Affront gegen den Ausländer, der nichts recht verstand. Ich weiß nicht mehr genau, wie es kam, aber irgendwann begann ich, die Ruppigkeit der Chinesen zu lieben. Es erschien mir wie ein Aufbegehren gegen die immer neuen Regeln und Vorschriften, die sich Partei und

Staat einfallen ließen, ein Akt des Ungehorsams gegen die Gängelung. Ja, es hatte etwas Störrisches und Selbstsüchtiges. Aber ich konnte nicht verleugnen, dass ich Sympathie dafür hatte. Wer wollte nicht Verständnis haben für ein bisschen Querulantentum, wenn auf der anderen Seite eine übermächtige Partei stand, die Chinas Bürger mit einer Mischung aus Herablassung und Pedanterie behandelte, als wären sie allesamt kleine Kinder.

Regeln – und wie man sie umgeht

Dies war kein Land, in dem alle nichts anderes taten, als im Gleichschritt den Fünf-Jahres-Plan der Partei für eine strahlende Zukunft umzusetzen. Zumindest im Alltag waren viele Chinesen tatsächlich wahre Anarchisten, die, wenn sie einer Regel begegneten, als Erstes daran dachten, wie sie zu umgehen sei. Es ging nicht darum, Vorschriften wortgenau zu erfüllen, wie wir das in Deutschland voneinander verlangen. Es reichte schon, wenn man den Anschein vermittelte, als nähme man die Regel ernst, um sie tatsächlich so zu biegen und zu dehnen, wie es der Alltag gerade verlangte. Darf man das? Die Frage stellt man sich nicht so oft in China. Man darf schon, solange man nicht erwischt wird.

Pekings Verkehr ist das beste Beispiel dafür. Irgendwie vermisse ich ihn sogar, seit ich wieder zurück in Deutschland bin. Stimmt schon, eigentlich ist er fürchterlich. Ständig steht man im Stau, und wer nicht bis zum Sankt-Nimmerleins-Tag warten will, um die Spur zu wechseln, muss auf Tuchfühlung mit der Stoßstange des Vordermanns fahren. In die kleinste Lücke drängt sich sonst eine Armada von Porsche Cayenne, Tuk-Tuks und Lkw mit bedenklich schwankender Ladung.

Am härtesten geht es an den Zahlstellen der Autobahnen zu. Das ist Extremdrängeln mit teuren deutschen Luxuskarossen. Darf man das? Eigentlich nicht, aber man tut es trotzdem. Und wenn man dabei erwischt wird, ist es wichtig, möglichst ahnungslos zu tun. Gerade so, als habe man noch nie davon gehört, dass man hintereinander wartet.

Man muss das gesehen haben, wie schwarze Limousinen die Notfallspur vorschießen und kurz vor den Betonpollern beim Zahlhäuschen rüberziehen, als drehten sie gerade »Mission Impossible«. Mein Freund Chao hat dann immer gelacht. Was sollte er auch schimpfen. Und ab und zu hat er die Scheibe runtergelassen und rübergerufen: »Du bist Chinese, oder?« Das war eine freundliche Hinterfotzigkeit, die jeder verstand, aber die die meisten der Ertappten zu ignorieren versuchten.

Natürlich gibt es eine chinesische Straßenverkehrsordnung, die regelt, was man darf und was nicht. Als ich meinen Führerschein in China machte, musste ich 1000 Fragen zu dieser Verkehrsordnung auswendig lernen. Es war kompliziert und hat nicht gut geklappt. Beim Test am Computer der Führerscheinbehörde bin ich beim ersten Versuch prompt durchgefallen. Die Regeln schienen mir wie aus einer fremden, weit entfernten Welt. Was man durfte, hatte wenig mit dem zu tun, was alle taten. Für Chinas Straßen mochte es Regeln geben, ganz sicher aber gab es eine Praxis, nach der man mit Fahrrad und Rollern Fahrbahnen in jeder Richtung nutzen kann, für Smartphone-Nachrichten auf der Autobahn auch Schritttempo fahren kann, Ampeln nur Empfehlungen sind und U-Turns da möglich sind, wo es dem Fahrer notwendig erscheint. In Deutschland, besonders in Berlin, würde das sofort zu wüsten Beschimpfungen führen. Irgendjemand würde die Scheibe runterfahren und einem klarmachen: Das. Darf.

Man. Nicht! In China aber passiert in der Regel – nichts. Niemand fühlt sich berufen zum polternden Verkehrserzieher, jeder wartet geduldig, bis der Weg frei ist. Vielleicht weil er weiß, dass er das im Zweifel selbst genauso machen würde.

Der ständige Regelbruch auf der Straße ist wie eine normative Kraft des Faktischen, auf die alle Verkehrsteilnehmer sich stillschweigend einlassen, weil ihnen auch nichts anderes übrig bleibt. So ist neben der offiziellen Straßenverkehrsordnung eine Parallelordnung entstanden, deren oberstes Prinzip die Regellosigkeit ist. So wie das Dürfen und das Tun haben beide nichts miteinander gemein. Jeder muss zu jedem Zeitpunkt darauf gefasst sein, dass vor ihm Unfassbares passiert. Das führt zu einer erstaunlichen Achtsamkeit, weshalb die Zahl der Unfälle zwar im Vergleich zu Deutschland höher, in Anbetracht der Fahrweise aber überraschend niedrig ist.

Das Schöne an dem Gedrängel ist das Chaos, das damit verbunden ist. Das hört sich vielleicht überraschend an, aber in einem Land, in dem die Kommunistische Partei jeden Bereich des öffentlichen und auch privaten Lebens regeln und überwachen will, das damit immer mehr zu einer totalitären Diktatur wird, erschien mir das Chaos immer wie eine Befreiung. Es ist ein bisschen Alltagsanarchie, die sich hie und da durchsetzt, wie ein Pflänzchen, das es durch den Asphalt der Partei schafft, der sonst alles zudeckt.

Diese Oasen der Herrschaftslosigkeit innerhalb der Diktatur sind gar nicht so schwer zu finden. Ich musste von unserem ZDF-Studio nur über die Straße zum Liangmahe gehen, einem Fluss, der an einer Stelle unter einer Straßenkreuzung auftauchte und ein paar Kilometer weiter, in der Nähe des Chaoyang Parks, wieder unter Asphalt verschwand. Am Liangmahe saßen unbewegt die Angler mit ihren Ruten, die einen Bambuswald hätten überragen können. Die kleinen Fischlein, die sie damit aus der trüben Brühe des Flusses zogen, schienen den Aufwand irgendwie nicht zu rechtfertigen. Aber darum ging es ja auch gar nicht. Dann waren da die Schwimmer, die sich das ganze Jahr über in das zweifelhafte Wasser wagten und danach auf der Parkbank beisammensaßen, rauchten und Karten spielten. Im Winter schlugen sie ein Loch ins Eis, um weiter zu schwimmen, während sie zwei Brücken weiter ein altes Sofa auf das Eis stellten, um die Schlittschuhe bequemer anzuziehen. Wer das nicht konnte, lieh sich Stühle aus, die auf Kufen geschraubt waren, und schob sich mit Stöcken übers Eis. Am Liangmahe war für jeden Platz. Für die Rückwärtsgeher am Morgen, für den Tai-Chi-Meister, für die Rentner, die ihre Vögel im Käfig spazieren trugen, sogar für die Frau, die immer mit dem Gesicht zu einer Mauer chinesische Opernarien übte. Vielleicht ist es genau das Eigensinnige, das viele Chinesen auch zu Meistern eines Alltagsglücks macht. Die alte Weisheit, dass es gar nicht so viel braucht, um zufrieden zu sein, die beherrschen sie in China viel besser als wir in Deutschland.

Dürfen und Tun – grundverschieden und doch dasselbe

Manchmal ist die Anarchie auch überlebensnotwendig. Bei uns um die Ecke haben sie einmal von einem Tag auf den anderen den kleinen Garküchen die Türen zugemauert. Der Stadtverwaltung war aufgefallen, dass angeblich Genehmigungen fehlten und hier nur Wohnungen erlaubt waren. Dabei gab es die Läden seit Jahren. Für die Betreiber der Küchen war das dramatisch, weil sie plötzlich kein Einkommen mehr hatten. Und ihren Kunden fehlte nun ein günstiges Mittagessen in der Umgebung. Der Schreckmoment dauerte ein paar Tage, dann standen Leitern da, und die Gäste sind durch das Fenster in ihren Lieblingsnudelladen geklettert. Wieder ein paar Wochen später wurden die Leitern durch bequeme Holztreppen ersetzt. Die Läden waren wieder voll und fast schien es, als hätten die Gäste ihren Spaß daran, dass sie sich durch ein schmales Fenster zwängen mussten. Natürlich hätte die Stadtverwaltung auch die Treppen entfernen lassen können. Solange ich in Peking lebte, sah ich nicht, dass sie es tat. Vielleicht weil zumindest auf dem Papier ihrer Regel Genüge getan war und es hier zumindest nicht nötig schien, den Konflikt noch weiter zu eskalieren. Und in der Tat waren die Restauranteingänge in der Straße ja auch verschwunden, auch wenn es immer noch Restaurants gab. Was uns als Widerspruch erscheinen mag, als Wirklichkeiten, die nicht gleichzeitig nebeneinander existieren können, das funktioniert in China problemlos. Die Garküchen waren wie der Beweis dafür, dass in diesem Land die Gesetze der Quantenphysik zum Gesellschaftsprinzip geworden waren. Eine Sache konnte gleichzeitig zwei verschiedene Dinge sein: ein Restaurant und eine Wohnung, ein krasser Verstoß gegen die Straßenverkehrsordnung und ein ganz normaler Überholvorgang. Was man durfte und was man tat, war wie Welle und Teilchen – grundverschieden und letztlich doch dasselbe.

Bis zu einem gewissen Grad toleriert Chinas KP die Zweideutigkeit und das Chaos. Solange ihr eigener Machtanspruch nicht herausgefordert wird, wirkt Alltagsanarchie wie ein Sicherheitsventil, das Druck aus dem Kessel nimmt. Chinas KP hatte über viele Jahre ein eigenes Gespür dafür, wie weit sie dabei gehen kann, wie viel Regelfreiheit sogar gut für sie selbst ist.

Es war hart, bei meiner Rückkehr nach Deutschland daran erinnert zu werden, dass wir ein ganz anderes Verständnis von

Regeln haben. Wir gehen nicht davon aus, dass jeder die Regel so biegt, wie es gerade nötig ist. Bei uns sind Dürfen und Tun eins – zumindest dem Anspruch nach. Mehr noch: Überall traf ich Menschen, die für sich in Anspruch nahmen, das Dürfen und das Tun für sich und ihre Umgebung zu bestimmen. Als ich mit unserem Elektro-Roller aus China bei Berlin auf einer Landstraße fuhr, wurde ich angehupt und beschimpft. Der Fahrer fand, dass ich dort nichts verloren hätte, auch wenn unsere Straßenverkehrsordnung das anders sah. Im Zug nach Düsseldorf wurde ich Zeuge, wie ein Passagier aufstand und zwei Frauen scharf zurechtwies, die sich nur angeregt unterhielten. Wir saßen wohlgemerkt nicht im Ruhebereich. Und in Bayreuth wäre ein einheimischer SUV-Fahrer fast handgreiflich geworden, weil ich an einem Ort geparkt hatte, von dem er glaubte, er stehe ihm in Erbpacht zu. Dass dazu nirgendwo etwas stand, linderte seinen Zorn keineswegs.

Es waren keine großen Sachen. Jede war für sich genommen nur eine Episode, die einem halt so passiert, über die man sich wundert und eine Weile lang ärgert. Aber nach ein paar Wochen fügte es sich doch zu einem größeren Bild. Ich entdeckte in Deutschland eine erstaunliche Lust am sich gegenseitig zurechtweisen und kritisieren. Und oft schien es mir, als sei die Regel, um die es ging, gerade erst erfunden worden – von dem, der sich da erregte, dem sie in den Kram passte. Während in China jeder für sich damit beschäftigt war, die Grenzen des eigenen Dürfens auszureizen, schien in Deutschland jeder eifersüchtig darauf zu achten, dass der andere nur ja nicht zu viel vom Dürfen für sich in Anspruch nahm. Es war ein kiebiger, angespannter Blick auf den Nächsten, unterlegt mit der Sorge, selbst nur ja nicht zu kurz zu kommen.

Einmal beschimpfte mich ein Rentner vor einem Supermarkt, weil er fand, dass mein Roller neben seinem Fahrrad nichts verloren habe. Als ich mich dagegen wehrte, erwiderte er:»Ich sage ja nur meine Meinung. Das dürfen wir ja wohl noch.« Nach den Jahren in Chinas Diktatur ließ mich der Satz eine ganze Weile nicht mehr los: Warum sind wir in Deutschland der Ansicht, dass Meinungsfreiheit darin besteht, dass wir einander ständig zurechtweisen oder beschimpfen? Ist die Unduldsamkeit gegenüber dem anderen nicht eher eine Gefahr für unsere Freiheit? Und besteht eben diese Freiheit nicht auch darin, dass wir das Dürfen und Tun des anderen mit einer gewissen Toleranz und Großzügigkeit aushalten, weil wir es umgekehrt ja auch selbst für uns so gern in Anspruch nehmen?

Chinesen erschienen mir nach ein paar Wochen zurück in Deutschland als deutlich toleranter. Undenkbar, dass sich in China jemand über laute Kinder aufregen würde. Oder sich im Restaurant nach ihnen umdrehen und ihnen böse Blicke zuwerfen würde. Vielleicht liegt es auch daran, dass Chinesen selbst einfach nicht gerne allein sind. Dass sie der Nächste nicht nervt, sondern sie ihn brauchen. So wie ihnen der Trubel, das Laute und Schrille nichts ausmacht, ja dass viele es sogar lieben. In Deutschland spürt man förmlich, wie in einem immer voller werdenden Flughafenbus der Blutdruck der Mitpassagiere steigt. Mit jedem Zentimeter Raum, den sie verlieren, weil noch jemand nachdrückt, wächst die Spannung. Es braucht dann nur einen kleinen Funken, und die Sache explodiert. Chinesen dagegen halten die Enge locker aus. Ja, ich hatte oft den Eindruck, sie suchen sie geradezu.

Die Liebe zum Trubel

China ist zwar ein riesiges Land, aber mit 1,4 Milliarden Einwohnern kommt es immer wieder zu Menschenaufläufen von atemberaubenden Ausmaßen. Wer am chinesischen Neujahrstag zu Pekings Houhai-See oder zum Buddha-Tempel will, wird vor lauter Menschen weder das eine noch das andere sehen. Am Drachenboottag kursierten Videos von einem Abschnitt der Großen Mauer, wo sich die Besucher in Trippelschritten voranschoben. So viele waren es, dass auch da kein Stein mehr zu sehen war und es schien, als wäre die Große Mauer plötzlich lebendig geworden. Einmal wollten wir in Zhangjiajie in der Ferienzeit die Seilbahn hoch zum berühmten Himmelstor nehmen. Der Besuch gestaltete sich so wie früher vermutlich eine Audienz am kaiserlichen Palast. Stunde um Stunde mussten die Massen warten, um in den nächsten Hof vorgelassen zu werden. Von der schwülen Hitze des Vorplatzes in ein stickiges Erdgeschoss, danach in eine hoffnungsfrohe erste Etage, von dort auf eine Plattform, auf die inzwischen der Regen peitschte. Nach vier Stunden saßen wir in der Kabinenbahn, um uns dann oben mit Tausenden über die in die Karstfelsen gehauenen glitschigen Pfade zu schieben. In Deutschland hätte es möglicherweise Verletzte gegeben. In China blieb alles ruhig, weil viele immun zu sein scheinen gegen den Trubel. Sie blenden die anderen einfach aus, geradeso, als würde nur die eigene Familie warten.

Natürlich hat die chinesische Alltagsanarchie auch ihre dunklen Seiten. Wo jeder nur darauf bedacht ist, seinen Spielraum auszureizen, ohne sich darum zu kümmern, was der Nächste tut, fehlt auch ein Gemeinsinn. Das Gefühl, nicht nur für die eigene Familie und vielleicht noch die engsten Freunde verantwortlich zu sein, sondern für das Gemeinwesen insgesamt, schien mir in China nicht sehr ausgeprägt. Das liegt sicher auch daran, dass die KP die Rolle des Allverantwortlichen für sich beansprucht und ihr zu viel Eigenverantwortung und Initiative schnell als verdächtig erscheinen. Auch gesetzliche Regelungen verstärken den Trend zur Selbstbezogenheit. Nach wie vor kommt es vor, dass bei Verkehrsunfällen die Opfer auf der Straße liegen bleiben, während andere anscheinend achtlos daran vorbeifahren. Dass oft niemand bereit ist, zu helfen, hat damit zu tun, dass es kein Gesetz gibt, das Ersthelfer schützt. Stattdessen kommt es immer wieder vor, dass diejenigen, die es wagen zu helfen, von den Verletzten und ihren Angehörigen auf Schadenersatz verklagt werden, weil sie angeblich Fehler gemacht haben. Es gibt weder eine Tradition noch ein Gesetz, das einen barmherzigen Samariter in China belohnen würde. Auf Chinas Straßen ist sich jeder selbst der Nächste. Auch das ist ein Teil der Alltagsanarchie.

Und natürlich hat auch die Zweideutigkeit der Regeln, die Unschärfe zwischen Dürfen und Tun, ihre engen Grenzen, die bestimmt werden von der allmächtigen Partei. Manchmal, wenn ich aus dem überordentlichen Tokio zurück nach Peking kam, nach einer Woche, in der ich mich ständig selbst an japanische Rolltreppen-Regeln erinnerte, bin ich aufs Fahrrad gestiegen und gegen die Fahrtrichtung in meinen Lieblings-Hutong geradelt. Hutongs sind die Altstadtviertel um die verbotene Stadt. In den Hutongs pulsiert das Leben und das Chaos. Da ist Peking am schönsten. Im Sommer zum Beispiel, wenn ein Gewitterregen die Luft gereinigt hat und aus den engen Gassen die Hitze verdampft. Wenn am Abend die Rentner im Pyjama noch einmal ihr Hündchen Gassi führen und am Kiosk Männer auf Bierkisten diskutieren, die Unterhemden bis zu den Achseln hochgerollt, damit der üppige Bauch schön freiliegt. Beijing Bikini nennt man das, keine Augenweide, aber eben ein bisschen Anarchie. Aber meine Fahrradtouren in die Hutongs wurden mit der Zeit immer trauriger. Viel zu viele ließ Pekings Stadtregierung abreißen, weil sie angeblich baufällig waren. Oder sie hat auch dort Garküchen und winzige Espressobars von heute auf morgen zumauern lassen. Nur dass es hier keine Leitern und Holztreppen mehr gab. Zugemauert hieß dort zugemauert. Was blieb, war die Fassungslosigkeit derer, die seit Jahrzehnten ihr Lokal, ihre Bar, ihren Friseursalon hatten und nun vor dem Nichts standen. All die Jahre hatte es immer eine Lösung gegeben, immer einen Aggregatszustand, der beiden recht gab – den Behörden und einem selbst. Doch in den Hutongs mussten sie lernen, dass es keinen Anspruch auf Quantenphysik gab, dass über Dürfen und Tun am Ende nur die Partei entscheidet. Sogar der Beijing Bikini wird nun verboten.

Das waren die traurigen Momente in Peking, wenn liebgewonnene Ort von heute auf morgen verschwanden. Wenn eine unduldsame Macht hinwegfegte, was vielen wichtig und wertvoll war. Ohne große Begründung. Eigentlich nur, weil sie es konnte. Das ist das Neue unter Xi. Er schafft die Unschärfe ab und ersetzt sie durch eine rigide Spaßlosigkeit. Es ist eine Bevormundung, die selbst für Chinas KP ungewöhnlich und dem System eigentlich fremd ist. Denn die unter einem ständigen Druck stehende chinesische Gesellschaft verliert damit ihr wichtigstes Ventil.

Das Tröstliche war bislang immer die Gewissheit, dass Chaos und Alltagsanarchie so tief eingewebt waren in die Gesellschaft, dass sie kaum zu beseitigen waren. Wenn sie an einem Ort eine Niederlage erlitten, lebten sie andernorts wieder auf. Und alle Versuche der KP, Chinas Bürger durch immer noch mehr Zensur und Überwachung einzuhegen, liefen am Ende doch ins Leere. Weil Eigensinn und Anarchie, die Lust daran, die Grenzen von Dürfen und Tun auszureizen, einfach so stark sind. Andererseits: Wer hätte geahnt, welches Ausmaß an Drill und Disziplin Xi dem Land überstülpen würde?

7 Wie China eine neue Diktatur erfindet und sie in die Welt exportiert

Vor ein paar Jahren noch war Chinas Überwachungsstaat eine Sache, die man hierzulande als unerfreulich oder auch empörend empfand, die aber letztlich als weit weg erschien – eine innerchinesische Angelegenheit quasi. Das hat sich nun geändert: Weil das Ausmaß und der Umfang von Repression und Überwachung so beunruhigend zugenommen haben. Und weil sie längst nicht mehr allein auf China beschränkt sind. Der Arm von Chinas Diktatur reicht inzwischen bis zu uns. Es ist ein schleichendes Vorrücken, Einflussnehmen und Lenkenwollen. Das Problem daran ist, dass wir das vielfach noch gar nicht bemerkt haben. Es ist deshalb wichtig für uns in Europa, zu verstehen, wie diese chinesische Diktatur funktioniert und welche Folgen die allgegenwärtige Überwachung für das Land hat. Denn am Ende betrifft es auch uns.

Vieles findet im Verborgenen statt

In China versteckt sich der Überwachungsapparat gern hinter den glitzernden Fassaden der Großstädte und dem rasanten Fortschritt des Landes. Er scheut das Licht und bleibt im Alltag lieber im Hintergrund. Natürlich sieht man überall Überwachungskameras. Und es werden von Jahr zu Jahr immer mehr. Aber wer zum ersten Mal nach Peking kommt, erkennt zunächst einmal keinen waffenstarrenden Polizeistaat. Man wundert sich vielleicht über die Zahl der Polizisten und über die Rentner mit roten Armbändern, die Nachbarschaftswachen, die den ganzen Tag auf der Straße sitzen. Sie passen auf, ob sich in ihrem Viertel jemand verdächtig verhält, um es dann zu melden. Aber China ist nicht Nordkorea. Und Peking nicht Pjöngjang. Im Lauf der Jahre hat China gelernt, der stahlharten Faust der Unterdrückung Samthandschuhe überzuziehen. Vieles sieht man nicht, vieles findet im Verborgenen statt.

Erst wenn man versucht, mit den Opfern des chinesischen Überwachungsstaates zu sprechen, hebt sich der Vorhang. So war das, als unser Fernsehteam im Frühsommer 2018 Liu Xia treffen wollte, die Frau des Friedensnobelpreisträgers Liu Xiaobo, der ein Jahr zuvor in Haft an Krebs gestorben war. Liu Xia stand damals immer noch unter Hausarrest, streng bewacht von Chinas Staatssicherheit. Unser Plan war, sie um die Mittagszeit zu sprechen, mittags, so hofften wir, wären die Wachen beim Essen. Oder sie dösten in ihrem Wachhäuschen. Wenn wir Glück hätten, kämen wir unbemerkt an ihnen vorbei. Danach müssten wir schnell sein, das Gebäude suchen, den richtigen Treppenaufgang. Es war klar, dass wir nicht viel Zeit haben würden.

Auf dem Weg zu Liu Xias Wohnung fuhren wir am Tiananmen-Platz vorbei, an den Masten mit Dutzenden Überwachungskameras, an den stramm stehenden Wachen in Uniform und an den Stasi-Spitzeln in Zivil, die so tun, als seien sie Touristen. Sollte jemand versuchen, auf dem Platz zu protestieren, ein Plakat oder ein Banner zu entrollen, würden sie mit ihren Regenschirmen sofort herbeistürzen und die Sicht versperren.

Im Vorbeifahren sah ich die lange Schlange an einem der Kontrollpunkte, die man passieren muss, bevor man auf den Platz darf. Ich erinnerte mich daran, wie die Uniformierten dort manchmal die Leute anbellten oder jemanden nicht durchließen. Es gab keine Begründung, es half auch nichts, zu argumentieren. Man durfte eben nicht auf den Platz. Der Tiananmen war wie ein Mahnmal für Chinas Überwachungswillkür. Nur ein paar Minuten westlich des Tiananmen bogen wir in ein Wohnviertel ein. Hinten im Wagen prüfte Toby zum x-ten Mal seit unserer Abfahrt seine Kamera und ob die Verbindung zu unserem Server stand. Wir waren da. Die Fenster des Wachhauses spiegelten in der Sonne. Saß da jemand? Ich wartete darauf, dass einer uns anbrüllte, uns zurückhielt. Aber es blieb still. Liu Xias Appartementblock lag am Ende einer langen Straße, an der entlegenen Seite des Compounds. Um diese Zeit war niemand draußen zu sehen. Alles wirkte still und friedlich, während wir uns langsam ihrem Haus näherten.

Liu Xia saß zu diesem Zeitpunkt seit acht Jahren im Hausarrest. Dabei hatte sie nichts verbrochen, wurde nie angeklagt. Ihr Mann, Liu Xiaobo, war Ende 2009 zu elf Jahren Haft verurteilt worden. Sein Schreiben und insbesondere sein Eintreten für das Bürgerrechtsmanifest »Charta 08« empfanden Partei und Staat als eine gefährliche Bedrohung, weil Liu Xiaobo es wagte, ihren Herrschaftsanspruch infrage zu stellen. Und weil er weiterhin über die Freiheit schrieb und somit die Hoffnung der Protestierenden vom Tiananmen wachhielt. Ein knappes Jahr zuvor war er an Krebs gestorben – eingesperrt bis zuletzt. Die verzweifelten Bitten des Todkranken und seiner Frau, gemeinsam nach Deutschland ausreisen zu dürfen, lehnte Peking ab. Es schien, als wollten die Mächtigen bis zuletzt bitter Rache nehmen dafür, dass Liu Xiaobo sie vor aller Welt herausgefordert hatte.

Liu Xia war im Hausarrest krank geworden, hatte Herzprobleme und Depressionen. Der Tod ihres Mannes ließ sie verzweifeln.»Xiaobo ist gegangen. Es wäre einfacher, zu sterben, als zu leben«, sagte sie kurz vor unserem Besuch am Telefon zu einem Freund in Berlin, dem Autor Liao Yiwu.»Nichts wäre einfacher für mich, als trotzig zu sterben.« Alarmiert machte Liao Yiwu das Telefonat öffentlich. Die Hoffnung war, dass Liu Xia doch das Land verlassen und nach Deutschland ausreisen könne. Seit Wochen verhandelte die deutsche Botschaft darüber mit Peking. Aber Liu Xias Freunde fürchteten, dass nicht mehr viel Zeit bliebe, sie gesund aus dem Hausarrest zu befreien.

Liu Xias Sätze gingen mir wieder durch den Kopf, als wir uns ihrem Appartementblock näherten. Noch immer war niemand zu sehen. Aber als wir am Ende der Straße um eine Ecke bogen, stand da ein schwarzer BMW. Er sah aus wie ein lauernder Wachhund. Rechts war der Eingang, die Wohnung lag im fünften Stock. Ich öffnete die Tür, wollte eintreten, da sprangen Männer vom Treppenaufsatz auf, ließen Reisschalen fallen und versperrten uns den Weg.»Was sucht ihr hier? Wer seid ihr?« Ein paar telefonierten hektisch, andere drängten uns zurück Richtung Straße.

Wir versuchten in unser Auto zu kommen. Abstand halten, das war nun wichtig. Aber wir kamen nicht weg. Die Wachen stellten sich vor unseren Wagen, machten Fotos von uns. Dann kam die Polizei, nahm unsere Ausweise und verlangte, dass wir das Drehmaterial löschten. Ich weigerte mich, wir stritten uns, sie telefonierten. So ging das eine ganze Weile. Als wir sicher waren, dass unsere Bilder übertragen worden waren, löschten wir vor den Augen der Polizisten das Material.

Auf dem Weg zurück war es sehr still im Auto. Keiner sprach, als wären die Stasi-Wachen noch neben uns, als könnte gleich wieder Polizei auftauchen und uns stoppen. Das Gefühl, der Willkür einer Diktatur schutzlos ausgeliefert zu sein, blieb im Wagen hängen wie ein schlechter Geruch, den man nicht loswird, selbst wenn man die Fenster öffnet. Wieder passierten wir den Tiananmen-Platz, die strammen Wachen und das Portrait Maos über dem Eingang zur Verbotenen Stadt, der auf die Straße und den Platz blickte, als würde auch er uns beobachten. Für uns hatte der Zusammenprall mit Chinas Überwachungsstaat nur ein paar Stunden gedauert. Aber wie muss das für Liu Xia sein und für all die anderen, die über Jahre festgehalten, drangsaliert und misshandelt werden? Was macht das staatlich verordnete Schweigen mit den Verfolgten und dem ganzen Land?

Ein paar Wochen später wurde Liu Xia endlich erlaubt, nach Deutschland auszureisen. Der internationale Druck war groß und womöglich auch die zynische Sorge auf Seiten Pekings, dass nach ihrem Mann auch Liu Xia in Gefangenschaft sterben könnte. Ich stellte mir vor, dass vielleicht auch unser Besuch einen kleinen Anteil daran hatte. Als Liu Xias Wachen aus dem Dunkel des Treppenhauses herausstürmten, um sich uns in den Weg zu stellen, wurde Chinas Überwachungsstaat in all seiner Härte sichtbar. Er bestand nicht mehr nur aus einem Heer dunkler Kameraaugen, die still und effizient unsere Daten sammelten. Er versteckte sich nicht mehr in digitalen Netzen. Er war da, drohend, mit Gesicht und Stimme.

Überwachung ist der Kern der KP-Herrschaft

Chinas Überwachungsstaat ist kein hässliches Nebenprodukt – er gehört vielmehr zum Kern der Herrschaft von Chinas Kommunistischer Partei. Was in diesem Land vom Kommunismus übrig geblieben ist, beschränkt sich am Ende auf die Rechtfertigung der Allmacht der Partei und auf deren Absicherung. Kommunismus bedeutet für Chinas Politkader eine Art Leninismus, der die Partei über alles andere stellt – natürlich auch über Recht und Verfassung. In diesem Denken, in dem das Überleben der Partei alles ist, gilt Widerspruch schnell als staatsgefährdend. Die Verfolgung Andersdenkender wird gerechtfertigt mit dem Anspruch der Partei auf unbedingte Gefolgschaft, da nur sie und niemand sonst den richtigen Weg kennt.

Chinas KP, die wir in Europa inzwischen als auftrumpfend und strotzend vor Selbstbewusstsein erleben, treibt in China eine geradezu paranoide Sorge um, dass jemand ihre Herrschaft herausfordern könnte. Es gibt ein tiefes Misstrauen der Mächtigen gegenüber den Beherrschten, das China über Jahrzehnte geprägt hat und aus dem ein riesiger Überwachungs- und Unterdrückungsapparat erwachsen ist. Unter Staats- und Parteichef Xi Jinping haben dieser Apparat und die Repression, die er ausübt, ein Ausmaß erreicht wie lange nicht in der Geschichte Chinas. China ist dabei, einen Überwachungsstaat aufzubauen, wie ihn die Welt noch nicht gesehen hat. Er hört alles, sieht alles, weil er sich einnistet in unsere Smartphones und Laptops, weil er eindringt in unser digitales Nervensystem.

Wie ein Überwachungssystem eine Gesellschaft prägen und vergiften kann, das kennen wir in Deutschland ganz gut. Als wir gerade zurück waren aus Peking, feierten sie in Berlin den 30. Jahrestag der Erstürmung der Stasi-Zentrale in der Normannenstraße. Das war damals der Versuch des Volkes, zu verhindern, dass die Stasi am Ende ihre Spuren verwischen und alle Akten zerstören könnte. Es war ein Akt der Befreiung von einem übermächtigen Großen Bruder. Das Spitzelsystem

der DDR hatte eine kaum fassbare Menge an Akten hervorge-
bracht, eine trübe Brühe von Observationen, Denunziationen
und Belanglosem. Letztlich aber scheiterte die Stasi an der
Masse der Daten, weil sie die Verbindungen nicht mehr ziehen konnte und zum Beispiel von den Montagsdemos in Leipzig und anderswo genauso überrascht wurde wie alle anderen
auch.

Im heutigen China ist das anders. Die neue Stasi sammelt
ein Vielfaches mehr an Daten. Die Kameras an der Straße erkennen mein Gesicht oder von Weitem schon meinen Gang,
sie speichern, wo ich mich bewege. Sie erfahren, wo ich ein-
kaufe mit meinem Smartphone, worüber ich mich mit meinen
Freunden über WeChat austausche, wohin ich am nächsten
Tag fliege und mit welchem Leihrad oder Taxidienst ich am
Abend vorher noch zum Essen gehe. Als westlicher Journalist musste ich auch davon ausgehen, dass mein Telefon abgehört, meine E-Mails mitgelesen sowie mein Büro und wahrscheinlich unsere Wohnung abgehört wurden. Aber anders
als im Film»Das Leben der Anderen« sitzt im Abhörstaat der
Zukunft, der gerade in China entsteht, kein Stasi-Mitarbeiter
über der Wohnung im Dachboden und hört mit. Es gibt auch
niemanden mehr, der so eintaucht in das fremde Leben, dass
er am Ende Mitleid empfindet und sich mit den Abgehörten
solidarisiert. Chinas neue Überwachung funktioniert digital
und vollautomatisch, mit Spracherkennungsprogrammen, die
Telefonate und Gespräche mitzeichnen und entziffern können.

Das eigentlich Beunruhigende an dieser Datensammelwut
ist, dass es keine Aktenberge mehr sind, die wie in der Berliner Normannenstraße letztlich unverbunden nebeneinander-
liegen. Dank Künstlicher Intelligenz und Big Data werden
diese Daten verknüpft. Daraus entsteht eine bislang nie da-

gewesene Überwachungsmacht. Peking weiß nicht nur, was ich tue, es kennt auch meine Familie, meine Freunde, meine Bekannten und Kollegen. Es kann aufgrund der ungeheuerlichen Menge an Daten sogar Prognosen darüber treffen, wo wir hinfahren und ob wir Staat und Partei gefährlich werden könnten.

Wir stellen uns im Westen Diktaturen gerne als etwas monolithisches, unverrückbar Striktes vor. Gerade so, als würde die Unfreiheit auch eine Unveränderbarkeit der Lebensumstände mit sich bringen. Aber es ist wichtig, zu verstehen, dass auch eine Diktatur nicht ewig gleich ist. Dinge ändern sich. Manchmal gibt es Freiräume, die toleriert werden. Manchmal wird nicht alles verfolgt, lassen Partei und Staat Abweichungen zu, vielleicht sogar ein bisschen Widerspruch und Kritik, solange er nicht die Grundlagen der Parteiherrschaft betrifft. Und dann gibt es Phasen, in denen sich alles verschärft und verhärtet. In denen das letzte Verbot durchgesetzt wird und noch viele weitere hinzukommen. In denen der Überwachungsstaat ausgebaut wird mit tausenden neuen Mitarbeitern, in denen der Staat von Techfirmen verlangt, ihm neue starke Instrumente der Kontrolle an die Hand zu geben. Und in denen plötzlich aus den digitalen Schubladen all das hervorgeholt wird, was die Überwacher zuvor an angeblich Belastendem zusammengetragen haben. So ist das im Moment in China. Und die Veränderung habe ich selbst miterlebt in den letzten Jahren dort.

Es sind Gezeitenwechsel, die jeder spürt im Land. Plötzlich ist der Austausch über WeChat von Tratsch und Kochrezepten, von Allerweltskommentaren zum Weltgeschehen und ernsthaften Debatten gefährlich. Die Zensur löscht Nachrichten, sperrt Online-Accounts, und immer häufiger reicht die Verfolgung bis in die reale Welt, wenn in Gestalt von Polizei und Stasi die Staatsmacht vor der Tür steht, Wohnungen durchsucht und Bürger festnimmt. Die Zensur beginnt, die Gespräche untereinander zu beherrschen. Was ist noch erlaubt, welche Anspielung, welche Umschreibung wird schon verfolgt. Und wie bitte – das Bild von Winnie Puh, dem pummeligen Comic-Bären, darf man auch nicht mehr posten, weil der große Xi Jinping sich damit angeblich gemeint fühlt? Die schwarze Liste der verbotenen Begriffe wird länger und länger. Dabei lieben Chinesen Metaphern und Umschreibungen, sie sind Meister der Zensurumgehung. Aber womit niemand rechnen konnte, ist die schiere Zahl der Zensoren, die Peking aufbietet, um das Internet im Land zu überwachen. Ein Volk, das so vom Austausch lebt, vom Klatsch und der Debatte, das das Palaver vor der Haustür oder im Internet so liebt, wird von oben herab mundtot gemacht. Was bleibt, ist ein nervöses Geflüster. Und wenn einer auch dabei zu weit zu gehen scheint, wird er zurückgepfiffen von den anderen im Chat. Denn im Zweifel hängen auch sie mit drin. Es gilt eine Art Sippenhaft in Chinas Netzen.

Der Gedanke an die Zensur ist in meinen letzten Jahren in Peking immer weiter in den Alltag gekrochen – bei uns zu Hause und bei unseren Freunden. Wenn wir unsere Filme in der Deutschen Schule in Peking zeigten, saßen Stasi-Mitarbeiter im Publikum und schrieben mit, was wir sagten und gefragt wurden. Immer häufiger sagten Interviewpartner ab, weil sie unter Druck gesetzt worden waren. Es war ein Gefühl der Belagerung, bei der sich der Ring immer weiter zuzog. Wir fingen an, selbst bei harmlosen Chatnachrichten, Wortspielen und Witzen zweimal zu überlegen. Für uns selbst, und weil wir besonders chinesische Freunde und Kollegen nicht in Schwierigkeiten bringen wollten. Die Verhärtung in China, der Prozess, wie der Überwachungsstaat immer noch weiter vordrang in die privaten Bereiche, in das Denken, das beunruhigte alle. Denn es bedeutete letztlich selbst für China, für die Diktatur der Partei, eine neue Qualität der Repression. Was da gerade Wirklichkeit wird, entspricht zunehmend den Maßstäben einer totalitären Diktatur, die nicht allein das äußere Handeln der Menschen unterwerfen und kontrollieren will, sondern auch ihr Denken, ihre Wünsche und Hoffnungen – die ganze Person eben.

Das Sozialkreditsystem und die Idee von neuen Menschen

Ein besonders gutes Beispiel für dieses Streben nach absoluter Kontrolle ist das sogenannte Sozialkreditsystem, das China derzeit an vielen Orten im Land erprobt und noch 2020 landesweit einführen will. Chinas KP will damit das Verhalten und die Vertrauenswürdigkeit von Bürgern und Unternehmen bewerten. Wer sich wohl verhält im Sinne der Partei, der wird mit Punkten und Vorteilen belohnt. Wer abweicht von der Linie, verliert Punkte. Das System solle, so Chinas Staatsrat, den Diskreditierten jeden Schritt erschweren. Aber geht das überhaupt in einem Land mit 1,4 Milliarden Menschen?

Es geht schon. Wie immer in China haben sie den großen Plan erst mal im Kleinen ausprobiert, an rund 70 Orten, die als eine Art Testlabor fungieren. Einer davon ist Rongcheng, ein Ferienort an der Ostküste zwischen Peking und Shanghai mit hübschen Stränden und Promenaden. Am Rande von Rongcheng liegt ein kleiner Vorort mit einem Rathaus, einem Fahnenmast und einer Wandtafel, auf der vorbildliche Bürger abgebildet sind. Als ich mir das genauer ansah, kam Frau Sheng vorbei. Ich wollte sie fragen, was es mit der Wandtafel auf sich hatte. Aber bevor sie mit mir sprach, wollte Frau Sheng erst den Parteisekretär fragen. Es muss inzwischen alles seine Ordnung haben in Rongcheng. Es dauerte einen Moment. Aber dann, okay.»Hier, das bin ich«, sagte Sheng Haixia und zeigte auf ein etwas verblichenes Foto links oben auf der Tafel.»Warum stehen Sie denn da drauf?«, fragte ich.»Hier steht es. Ich war respektvoll und gehorsam gegenüber meinen Eltern. Ich habe eine harmonische Familie und habe anderen Leuten geholfen. Alle, die hier draufstehen, gelten als vorbildlich.«

Natürlich sei sie stolz, dass sie ausgewählt wurde, sagte Frau Sheng. Dass sie so viele Punkte sammeln konnte mit vorbildlichem Verhalten.»Das lohnt sich. Einen Kredit, eine gute Schule für die Kinder oder eine Reise ins Ausland – alles ist leichter, wenn du viele Punkte hast.«

Gegenüber vom Rathaus gab es noch eine Wandtafel – diesmal mit den Spielregeln des Sozialkreditsystems. Der Ort verteilt nicht nur Punkte an seine Bürger, er sortiert sie ein. Er belohnt und bestraft. Die Linientreuen werden reich beschenkt. Aber: Wer sich prügelt oder seine Rechnungen nicht bezahlt, wer zu viel auf ausländischen Webseiten surft, den Müll nicht trennt, bei Rot über die Ampel geht, zu laut Musik hört oder im Restaurant einen Tisch reserviert und dann nicht erscheint – der verliert Punkte. Wer insgesamt zu wenige hat, gilt als nicht vertrauenswürdig. Ihm droht, dass er keinen Kredit oder Sozialhilfe bekommt, keine Flug- oder Zugtickets kaufen kann und sein Kind nicht auf eine staatliche Universität schicken darf. Und ja, in die Partei darf er dann auch nicht.

Im Dorf gab es eine Herrin über die alles entscheidenden Punkte, eine Buchhalterin der Sozialkontrolle. Ich traf sie im Rathaus hinter einem Schreibtisch mit zwei roten Fahnen. Lin Chanhong wusste so viel über jeden im Ort wie niemand sonst. Vielleicht aber wurde auch keine so gefürchtet.

»Für die Punkte gehen wir zu jeder Familie, befragen sie und sammeln Informationen«, sagte Lin Chanhong. »Wir gehen zu jeder Familie, jeder soll seine Meinung über die anderen sagen. Dann beraten wir im Dorfkomitee und wählen die Vorbilder aus.« Im Dorf, sagte Frau Lin, sei jetzt alles viel besser. Sauberer, friedlicher. Viele würden freiwillig einander helfen. Oder ist es nur, fragte ich, weil sie dafür Punkte bekommen? Frau Lin fand, dass meine Frage falsch sei. »Die Partei sagt, wir sollen eine harmonische Gesellschaft schaffen. Dafür haben wir jetzt das Sozialkreditsystem.« Jeder achte nun sehr darauf, wie er sich verhalte und was er sage. »Schau mal, auf unserer Wandtafel gibt es jetzt kaum noch schlechte Nachrichten«, sagte sie. »Alle Leute passen sehr auf.«

Ein paar Kilometer weiter, im Zentrum von Rongcheng, befindet sich der Platz der Redlichkeit. In einem kalten Glaspalast residiert dort das Amt für die Sozialpunkte. Drinnen ein lichter Saal mit Wartebänken wie auf einem Flughafen und viele Schalter, an denen Bürger auf ihre Bescheinigung mit dem Punktestand warteten. Oder sollte man besser sagen: Sie warteten auf das Urteil der Behörde? Wohnungskauf, Schulanmeldung – nichts geht mehr in Rongcheng ohne die Bescheinigung und einen guten Punktestand.

Anderswo regeln Gesetze und der Rechtsstaat das Zusammenleben. Wer angeklagt wird, hat das Recht auf einen Verteidiger und darauf, gehört zu werden. Es gibt einen Richter, der unabhängig sein soll und abzuwägen hat, was gegen, aber auch, was für den Angeklagten spricht. Das ist das Prinzip eines funktionierenden Rechtsstaates, der nur dort eingreift, wo es nötig ist. Der dem Leben der Bürger, ihrer Freiheit Grenzen setzt, um die anderer zu schützen, der aber nicht in ihr Leben eindringt. Auch Chinas KP könnte ihr Ziel, das

Vertrauen in der Gesellschaft zu stärken, schon allein dadurch erreichen, dass sie das willkürliche Rechtssystem tatsächlich unabhängig, fair und verlässlich macht. Aber nur die Leitplanken für das Leben der Bürger vorzugeben, innerhalb derer sie sich frei bewegen können, reicht der Partei nicht. Sie will die Menschen in ihrem Sinne erziehen und damit beherrschen. »Dem Regime hier fehlt es an Selbstvertrauen«, hat mir Zhang Lifan, der unbeugsame Historiker und Mahner Chinas, einmal erklärt. »Sie denken immer, in der Gesellschaft gebe es Menschen, die ihre Macht untergraben wollten. Sie haben große Angst, ihre Macht zu verlieren.«

China und die Zukunft der Überwachung

Was ich in Rongcheng sah, war in vielem noch eine eher krude Form dessen, was Chinas Mächtigen eigentlich vorschwebt. Dort beruhte noch fast alles auf den Menschen, dem alten System, dass jeder den anderen beobachtete und damit überwachte. Rongcheng war Lowtech. Die Zukunft aber wird Hightech sein, eine digitale Diktatur, wie sie die Welt noch nicht gesehen hat. Es geht nicht mehr darum, was der Nachbar gesehen und die Buchhalterin der Sozialpunkte notiert hat. Nun sollen die Augen und Ohren der Überwachung verschmelzen mit denen der Sozialerzieher. Wer bei Rot über die Ampel geht, wer ohne Führerschein fährt oder falsch abbiegt, den erfassen Kameras. Und dank Gesichtserkennung wissen sie dann auch Namen, Personalausweisnummer, Wohnadresse und Arbeitsort. Auf dem Sozialkonto werden folglich Punkte abgezogen. 20 Millionen Überwachungskameras sind bereits in einem landesweiten System zusammengeschlossen. Bald sollen es 200 Millionen sein. Das System hat den

Namen »Himmelsnetz« oder Skynet, das, Zufall oder nicht, an die außer Kontrolle geratene Künstliche Intelligenz der »Terminator«-Filme erinnert. Die Partei scheint keine Angst vor Parallelen zu dystopischen Filmen zu haben. Sie glaubt, Skynet helfe Straftäter zu stellen oder Vermisste schneller wiederzufinden.

Eine entscheidende Rolle beim Aufbau dieser Systeme spielen jene chinesischen Tech-Konzerne, die längst auch bei uns Geschäfte machen. Sie arbeiten Hand in Hand mit Staat und Partei beim Aufbau dieser digitalen Diktatur. Dazu gehören zum Beispiel Dahua und Hikvision, weltweit führende Hersteller von Überwachungskameras oder iFlytek, ein halbstaatliches Unternehmen für Spracherkennung, außerdem Megvii, das auf Gesichtserkennung und maschinelles Lernen spezialisiert ist, und SenseTime, eines der wertvollsten Start-ups der Welt für maschinelles Lernen und Künstliche Intelligenz. Das US-Handelsministerium hat sie im Herbst 2019 auf eine schwarze Liste von Unternehmen gesetzt, die vom Kauf amerikanischer Produkte ausgeschlossen sind. Die USA werfen diesen Firmen vor, mit ihrer Überwachungstechnologie an Menschenrechtsverletzungen insbesondere in Chinas Provinz Xinjiang mitzuwirken. Auf dieser schwarzen Liste stand schon zuvor Huawei, der Konzern, der bei uns in Deutschland gerne beim Ausbau des 5G-Netzes dabei wäre.

Huawei wirbt offensiv mit seinem sogenannten »Safe City«-Programm, einem »automatisierten, intelligenten Polizei-Informationssystem«, das eine omnipräsente Überwachung des öffentlichen Raums gewährleiste, zum Beispiel mit Kameras, Drohnen und Einsatzfahrzeugen. Huawei verspricht die Auswertung riesiger Datenmengen, gemeint sind damit nicht nur Polizeiakten und Daten der Überwachungssysteme, sondern auch Reise- und Hotelbuchungen, Kreditkarteninformationen, Taxiservices und vieles mehr. Ihre Systeme seien in der Lage, zehn Milliarden Datensätze in nur drei Sekunden zu durchsuchen, sagt Huawei. Der Konzern prahlt damit, sein Überwachungssystem sei bereits in mehr als 230 Städten in mehr als 90 Ländern weltweit im Einsatz. Besonders beliebt scheint das Huawei-Produkt in Afrika zu sein, insbesondere bei autoritären Regimen wie in Uganda, Angola und Sambia. So exportiert China die Technik der Überwachung und damit auch seine eigene Überwachungsideologie in die Welt. Es verspricht Regierungen Sicherheit und Stabilität, solange nur genug überwacht, genug Daten gesammelt und ausgewertet werden. Der Machterhalt scheint dank dieser Systeme eine Frage zu sein, die von der Zahl der Kameras und der Fähigkeit der Rechnersysteme abhängt. Peking nennt das »soziale Harmonie« und propagiert es als eine der Säulen seines Aufstiegs zur Weltmacht. Das macht die Systeme in vielen Ländern attraktiv, nicht nur in Afrika, sondern auch in Lateinamerika, Russland, Osteuropa, in der Türkei, im Mittleren Osten sowie in Zentral- und Südostasien.

Die große chinesische Fire-Wall

Ähnlich läuft es im Internet. Auch da arbeiten Chinas Großkonzerne eng zusammen mit den Überwachungsorganen des Landes. Alibaba hat ein Bonitätssystem entwickelt, das nun Teil des Sozialkreditsystems werden könnte. Tencent, das mit WeChat den weltweit beliebtesten Chatdienst betreibt, macht keinen Hehl daraus, dass es Spitzeln und Zensoren Tür und Tor seiner Systeme öffnet. Und Baidu, Chinas Pendant zu Google, ist berüchtigt dafür, dass zum Beispiel sein Internetbrowser massenhaft Daten sammelt und damit ebenfalls den staatlichen Überwachern hilfreich zu Diensten ist.

Früher einmal, in den 2000er-Jahren, glaubten viele im Westen, durch den freien Zugang zu Informationen werde China sich quasi von selbst demokratisieren. Es würde so auf politischer Ebene nachvollziehen, was auf wirtschaftlicher, durch das Experiment mit einem Kapitalismus unter Parteikontrolle, schon vollzogen wurde – die Annäherung an das westliche Modell. Das Internet, so ging die Erzählung, sei viel zu groß und unübersehbar, als dass es von den staatlichen Zensoren überwacht werden könne. Inzwischen ist klar, natürlich hat China genug Zensoren, um alles zu überwachen. Und es hat jene Konzerne auf seiner Seite, die in China das technische Rückgrat des Internets bilden.

Chinas Internet ist nach außen abgeschottet. Mit Suchalgorithmen und enormen Rechnerkapazitäten wird das Netz nach verdächtigen Schlüsselwörtern durchsucht. Man nennt das in Anlehnung an Chinas Große Mauer auch die Große chinesische Firewall. Sie soll den Zugang zu unliebsamen Webseiten, insbesondere aus dem Westen, versperren. Dazu gehören Google, Facebook und Twitter, also die amerikanischen Konkurrenzprodukte der großen chinesischen Internetkonzerne, und natürlich auch internationale Medien wie zum Beispiel die *New York Times*. Auch die Seiten des ZDF wurden immer mal wieder gesperrt. Als eine Dokumentation aus unserem Studio über Chinas Wirtschaftsprobleme auch auf chinesischen Plattformen im Netz verbreitet wurde, wurde unser Film von den Behörden in China verboten. Den Zensurerlass bekam ich ein paar Tage später zugespielt. Es war ein Bildschirmfoto mit einer kurzen Anweisung, dass die Dokumentation in China nicht mehr weiterverbreitet werden dürfe. Ich staunte, als ich das sah. Dass sogar ein Film in deutscher

Sprache den Zensoren auffällt und abgestraft wird, hatte ich nicht erwartet.

Auch Chinas Great Firewall, das abgeschottete und überwachte Internet, lässt sich im Moment noch überwinden. Mit sogenannten Virtual Private Networks (VPN) bekommt man auch in China Zugang zu sonst blockierten Webseiten, kann sich frei und jenseits der Staatspropaganda informieren. VPN sind den Behörden deshalb ein Dorn im Auge, und sie versuchen, ihre Nutzung so weit wie möglich einzuschränken und zu verfolgen.

Erstaunlich ist dennoch, dass auch schon vor dem Verbot die Mehrheit der chinesischen Nutzer die Möglichkeit zum Überwinden von Zensur und Beschränkung nicht nutzte. Im Rahmen einer amerikanischen Studie durften sich chinesische Studenten für eine bestimmte Zeit frei im Internet bewegen. Ziel der Studie war, herauszufinden, was die Nutzer in China interessiert, wenn es keine Verbote gibt. Das überraschende Ergebnis war, dass die meisten Teilnehmer der Studie von sich aus gar nicht auf die Idee kamen, Informationen jenseits der sonst geltenden Verbotslinien zu suchen. Chinas Überwachungssystem hatte also offenbar einen sich selbst verstärkenden Effekt bei den Nutzern. Sie verloren das Gefühl dafür, dass ihnen Informationen vorenthalten wurden, und empfanden deshalb auch von sich aus kein Bedürfnis, die Abschottung zu überwinden.

Natürlich ist die Frage von Überwachung und Datensicherheit kein Problem, das ausschließlich aus China kommt. Bevor ich nach Peking ging, war ich im Berliner Hauptstadtstudio des ZDF vor allem damit beschäftigt, den Überwachungstentakeln des US-Geheimdienstes NSA nachzuspüren. Edward Snowden hatte damals ein Ausmaß des Ausspähens durch die USA auch mithilfe amerikanischer Techkonzerne enthüllt, wie es die meisten kaum für möglich gehalten hatten. Trotzdem: Wer Facebook, Google und Co. auf eine Stufe mit diesen chinesischen Techkonzernen stellt, sollte einen Moment innehalten. US-Konzerne haben einen denkbar schlechten Ruf in Sachen Datenschutz. Und der ist leider auch verdient. Aber sie haben wenigstens so etwas wie Datenschutz, ihre Unternehmen sind Teil einer freiheitlichen Demokratie, deren Rahmen die Gewaltenteilung ist und die auf bestimmten Grundwerten fußt. Bei den chinesischen Techkonzernen gilt all das nicht. Sie sind Teil eines unfreien Systems, in dem Datenschutz verstanden wird als eine Verpflichtung des Bürgers, als eine Bringschuld gegenüber dem Staat, der einen Anspruch auf Zugriff habe. Der entscheidende Unterschied zwischen Pekings Überwachungsdiktatur und der NSA steckt deshalb in einer einfachen Frage: Wollen wir lieber von einer befreundeten Demokratie abgehört werden, mit der wir fundamentale Werte teilen, oder lieber von einer digitalen Diktatur, die erklärtermaßen in einem Systemwettstreit mit uns steht? Beides ist nicht sonderlich erstrebenswert. Aber wenn wir Prioritäten setzen müssten, was uns am bedrohlichsten erscheint, dann wäre die Sache doch eigentlich ziemlich klar.

Der Arm der Diktatur reicht bis zu uns

China fängt gerade erst an, seine wirtschaftliche Macht in eine aggressive Außenpolitik und politischen Druck zu übersetzen. Es weitet damit auch seine Überwachungsmacht aus und den Anspruch, zu bestimmen, was über China gesagt und nicht gesagt werden darf. Wenn ein Manager der amerikanischen Basketball-Liga auf einem Tweet Solidarität mit den Protesten in Hongkong bekundet, setzt Peking die Übertragung von NBA-

Spielen in China ab und verlangt die Absetzung des Managers. Wenn Mercedes in einer Werbung den Dalai Lama zitiert, muss die Firma Abbitte leisten. Wenn Fußballprofi Mesut Özil Solidarität mit den in Xinjiang unterdrückten Uiguren fordert, glaubt sein Verein Tottenham Hotspurs, sich von ihm distanzieren zu müssen. Anschließend sorgt Peking dennoch dafür, dass Spiele Tottenhams in der englischen Premier League nicht gezeigt werden. Der wirtschaftliche Druck ermöglicht ein Meinungsdiktat. Und das betrifft sogar die auf den ersten Blick so unverdächtige klassische Musik.

Im Herbst 2019 protestierten in Hongkong Hunderttausende gegen Pekings Eingriffe und für mehr Demokratie. Nebenan in Macau, ebenfalls eine Sonderverwaltungszone Chinas mit besonderen Freiheiten und Rechten, sollte zu dieser Zeit ein Konzert der Wiener Philharmoniker stattfinden, übertragen von 3sat. Ich sollte die Moderation dafür übernehmen und Interviews führen mit der chinesischen Pianistin, dem Dirigenten und dem Orchestervorstand. Es sollte dabei nicht allein um die Musik, sondern auch um China und die Proteste in Hongkong gehen.

Die Pianistin allerdings winkte sofort ab, sie hatte angeblich keine Zeit. Und der Orchestervorstand der Wiener Philharmoniker ließ ausrichten, dass er ausschließlich Fragen zur Musik beantworten wolle, keine zu China oder Hongkong. Dabei hatte sich das Orchester für das Macau-Konzert selbst als Botschafter des Friedens bezeichnet. Da lag doch die Frage nahe, wie diese Botschaft genau aussah, da gleich nebenan die Polizei auf Demonstrierende schoss. Welche Rolle konnte oder sollte ihre Musik spielen?

Das Orchester aber blieb dabei, dass es keine politischen Fragen beantworten wollte. Wir entschieden uns daraufhin, auf Moderation und Übertragung zu verzichten. Ich weiß nicht, wie das Orchester das am Ende aufgenommen hat. Aber ich kann mir gut vorstellen, warum es sich so verhalten hat. China mit seiner wachsenden, bildungshungrigen Mittelschicht ist weltweit der mit Abstand größte Wachstumsmarkt für klassische Musik. Europa, Nordamerika, selbst Korea und Japan sind weitgehend saturiert und das Wachstumspotenzial begrenzt. Aber China, da ist noch viel zu holen für Orchester von Weltrang. Wahrscheinlich dachte der Orchestervorstand beim Versuch der Fragenvereitelung auch an andere Beispiele, an Popstars wie Katy Perry, die nicht mehr nach Chinas einreisen durfte, nachdem sie sich bei einem Konzert als Unterstützerin Taiwans geoutet hatte. Lady Gaga, Björk, Oasis und Selena Gomez wiederum kamen für ihr Eintreten für Tibet auf die schwarze Liste. Immer geht das einher mit einer Propaganda gegen die Künstler, dem Versuch, sie vollständig aus dem chinesischen Markt zu verbannen. Das offensichtlich wollten die Wiener um jeden Preis umgehen, dann schon lieber nur über Musik sprechen und in China weiter gut verdienen.

Das Schönreden, Verharmlosen und die Zensur der Diktatur sind also längst auch bei uns angekommen. Der Wettstreit der Systeme zwischen Demokratie und Diktatur spiegelt sich wider in dem Versuch Pekings, die Deutungshoheit zu erlangen über Debatten in Europa. Chinesische Botschafter sind inzwischen dazu übergegangen, aggressiv gegen Medien in Europa vorzugehen, die aus ihrer Sicht zu kritisch über China berichten. In Dänemark etwa verlangte die chinesische Botschaft eine Entschuldigung von der Zeitung *Jyllands-Posten*, weil sie eine Karikatur abgedruckt hatte, auf der die gelben Sterne auf Chinas Flagge durch gelbe Coronaviren ersetzt worden waren. Man muss dazu wissen: Der große Stern steht für die Partei, die vier kleinen für die vier Klassen des Landes. Dass die allmächtige Partei ersetzt wurde durch das Virus, dass sie damit sinnbildlich verantwortlich gemacht wurde für dessen weltweite Ausbreitung, das war für Chinas Botschafter offenbar zu viel. Das Versagen bei der Eindämmung von Corona sollte auch außerhalb Chinas nicht thematisiert werden. Und genau das ist die neue Qualität der chinesischen Zensur und Überwachungspolitik. Sie versucht, die Maßstäbe und Regeln einer Diktatur auf andere Länder zu übertragen – auch bei uns in Europa. Dieser schleichende Prozess, der unterlegt ist mit dem ganzen wirtschaftlichen Gewicht Chinas und unserer Abhängigkeit davon, beginnt bei der Verbreitung von Informationen, also bei den Medien. Um zu verstehen, was da auf uns zukommt, ist es also wichtig, sich genauer anzuschauen, wie man aus China berichtet und welche Vorstellungen Chinas KP selbst von Medien hat.

8 Kann man aus China frei berichten?

China ist eines der Länder, die weltweit am wenigsten freie Berichterstattung erlauben. Auf der Rangliste der Pressefreiheit, die Reporter ohne Grenzen jedes Jahr veröffentlicht, landet China auf Rang 177. Das ist der viertletzte Platz, dahinter kommen nur noch Eritrea, Nordkorea und Turkmenistan. Dutzende Journalisten und Blogger sind in China inhaftiert. Kann man als deutscher Fernsehjournalist aus so einem Land überhaupt frei berichten? Kann man reisen? Werden Berichte für die Abendnachrichten in Deutschland vorab von staatlichen Behörden zensiert?

Man kann reisen, und ausländische Journalisten schicken ihre Fernsehbeiträge und Artikel direkt an ihre Redaktionen zu Hause, nicht an eine chinesische Behörde. Die Schwierigkeiten in China als ausländischer Journalist sind andere – und sie sind nicht weniger bedrückend, risikoreich und manchmal auch bedrohlich. Was mich besonders beunruhigt: Die chinesische Propaganda und der Druck auf Medien und Journalisten sind nun auch auf dem Weg zu uns nach Deutschland.

Eine Möglichkeit der Zensur, die China nutzt, ist der Versuch, unliebsame Beiträge zu verhindern, manchmal sogar mit Gewalt. So erging es meinem Team und mir, als wir eine Geschichte recherchierten über den Machtmissbrauch der Parteikader, ihre Bestechlichkeit und Kungelei mit einflussreichen Wirtschaftsbaronen. Wir reisten dazu nach Lüliang, knapp

700 Kilometer südwestlich von Peking. Über die kargen Hügel pfiff ein eisiger Wind. Anfang März lag noch Schnee auf dem Pfad vor uns, auf dem der alte Gao Zhiguang langsam und gebückt bergan ging. Als der Weg wieder abfiel, blieb er stehen und zeigte ins Tal. Da unten lag die Kohlemine Zhao-Pan-Zhuang, die ihm mal gehört hatte. Wir erkannten tunnelgroße Löcher im Berg, Lkw, die auf einem Vorplatz warteten. Kohle war über Jahre der Treibstoff für Chinas Wirtschaftsboom. Wer in der Region eine Mine besaß, der hatte die Lizenz zum Gelddrucken. Gao aber hatte seine Mine verloren, gerade als sie Profit abzuwerfen begann. Ein hoher Apparatschik, der für die Kohleindustrie im Bezirk zuständig war, hatte sie ihm weggenommen und an einen Verwandten verkauft. In Lüliang sagten sie: Wo eine Mine ist, da ist auch Korruption.

Für unsere Kamera war der Blick von oben zu weit weg. Wir wollten näher ran und fuhren runter zum Eingang der Mine. Aber weiter kamen wir nicht, die Wachleute beim Tor zwangen uns, umzudrehen. Minuten später, auf halbem Weg bergan, schossen uns zwei dunkle Vans entgegen und blockierten den Weg. Ein knappes Dutzend Männer stürzte heraus. »Türen verschließen«, brüllte unser Fahrer. Die Männer, kräftig und drohend, umstellten unseren Wagen, rüttelten an den Türen. Wir versuchten, die Polizei anzurufen. Jemand hob ab und legte gleich wieder auf. Wir waren 30 Kilometer von Lüliang entfernt, mitten in einer einsamen Berggegend, und wurden ganz offensichtlich von der Schlägertruppe der Mine bedroht. Weil wir uns weiterhin weigerten, auszusteigen, begannen die Männer auf die Scheiben unseres Wagens einzuschlagen.

Es dauerte über 40 Minuten, bis die Polizei doch erschien. Aber statt uns vor den Angriffen zu schützen, erklärten mir die Polizisten: »Die lassen euch nur weiter, wenn ihr eure Aufnahmen rausgebt.«

139

Ich war sprachlos, aber die Sache schien klar. Die Polizei stand auf Seiten der Schläger. Vor ihren Augen mussten wir zwei Speicherkarten löschen. Glücklicherweise schien niemand zu merken, dass sie leer waren, weil wir die Karten mit unserem eigentlichen Drehmaterial vorher in Sicherheit gebracht hatten. Sie ließen uns fahren. Wir hielten erst wieder an, als wir die Bezirksgrenze hinter uns gelassen hatten.

Pressefreiheit auf dem Papier – nicht in der Praxis

Lüliang war ein besonders gefährlicher Vorfall. Aber Ähnliches passierte uns in regelmäßigen Abständen bei Dreharbeiten in China. Eigentlich hätte das nicht sein dürfen. Zumindest auf dem Papier hat sich China in den letzten Jahren internationalen Medien geöffnet. Seit den Olympischen Sommerspielen in Peking 2008 dürfen sich ausländische Reporter dem Grundsatz nach im Land frei bewegen. Wir können Interviews führen, mit wem wir wollen, vorausgesetzt, der Gesprächspartner ist damit einverstanden. So jedenfalls sehen es die Regularien des chinesischen Außenministeriums für internationale Journalisten vor. In der Praxis aber gilt etwas ganz anderes. In der Praxis entscheiden Staat und Partei, ob ihnen eine Geschichte passt oder nicht. Ob wir ein Interview führen können, hängt dann oft nicht vom Einverständnis des Gesprächspartners ab, sondern davon, wie gut wir unser Treffen verheimlichen können. Oder umgekehrt, davon, wann Stasi und Polizei davon Wind bekommen. Dann konnte es uns so ergehen wie an einem staubig-kalten Märztag 2016 in Heilongjiang im Nordosten Chinas. Auch dort ging es um eine Kohlemine. Die Arbeiter waren auf die Straße gegangen, hatten lautstark protestiert, weil ihnen Lohn vorenthalten worden war. Die Mine, diesmal ein Staatsbetrieb, war in wirtschaftlichen Schwierigkeiten und hatte die Gehälter von einem Monat auf den anderen um 80 bis 90 Prozent gekürzt. Im Auto, das uns vom Flughafen abholte, sah ich Videos von einer Demonstration ein paar Tage zuvor, bei der die Polizei auf Arbeiter einprügelte oder sie wegschleppte. Unser Fahrer war angespannt. Zweimal wechselten wir den Wagen, um mögliche Verfolger abzuschütteln. Es war nicht schwer, Arbeiter zu finden, die mit uns reden wollten. Fast unmöglich aber war es, dabei unbemerkt zu bleiben. Am Ende saßen wir in der kargen Wohnung einer Arbeitersiedlung. Zwei Zimmer, Betonboden und auf dem kleinen Plastiktisch die Lohnzettel. Plötzlich verdienten sie für ihre Arbeit nur noch umgerechnet 20 Euro pro Monat. Die Arbeiter waren empört, verzweifelt. Wie sollten sie damit ihre Familien ernähren, das Schulgeld für die Kinder bezahlen – wie sollten sie damit überleben? Es kamen immer mehr Arbeiter in die kleine Wohnung, legten auch ihre Lohnzettel auf den Tisch. »Ihr müsst das erzählen«, bedrängten sie uns, »ihr müsst der Welt erklären, was hier passiert, was die Firma mit uns macht.«

Eine halbe Stunde hatten wir Interviews mit den Arbeitern geführt, als plötzlich eine Gruppe groß gewachsener, muskulöser Männer in die kleine Wohnung stürmte. Sie brüllten die verängstigten Arbeiter an, zwangen uns, die Wohnung zu verlassen und draußen in wartende Autos zu steigen. Sie fuhren uns zur Firmenzentrale, wo wir lange warteten, ehe wir erneut in die Autos steigen mussten. Die Fahrt ging über Land. Wir wussten nicht, was passieren würde. Wir saßen hinten in den Autos und schickten unseren Kollegen in Peking alle paar Minuten unsere Koordinaten. Es fühlte sich gut an, wenigstens etwas tun zu können, der Situation nicht völlig ausgeliefert zu sein. Die Autos hielten vor der Parteizentrale des Bezirks. Das war offiziell und schon mal beruhigend. An einem langen Konferenztisch saß die Parteisekretärin. Ich musste ihr gegenüber Platz nehmen. Hatten wir uns bislang wie Häftlinge gefühlt, sah ich mich nun in der Rolle des Diplomaten wieder. Wir versicherten uns der gegenseitigen Hochachtung und darin, dass offenbar ein Missverständnis vorlag. Irgendetwas musste passiert sein in den Stunden, seit wir aus der Wohnung gezerrt worden waren. Hatten uns die Alarmanrufe unserer Kollegen in Peking bei der deutschen Botschaft und beim chinesischen Außenministerium geholfen?

Ich habe es nie erfahren. So wie ich auch sonst nie erfuhr, warum man uns manchmal gewähren ließ, bei anderer Gelegenheit aber beschimpfte, schikanierte, festhielt, unser Drehmaterial löschte. Was Peking den internationalen Medien für die freie Berichterstattung versprach, hatte wenig mit dem zu tun, was meinen Alltag und den meiner Kollegen in China so schwierig und oft auch ernüchternd machte.

Bei meinen Telefonaten war es regelmäßig so, dass ich entweder zuerst nicht durchkam oder das Gespräch nach wenigen Minuten abbrach. Es blieb uns wenig anderes übrig als darüber zu scherzen, dass unsere Abhörer offenbar eine Pause brauchten. WeChat-Nachrichten, die sensible Wörter enthielten, kamen oft gar nicht an. Meine E-Mails wurden offenbar auch gehackt. Ich staunte jedenfalls nicht schlecht, dass eine Kollegin in Mainz auf eine Mail von mir antwortete, diese Antwort aber nie bei mir ankam. Wir fanden heraus, dass ihre Mail tatsächlich nicht an mich gegangen war, sondern an ein chinesisches Kulturinstitut, das in Deutschland Propaganda im Sinne Pekings macht. Die Folge dieser Überwachung war, dass unsere Recherchen und Drehreisen schon vorab den Behörden bekannt waren. So wurden wir am Flughafen oft von Spitzeln erwartet. Und Interviewpartner wurden unter Druck gesetzt, nicht mit uns, den ausländischen Medien, zu sprechen.

Razzien gegen Interviewpartner

Im Lauf meiner Jahre in Peking waren immer weniger Interviewpartner bereit, öffentlich etwas zu sagen oder gar Kritik zu üben. Und ich konnte das gut verstehen. Viele von ihnen dachten mit Sorge zum Beispiel an Zhou Shifeng und die anderen Menschenrechtsanwälte, die Anfang Juli 2015 zusammen mit Mitarbeitern in einer groß angelegten Razzia festgenommen worden waren. Ein paar Tage vorher saß ich mit Zhou noch zusammen im Din Tai Fung, dem Restaurant mit den besten Teigtaschen in Peking. Wir unterhielten uns über unsere Lieblingsfüllung und über seine Arbeit. Zhous Kanzlei Fengrui war eines der bekanntesten Anwaltsbüros für Menschenrechtsfälle, eines der ganz wenigen, die es wagten, politisch heikle Fälle anzunehmen, wie etwa die von Ai Weiwei oder von Ilham Toti, dem uigurischen Gelehrten, der seit Jahren im Gefängnis sitzt und 2019 in Abwesenheit den EU-Menschenrechtspreis erhielt. Zhou hatte auch die Verteidigung von Zhang Miao übernommen, einer Mitarbeiterin der Wochenzeitung *Die Zeit*, die nach einer Solidaritätsadresse für die Proteste in Hongkong verhaftet und neun Monate ohne Anklageerhebung festgehalten wurde.

Zhou war guter Laune an diesem Tag, er mochte die Teigtaschen, besonders die mit Schweinefleisch. Er lachte viel, das tat er meistens, als würde damit auch der Druck weniger, unter dem er und seine Kanzlei zunehmend standen. Ständig sah er sich mit Drohungen konfrontiert, dass man ihm wegen der Verteidigung von Menschenrechtlern, Umweltaktivisten, Journalisten und Autoren die Anwaltslizenz entziehen könnte. Aber ich erinnere mich noch an den einen Moment, als er plötzlich still und nachdenklich wurde, als die Lachfalten hinter seinen eckigen Brillengläser erstarrten und er für einen Augenblick abwesend auf den Tisch mit den Dampfkörben, den Essigschalen und dem Ingwer blickte, bevor er sich langsam Chrysanthemen-Tee nachschenkte. Ich hatte ihn gefragt, ob er sich angesichts der zunehmenden Repressionen selbst Sorgen mache. Zhou trank einen Schluck, dann sagte er:»Nein, eigentlich mache ich mir keine großen Sorgen. Wir haben immer wieder Probleme. Aber wir wissen, wo die rote Linie verläuft. Solange wir die nicht überschreiten, ist alles okay.«

Was weder Zhou noch andere der mutigen Menschenrechtsanwälte ahnten, war, dass diese rote Linie unter Xi Jinping gerade verschoben wurde. Dass in dem Moment, da wir im Teigtaschen-Lokal beisammensaßen, anderswo gerade der große Schlag gegen ihn und andere Anwälte vorbereitet wurde. Dass dies für lange Zeit eines seiner letzten Mittagessen in Freiheit sein würde. Zhou und seine Kollegen nahmen Staat und Partei beim Wort. Sie waren keine Revolutionäre, sondern beriefen sich auf die in Chinas Verfassung verankerten Menschenrechte und auf die internationale Menschenrechtscharta, die China ebenfalls unterzeichnet hatte. Die nach dem Datum der Verhaftungswelle benannte 709-Razzia aber zerstörte jede Hoffnung darauf, dass in China eine Art Rechtsstaat entstehen könnte.

Zhou blieb über Monate verschwunden. Niemand wusste genau, wo er festgehalten wurde. Wir vermuteten ihn im Gefängnis von Tianjin, der Hafenstadt bei Peking, dessen graue Mauern und Wachtürme wir nur heimlich aus dem fahrenden Auto drehen konnten. Irgendwann brachte der Staatssender CCTV eine angebliche Enthüllungsgeschichte, in der Zhou und anderen Anwälten »Unterwanderung des Staates« vorgeworfen wurde. Man sah sie in schwarzen T-Shirts, wie sie mit leerem Blick Sätze sprachen, die auswendig gelernt wirkten und mit denen sie sich selbst und andere bezichtigten. Es war ein Schautribunal der übelsten Art, das Chinas Staatsfernsehen da veranstaltete, eine Verurteilung, ja eine Zerstörung der Persönlichkeit vor den Augen des ganzen Landes – und das alles, noch bevor überhaupt ein Prozess begonnen hatte. Zhou wurde ein Jahr nach der Razzia zu sieben Jahren Haft verurteilt. Es gab weitere Schauprozesse gegen andere Anwälte und weitere Verhaftungen. Polizei und Stasi nahmen nun auch die Familien der Anwälte ins Visier: die Ehefrauen und Eltern, die nach ihren Männern und Söhnen fragten. Li Wenzu, die Frau des Anwalts Wang Qanzhang, kam unter Hausarrest, weil sie es gewagt hatte, öffentlich an ihren Mann zu erinnern, der seit Jahren verschwunden war. Ihre Kinder durften nicht in den Kindergarten. Und vor ihrer Wohnung versammelten sich feixende Nachbarn, die sie und ihre Freunde beschimpften. Um die Eltern des Anwalts Jiang Tianyong zu treffen, mussten wir in einem Katz-und-Maus-Spiel ihre Überwacher überlisten. Das Interview fand am Ende auf einem Feldweg in der Nachbarprovinz statt, und wir sahen uns immer wieder um, ob uns nicht doch jemand gefolgt war.

Drohungen ohne Absender

Besonders schwierig war die Berichterstattung aus sensiblen Provinzen wie der Grenzregion zu Nordkorea und aus Xinjiang, wo die muslimische Minderheit der Uiguren von einer Mehrheit der Han diskriminiert und unterdrückt wurde. Die zunehmende Repression der Uiguren spiegelte sich darin, dass es fast unmöglich wurde, aus Xinjiang irgendwie zu berichten. In dem Moment, da wir in Kaschgar oder in Ürümqi landeten, warteten unsere Aufpasser schon auf uns. Von da an waren wir ständig umgeben von Polizei, Beamten und Stasi. An den vielen Checkpoints nahmen mir Uniformierte das Smartphone ab und gingen meine Nachrichten und Fotos durch. Bei meinen Notizbüchern war ich mir nicht sicher, was sie damit bei meiner Handschrift anfangen wollten, aber auch die blätterten sie durch. Die Komplettüberwachung führte dazu, dass wir mit niemandem mehr ein vernünftiges Gespräch führen konnten. Es wäre für den Interviewpartner auch viel zu gefährlich gewesen.

Nach kritischen Berichten über Chinas Machthaber hatten wir nachts, wenn niemand mehr da war, auch häufig Besuch in unserem Studio in Peking. Wir merkten das daran, dass am nächsten Morgen im Schnittraum Monitore ausgesteckt waren oder andere Geräte nicht mehr liefen. Ganz hinten in den Kabelschränken waren dann Stecker vertauscht oder herausgezogen. Manchmal fanden wir den Fehler gleich, manchmal dauerte es einen halben Tag, bis wir wieder sendefähig waren. Die nächtlichen Besuche, das wusste in Peking jeder, waren Botschaften von Chinas Staatssicherheit. Sie sollten uns signalisieren: Wir beobachten euch; wenn wir wollen, können wir euch auch ganz abschalten. Es waren Drohungen ohne Absender, abgestuft je nach Bedarf und jederzeit zu leugnen.

Manchmal habe ich mich deswegen beim Außenministerium beschwert, das für uns ausländische Journalisten zuständig ist. Wie konnte es sein, dass so etwas passierte, während
China vor aller Welt behauptete, wir könnten frei aus dem
Land berichten? Es war eigentlich eine müßige Frage. Aber
so konnte ich zumindest für einen Moment den Spieß umdrehen. Sonst waren wir es immer, die befragt oder vernommen
wurden – auch im Außenministerium, wo wir einmal im Jahr
unsere Pressekarte verlängern mussten. Das war kein rein for-
maler Vorgang, denn die Arbeitserlaubnis, das Visum für das
nächste Jahr konnten jederzeit und ohne weitere Erklärung
nicht neu ausgestellt werden. Dann musste man das Land verlassen. Das war der Subtext, wenn mich Mitarbeiter des Außenministeriums vorab zu Tee oder Kaffee in einem Shopping-
center neben dem Ministerium treffen wollten. Dass es keine
leere Drohung war, wussten und sahen wir. Immer wieder
wurden Visa nicht verlängert. Im Sommer 2019 traf es einen
Reporter des *Wall Street Journals* (WSJ), im Februar 2020
drei weitere WSJ-Reporter. Mindestens ein Dutzend Korrespondenten erhielt zuletzt nicht mehr die üblichen Visa für ein
Jahr, sondern nur für ein paar Monate. In einer Umfrage unter
internationalen Korrespondenten kommt der Foreign Correspondents Club China (FCCC) Anfang 2020 zu dem Schluss,
dass Chinas Behörden Visa zunehmend als Waffe gegen ausländische Medien nutzten. Seit Mao Zedongs Zeiten habe es
keine so dreisten Versuche gegeben, unliebsame Medien einzuschüchtern und abzustrafen.

Im Grundsatz ist das Problem, das dahintersteht, ein völlig
unterschiedliches Verständnis davon, was Medien leisten, welche Aufgabe sie übernehmen sollen. Für meine Kollegen und
mich war zentral, dass Medien eine Wächterfunktion haben,
dass wir aufklären und Geschichten erzählen, die sonst nicht

erzählt werden würden. Dass wir jenen zuhören, die sonst kein Gehör finden. So wie bei den Kohlearbeitern in Heilongjiang. Aber natürlich war das nicht alles. China war so groß und vielfältig, dass wir auch davon erzählten. Es ging also um das Schöne wie das Dunkle, um Yin und Yang, wenn man so will. Also um einen Ansatz, der China eigentlich nicht hätte fremd sein dürfen.

Chinas Medien als Propagandafront

Chinas KP sah das schon immer anders, aber in den letzten Jahren ist die Unduldsamkeit und Unterdrückung freier Berichterstattung noch deutlich schlimmer geworden. In China sollen Medien keine aufklärerische Funktion übernehmen, schon gar nicht sollen sie eine Art Frühwarnsystem sein, das rechtzeitig auf Gefahren und Fehler hinweist. Was Xi Jinping erwartete, das zeigte er im Februar 2016, als er die drei großen Staatsmedien Chinas besuchte und den Mitarbeitern dort ins Stammbuch schrieb, sie seien »die Propaganda-Front« und müssten »die Partei als ihren Familiennamen« tragen. Ihre Aufgabe sei es, »den Willen der Partei und deren Vorschläge zu verbreiten sowie die Autorität der Partei und ihre Einheit zu schützen«.

Wer zuvor noch irgendeinen Zweifel hatte, dass Chinas Medien zuallererst Sprachrohr der Partei waren, sah sich nun eines Besseren belehrt. Dem Besuch Xis begegneten die Redaktionen der Staatsmedien mit Lobgedichten und Ehrerbietungen, als handelte es sich um einen Halbgott. Schon lange vorher verging kein Tag, an dem es auf den Titelseiten nicht um Xi ging. Im September 2019 wurde dann bekannt, dass chinesische Journalisten in Zukunft für die Erneuerung ihrer

Pressekarte einen Test über Xis Denken und seine sozialistischen Lehren absolvieren mussten. In einem Teil werden die Redaktionen dabei auch abgefragt über Xis »wichtige Gedanken zur Propaganda«. Es wäre schon der zweite Test in politischer Linientreue, denn seit 2013 mussten Chinas Journalistinnen und Journalisten für ihre Pressekarte einen Test absolvieren, in dem es unter anderem darum ging, die »journalistischen Ideale des Marxismus mit mehr Bewusstsein hochzuhalten«.

Die chinesische Vorstellung von Medien als Propagandainstrument im Dienste der Partei kommt nun auch zu uns. Der ehemalige Chef der staatlichen Nachrichtenagentur Xinhua, Li Congjun, propagierte schon 2011 im *Wall Street Journal* eine »neue Weltordnung der Medien«. Chinas Stimme werde nicht genügend gehört und »entspreche nicht seinem internationalen Standing«. Peking hat seitdem Milliarden Euro investiert in seine internationalen Rundfunksender. CGTN, der internationale Ableger des Staatssenders CCTV, hat in den letzten Jahren seine internationale Präsenz massiv ausgebaut. In London eröffnete CGTN im Dezember 2018 ein neues Europabüro mit rund 90 Mitarbeitern, das auch für Deutschland zuständig ist. Ähnliche Büros gibt es in Washington und Nairobi. China trifft hier mit seinem Auslandssender auf weit mehr Offenheit, als es selbst zu geben bereit ist, denn Deutschlands Auslandssender, die Deutsche Welle, darf in China seit Jahren kein Büro unterhalten. Ein Bericht von Reporter ohne Grenzen aus dem Jahr 2019 warnt davor, dass Chinas mediale Ausdehnung eine Bedrohung sei, nicht nur für freie Medien, sondern auch für Demokratien.

CGTNs englisches Newsprogramm kommt auf den allerersten Blick wie die chinesische Version von CNN daher. Doch schnell merkt man, von woher der Wind weht. Wenn CGTN über Deutschland oder Europa berichtet, dann geht es meistens um eine überforderte EU, um den Brexit und darum, wie ineffizient und überlastet das politische System angeblich ist. Der eigenen Bevölkerung und der Welt soll vor Augen geführt werden, dass jenseits der Grenzen Chinas die Dinge nicht so gut laufen und dass sich glücklich schätzen kann, wer in China unter der Diktatur der Kommunistischen Partei leben darf. CGTNs Kernaufgabe also ist die Chinapropaganda, das Verkünden von Pekings reiner Lehre: zu den Protesten in Hongkong (radikale Gewalttäter, die vom Westen finanziert werden), den Vorwürfen wegen der Inhaftierung von über einer Million Uiguren in Xinjiang (Umerziehung in Berufsbildungszentren zum Wohle der Betroffenen) oder Chinas vom Internationalen Strafgerichtshof geächteter Landnahme im Südchinesischen Meer (Chinas rechtmäßige Ansprüche).

Bei einem Abendessen in einem Pekinger Hutong traf ich einmal eines der Aushängeschilder von CGTN. Liu Xin ist die Anchorfrau der abendlichen Politdiskussion »The Point«. Wer immer bereit ist, als westlicher China-Kritiker darin aufzutreten, darf als mutig gelten, denn er muss davon ausgehen, in der Minderheit zu sein – nicht nur gegenüber den chinesischen Teilnehmern, die in der Regel die Parteilinie vertreten, sondern auch gegenüber der Moderatorin, die ihre angeblich unparteiische Rolle schnell fallenlässt, wenn es aus ihrer Sicht darauf ankommt.

Liu Xins besonderes Interesse gilt Themen, bei denen China aus ihrer Sicht Unrecht geschieht vonseiten des Westens und ein angebliches China-Vorurteil sichtbar wird. Sie kann sich echauffieren über einen BBC-Reporter, der es gewagt hat, Delegierte des Nationalen Volkskongresses über das Verhältnis Chinas zu Nordkorea und zu Kim Jong-un befragen zu wollen. Im Handelsstreit mit den USA feuerte sie nationalistische Aufwallungen in China an mit Attacken gegen eine besonders Trump-treue Moderatorin des US-Senders Fox News, mit der sie sich dann auch noch ein Fernsehduell lieferte. Und in der Corona-Krise schien sie besonders damit beschäftigt, Fragen nach der Verantwortung Chinas an der Ausbreitung der Pandemie zu bekämpfen.

Liu Xin, die mehrere Sprachen, darunter auch etwas Deutsch, spricht, ist ein Musterbeispiel dafür, wie China seine Meinungsmacht weltweit geltend machen will. Sie erscheint als Weltbürgerin, ist aber doch zuallererst eine Parteisoldatin, genau so, wie es die KP von Chinas Journalisten fordert. Auch an diesem Abend im Hutong konnte sie diese Parteirolle nicht ganz ablegen und wollte eine Umfrage starten, ob Peking Chinas Minderheiten zu viele Sonderrechte einräume. Darauf musste man angesichts der brutalen Unterdrückung von Tibetern und Uiguren erst mal kommen.

Die Europa-Offensive der China-Propaganda

Seit Jahren versucht Chinas Staatssender CCTV Kooperationen mit deutschen Fernsehsendern aufzubauen. Das Kalkül scheint zu sein, dass CCTV in Europa damit von der journalistischen Reputation der Sender profitieren könne. Chinas Staatssender würde damit weniger als Sprachrohr der allmächtigen Partei wirken und seine Botschaften würden möglicherweise eher aufgenommen. Die Versuche waren bislang wenig erfolgreich. Nur der Norddeutsche Rundfunk (NDR) produziert seit 2017 zweimal im Jahr gemeinsam mit CGTN eine Gesprächssendung. Der Erkenntnisgewinn ist beschränkt, aber für Chinas Auslandssender und dessen Moderator Yang Rui ist es eine willkommene Bühne. Yang ist mit seinem CGTN-

Programm »Dialogue« das Pendant zu Liu Xin. Er ist wie sie ein aufrechter Parteisoldat, der im Gewand des Journalisten daherkommt, dabei aber immer wieder mit einem aggressiven China-Nationalismus auffällt. Auch bei den Co-Moderationen mit dem Chefredakteur des NDR, Andreas Cichowicz, ist Yang weniger Moderator als China-Verteidiger. CGTN scheint dabei auch wesentlich die Themen zu bestimmen. Bei einer Sendung im Juni 2019 in der Hafenstadt Guangzhou, gegenüber von Hongkong, wurden die Massenproteste gegen Pekings Einflussnahme, die dort zur gleichen Zeit stattfanden, weiträumig umschifft. Das muss man erst mal schaffen.

Chinas Bemühungen, unliebsame Themen unter den Teppich zu kehren und seine eigene Sicht weltweit zu propagieren, stützt sich auch auf Helfer in Europa, auf China-Schönredner. Die *Süddeutsche Zeitung* berichtete Anfang 2020 von einem Medienprojekt, das sich »Chinareporter« nannte. Entworfen hatten es Wolfgang Hirn, ehemaliger Reporter des *Manager Magazins,* und Georg Blume, Autor bei *Spiegel Online* und der *Zeit.* Ziel des »Chinareporters« sollte sein, »den Deutschen ein besseres China-Bild zu vermitteln«, so Chinas damaliger Botschafter Shi Mingde in einem Brief an deutsche Dax-Konzerne und Stiftungen, in dem er Anfang 2019 um finanzielle Unterstützung für das Projekt bat. »Ich vertraue beiden, weil sie keine unkritischen Geister sind und alle Regeln der aufgeklärten deutschen Öffentlichkeit beherrschen, dass sie das China-Bild in Deutschland dauerhaft beeinflussen und objektiver gestalten können«, schrieb Shi laut dem SZ-Bericht. Es war ein Plan ganz nach dem chinesischen alten Sprichwort: »Kommt man in ein fremdes Land, fragt man nach seinen Sitten.« Oder kurz: »Mach es wie die Einheimischen.« In diesem Fall sollten einheimische Journalisten offenbar Chinas Propaganda Glaubwürdigkeit verleihen.

Aus dem Projekt wurde am Ende nichts. Wolfgang Hirn aber, einer der Initiatoren des »Chinareporters«, ist auch Mitglied eines Vereins, der sich »China-Brücke e.v.« nennt und Ende 2019 unter der Nummer VR 9149 P ins Potsdamer Vereinsregister eingetragen wurde. Vereinsvorsitzender ist Bundestagsvizepräsident Hans-Peter Friedrich (CSU). »Die China-Brücke soll nach dem Vorbild der Atlantik-Brücke für die USA Kontakte auf wirtschaftlicher, politischer und zivilgesellschaftlicher Ebene zwischen Deutschland und China stärken«, sagte Friedrich. In Berlin rätseln viele darüber, warum der ehemalige Bundesinnenminister eine offenbar schon lange bestehende Chinaaffinität neu für sich entdeckte. Sicher ist, dass für Peking und die chinesische Botschaft in Berlin ein hochrangiger Chinafürsprecher höchst willkommen ist. In einem Interview mit dem Parteiblatt *People's Daily* verteidigte Friedrich im Mai 2020 zum Beispiel Chinas umstrittene Corona-Politik. »Zum heutigen Zeitpunkt lässt sich nur feststellen, dass China für seinen Kampf gegen das Virus Lob verdient hat«, so der Bundestagsvizepräsident. Chinas Botschaft freut das. Sie soll sich auch schon sehr für den Verein eingesetzt haben.

Ziel all dieser Vorstöße ist immer das gleiche: Die als zu kritisch wahrgenommene Berichterstattung von uns westlichen Journalisten aus China soll konterkariert werden mit einer eigenen Pekinger Erzählung. Damit sie glaubwürdig erscheint, braucht es westliche Helfer und eine Verpackung, die zumindest so tut, als handle es sich um unabhängigen Journalismus. Was dabei trotz allem aber immer hervorbricht und die eigenen Bemühungen diskreditiert, ist ein zunehmend aggressiver Nationalismus Chinas, der sich gegen den Westen als vermeintlichen Widersacher wendet. Qualität und Schärfe dieses China-Nationalismus sind neu und sollten uns besorgen.

9 Warum der chinesische Nationalismus gefährlich für uns ist (und nicht nur für die Menschen in Tibet und Xinjiang)

Die Herrschaft von Chinas Kommunistischer Partei ruht im Wesentlichen auf zwei Säulen: erstens dem Wohlstand, den Chinas Wirtschaftsaufschwung Hunderten von Millionen Menschen im Land gebracht hat, und zweitens einem Nationalismus der Han-Chinesen, der sich insbesondere gegen einen angeblich feindlich gesinnten Westen richtet. Befeuert wird dieser Nationalismus durch eine Staatspropaganda, die den Gegensatz betont zwischen dem Sozialismus chinesischer Prägung, der eine nationale Erneuerung bringen soll, und einer angeblich dekadenten und im Niedergang begriffenen westlichen Kultur.

Chinas Wirtschaftsaufschwung war bislang die prägende Legitimation für die Herrschaft der Kommunistischen Partei. In dem Maße aber, in dem die Wachstumsraten in China zurückgehen, wird Chinas Nationalismus nach vorne treten und unser Verhältnis mit China auf eine Weise belasten, wie wir es bislang noch nicht kennen.

Einmal Ausländer, immer Ausländer

Wenn ich mit meiner Familie in China unterwegs war, kam es oft vor, dass Erwachsene oder kleine Kinder auf uns zeigten und riefen: *Wàiguórén*, Ausländer! Das war nicht böse gemeint, aber es war eine lautstarke Kennzeichnung, die eigentlich unnötig war, weil jeder sah, dass wir ganz anders aussahen als alle anderen. Meine Kinder störte es zunehmend, dass sie in all den Jahren immer die *wàiguórén* waren, und sie nahmen sich vor, dass sie, sobald wir wieder in Deutschland wären, den Spieß umdrehen würden. Sobald sie Chinesen in Deutschland sahen, wollten sie selbst *wàiguórén* rufen. Sie hatten nur eines dabei nicht bedacht: Selbst wenn Chinesen nicht in China sind, sind alle anderen nach wie vor *wàiguórén*.

Es ist ein Konzept, das die Zugehörigkeit oder Nichtzugehörigkeit zu einer Gruppe definiert, völlig unabhängig davon, wo man sich gerade befindet. Diese Zugehörigkeit ist bestimmt qua Geburt. Wer drin ist, bleibt drin, wer draußen ist, bleibt es auch. Zwar gibt es ein Gesetz, das Einbürgerungen von Ausländern formal ermöglicht. Aber selbst wer mit einer Chinesin verheiratet ist und seit Jahrzehnten im Land lebt, wird sich sehr schwertun, einen chinesischen Pass zu bekommen. Umgekehrt sind Chinesen, die das Land verlassen haben, aus Pekings Sicht nach wie vor Chinesen – selbst wenn sie inzwischen schwedische, deutsche oder amerikanische Staatsbürger sind und den chinesischen Pass aufgegeben haben.

Chinas Nationalismus gründet auf der Gruppe der Han-Chinesen, die mit über 90 Prozent den mit Abstand größten Anteil im Land ausmachen. Mit insgesamt rund 1,3 Milliarden Menschen sind die Han sogar die größte Bevölkerungsgruppe weltweit. Die allmächtige Partei in Peking konstruiert in ihrem

Nationalismus-Narrativ eine Linie, die bis in die Ursprünge der Menschheit zurückreicht. Sie beginnt mit den sogenannten Peking-Menschen in den Zhoukoudian-Höhlen vor über einer halben Million Jahren und mündet über die verschiedenen Kaiserreiche in der Herrschaft der Kommunistischen Partei Chinas. Man begegnet, oder besser, man wird überwältigt von dieser Sicht auf die Geschichte, wenn man im Nationalmuseum am Tiananmen-Platz durch die verschiedenen Epochen im Untergeschoss spaziert. So weit in der Vergangenheit sie auch liegen mögen, alles führt quasi zwangsläufig nach oben, zu jenen Stockwerken, in denen die Geschichte Chinas unter der KP gepriesen wird. Es ist wie eine Geschichts-Apotheose, in der der Einzigartigkeit der Han und der KP gehuldigt wird. Chinas Idee einer Nation ist die von Einheitlichkeit.

Interessanterweise gibt es eine diametral andere Erzählung, was China war, ist und sein könnte. Im Palastmuseum von Taiwans Hauptstadt Taipeh, wohin die aus China geflohenen Kuomintang große Teile der Schätze aus der Verbotenen Stadt gebracht haben, sind die Kaiserreiche Chinas keine aufeinander aufbauenden Stufen hin zur Herrschaft der KP. Es gibt Phasen der Blüte und des Niedergangs, China ist abwechselnd groß und dann zerfällt es auch wieder, wird erobert von einem mächtigen Tibet, ersteht wieder neu. Die taiwanesische China-Erzählung ist auch keine, die implizit allein die Gruppe der Han ins Zentrum stellt. Es ist vielmehr ein Flickenteppich der Ethnien, die nicht per se zusammengehören. Es ist, vereinfacht gesagt, die vielfältigere, demokratischere China-Erzählung.

Natürlich gibt es neben der Mehrheit der Han in China auch andere Bevölkerungsgruppen, und sie haben einmal im Jahr in Peking ihren großen Auftritt. Wenn der Nationale Volkskongress, Chinas Scheinparlament, tagt, dürfen die Abgeordneten aus Yunnan, Xinjiang oder Tibet in ihrer traditionellen Tracht auftreten. Es ist eine Folklore, die belegen soll, wie vielfältig und tolerant Chinas Volksrepublik ist. Sie hat aber nur wenig mit der Wirklichkeit zu tun, denn in den entscheidenden Positionen in Partei, Staat und Wirtschaft dominiert fast ausschließlich die Mehrheit der Han. Die abgeschlossene Vorstellung davon, wer dazugehört und wer nicht, befördert im Innern ein Misstrauen gegenüber allem, was bunt und irgendwie anders ist. Und sie führt zu einer Art innerer Kolonisierung Chinas, die sich insbesondere gegen zwei Regionen richtet: Tibet und Xinjiang.

Mein Lhasa-Schock

Es ist kein Zufall, dass ausgerechnet diese beiden Provinzen für mich als Journalisten am schwersten zu bereisen waren. Die Reise nach Tibet wurde mir über Jahre verboten. Erst 2018 durfte ich mit vier anderen Journalisten und unter Aufsicht des chinesischen Außenministeriums nach Lhasa. Rund um die Uhr waren wir unter Aufsicht von Regierung und Partei. Und der Besuchsplan war so eng, dass wir uns weder frei bewegen konnten noch reden, mit wem wir wollten. Trotzdem erfuhren wir mehr über das heutige Tibet, als unsere Aufpasser wollten.

Bei unserer Ankunft in Lhasa war ich schockiert. Ich hatte davon gehört, wie viele der alten Gebäude abgerissen worden waren, wie viel Neues entstanden ist. Ebenso wusste ich von der großen Zuwanderung von Han-Chinesen nach Tibet in den letzten Jahrzehnten. Aber ich hätte nicht erwartet, dass Lhasa aussah wie jede andere chinesische Stadt. Dass aus dem Zentrum der tibetischen Kultur mit Ausnahme der touristischen Highlights eine Stadt geworden ist, die an jedem anderen Ort in China hätte sein können. Das Ausmaß der Gleichmacherei, das dort in den letzten Jahrzehnten vonstatten gegangen sein musste, war atemberaubend. Unsere Aufpasser in Lhasa zeigten uns eine Malschule, in der traditionelle tibetische Thangka-Malerei gelehrt wurde. Sie führten uns zu den wichtigsten Tempeln und Klöstern des tibetischen Buddhismus in der Stadt. Trotzdem drängte sich mir der Eindruck auf, dass das Ziel, das Staat und Partei in Tibet verfolgten, nicht der Erhalt der eigenständigen Kultur und der Traditionen Tibets war, sondern die unbedingte Angleichung an den Mainstream der Han. Folklore war zwar erlaubt, sie war pittoresk und lockte chinesische Touristen in großer Zahl an. Aber eine eigene tibetische Identität, die sich von jener der Han-Chinesen unterschieden hätte, schien so etwas wie ein rotes Tuch für Partei und Staat.

An einem der ersten Tage hatte unsere Gruppe einen Termin im Potala-Palast, der ehemaligen Residenz des Dalai Lama, aus der er 1959 vor den chinesischen Truppen in sein indisches Exil geflüchtet war. Der Palast ist heute ein Museum, in dem Bilder der neuen Herrscher hängen, einer kommunistischen Fünffaltigkeit von Mao bis Xi Jinping. Für die Tibeter aber ist er nach wie vor viel mehr als das, ein mystischer Ort, der für sie von großer Bedeutung ist. Ich fragte deshalb den Museumsdirektor:»Würde China es erlauben, dass ein neuer Dalai Lama wieder in den Potala-Palast zieht?« Nein. Der Museumsdirektor schüttelte den Kopf. Und der Mann von Tibets Provinzregierung sprang ihm bei. Der Potala ist ein Museum. Ein neuer Dalai Lama passe da nicht hin.

Trotz der machtvollen Veränderungen, die Peking in Tibet erzwungen hat, fiel mir in diesen Tagen eine große Unsicherheit auf. Als wäre Peking sich seiner Herrschaft in Tibet doch nicht ganz sicher. Mit Händen zu greifen war eine Atmosphäre des Misstrauens und der Kontrolle, besonders bei Interviews mit Mönchen. Im Jokhang-Tempel, dem wichtigsten Heiligtum des tibetischen Buddhismus, bemühte sich einer der Mönche unter den wachsamen Augen unserer Aufpasser darum, zu erklären, dass der Buddhismus, den sie hier praktizierten, nichts mit dem Dalai Lama zu tun hatte. Er tat mir leid. Es war ungefähr so, als wenn ein katholischer Bischof argumentierte, man brauche weder einen Papst noch die Dreifaltigkeit. »Und wie ist das in Zukunft mit einem Dalai Lama?«, fragte ich. »Ich kann Sie nicht anlügen«, antwortete der Mönch mutig. »Ich kann nicht in die Zukunft sehen.«

Im Sera Kloster bei Lhasa standen wir mit Mönchen und einem Parteisekretär beisammen, der das große Wort führte. »Partei und Staat fordern von jedem Bürger Patriotismus«, erklärte er und blickte die Mönche an. »Das Gleiche fordern sie auch von den Mönchen.« Ohne Patriotismus könne man nicht gut arbeiten. Dann machte er eine kurze Pause. »Wer die Interessen der Regierenden bedroht, muss bestraft werden.« Die Mönche waren plötzlich ganz still. Der Hintergrund war jedem klar. Immer noch gibt es in Tibet Selbstverbrennungen von Mönchen, die damit gegen das Ausradieren tibetischer Identität protestieren. Wie eine Drohung hing deshalb der Satz des Parteisekretärs über unserem Abschied.

Vor den Toren Lhasas gibt es ein Freilufttheater, wo abends eine Geschichts-Show abgehalten wird. Es ging um die Heirat einer chinesischen Kaiserprinzessin mit einem tibetischen König. Ein pompöses Schauspiel war das, aber eigentlich sollte damit etwas anderes erzählt werden, eine Großchina-Geschichte, die zeigte, dass Tibet angeblich schon seit Jahrhunderten Teil Chinas sei und beide untrennbar zusammengehörten – unter der Herrschaft und dem Primat Pekings. Diese Geschichte hatte allerdings wenig mit der Realität zu tun. Tatsächlich war Tibet während des größten Teils seiner Geschichte ein eigenständiges Reich. Es gab sogar Zeiten, zu denen die Tibeter militärisch und politisch machtvoller waren und chinesische Kaiser in Schlachten besiegten. Erst 1950 eroberten Maos Rote Brigaden Tibet und schlossen es an China an. Die Eigenheit Tibets ist wie ein Fixpunkt, an dem sich heute noch alles orientiert. Auf den Seiten der Tibeter ebenso wie auf jenen Pekings. An einem Nachmittag waren wir beim Vizegouverneur Tibets eingeladen. Er empfing uns in einem großen Raum, in dem in der Form eines schmalen »U« schwere, breite Sessel standen. Von der Stirnseite des Raums aus erklärte uns Luobu Dunzhu die Errungenschaften Pekings bei der Modernisierung Tibets. Sobald es aber um den Dalai Lama ging, brach ganz unvermittelt die alte Feindschaft hervor. Unter dem Dalai Lama, polterte der Vizegouverneur, habe es in Tibet noch Leibeigenschaft gegeben und ein bitteres Leben. »Seit die Kommunistische Partei Tibet befreit hat, haben alle – Tibeter und Han-Chinesen – ein glückliches Leben hier.«

Ich staunte. Wie konnte es sein, dass nach rund 70 Jahren chinesischer Herrschaft in Tibet allein der Name des Dalai Lama bei den Parteikadern so viel Hass auslösen konnte? Und betraf dieser Hass am Ende nicht auch die Tibeter selbst, die den Dalai Lama in weiten Teilen noch als ihr religiöses Oberhaupt verehrten?

Ich bin damals aus Lhasa mit der bedrückenden Gewissheit nach Peking zurückgeflogen, dass der Druck auf Uniformität weiter zunehmen wird. Die Intoleranz gegenüber den Tibetern speist sich aus einem Han-Rassismus, der im Grunde keine eigene tibetische Identität zulässt. Es gibt wenig Hoffnung,

dass Tibet und die Tibeter sich diesem Vereinheitlichungs-
druck werden entziehen können. Es werden noch mehr
Han-Chinesen nach Lhasa kommen. Und es wird weiter daran gearbeitet, Tibet noch enger anzuschließen an den Rest
Chinas – mit Hochgeschwindigkeits-Eisenbahnen, Fluglinien,
Autobahnen. Am Ende werden Lhasa und Tibet gänzlich aus-
tauschbar, ja verwechselbar sein mit anderen Orten Chinas.

Xinjiang – ein dystopischer Polizeistaat

Noch gravierender ist das, was in Xinjiang passiert, Chinas
westlichster Provinz, die in Kultur und Sprache Teheran
und Damaskus näher ist als Peking. Xinjiang ist die Heimat
der muslimischen Minderheit der Uiguren, gegen die Staat
und Sicherheitsbehörden mit einem rücksichtslosen Rassismus vorgehen. Rund eine Million Uiguren werden dort nach
Schätzungen von Menschenrechtsorganisationen in Lagern
festgehalten. Peking hat zuerst die Existenz dieser Lager de-
mentiert, dann so getan, als handele es sich um Ausbildungs-
stätten. Die wahre Natur dieser Lager kam dennoch Stück
für Stück zutage, zuletzt durch die Veröffentlichung der sogenannten »China Cables«, interner Dokumente aus dem
Staatsapparat, die belegen, dass es bei diesen Lagern von Anfang an darum ging, Internierungslager aufzubauen, in denen
die zwangsweise Umerziehung und Indoktrination der muslimischen Minderheit im großen Stil erreicht werden sollte.

Welche katastrophalen Folgen das für die Betroffenen hatte,
das haben mein Team und ich selbst aus erster Hand erfahren. Meine Kollegin Stefanie Schoeneborn ist nach Kasachs-
tan und Istanbul geflogen, hat dort ehemalige Häftlinge getroffen, die ihr erschütternde Geschichten aus den Lagern erzählt

haben, von Vergewaltigungen, Folter und Todesfällen. Was in Xinjiang passiert, ist ein kultureller Genozid. Dort wird per se alles Uigurische als verdächtig bekämpft. China geht es offiziell um die Bekämpfung der sogenannten drei Übel: Terrorismus, Extremismus und Separatismus. Aber die Definition, was darunter zu fallen hat, ist in den letzten Jahren so weit gefasst worden, dass praktisch jede Ausprägung uigurischer Identität und Kultur als Terrorismus verunglimpft und verfolgt wird. Schriftsteller, Musiker, jeder, der Uigurisch spricht oder uigurische Tracht trägt, macht sich verdächtig. Offiziell behauptet China, es bekämpfe auf diese Weise den extremistischen Islamismus. Aber es scheint eher, als mache sich Peking mit seiner Unterdrückung selbst die Wohlmeinendsten zum Feind.

Zu Beginn meiner Zeit in China konnten wir in Xinjiang noch Interviews führen. Es gab zwar Checkpoints, strenge Kontrollen, eine Atmosphäre der Angst, aber wir konnten noch in den unsanierten Teil der Altstadt von Kaschgar fahren und dort Handwerker treffen. Es war noch möglich, in einer der alten Karawanenstädte der Seidenstraße am Rande der Taklamakan-Wüste einen Markt zu besuchen, Kebab zu essen und mit den Viehhändlern zu reden.

Ab Ende 2016 hat sich die Atmosphäre grundlegend verändert. Als ich das letzte Mal mit meiner Familie dort war, hatten wir das bedrückende Gefühl, uns in einem dystopischen Polizeistaat zu befinden, der eine Art von Apartheid pflegte. An Kontrollpunkten durften Han-Chinesen unkontrolliert durchgehen, während jeder, der uigurisch aussah, streng kontrolliert wurde. Uns verfolgte auf Schritt und Tritt die Stasi. Schon bei unserer Ankunft wartete sie im Hotel auf uns, begleitete uns überallhin, schoss sogar Fotos von den Kindern. Als ich nachts durch Zufall runter zur Rezeption des Hotels kam, sah ich, dass der Rezeptionist zum wahrscheinlich dritten Mal Kopien unserer Pässe an die Staatsbehörden weiterreichte. Wir sahen Checkpoints, Kameras mit Gesichtserkennung. Mitten in der Altstadt gab es Zugangssperren, die man nur mit Pass und Fingerabdruck passieren durfte. Hilfstruppen der Polizei trainierten am Straßenrand mit langen Stöcken, die Metallspitzen hatten. Sie marschierten voran, machten einen Ausfallschritt und stießen den Speer nach vorn. Dabei brüllten sie:»Töten!«

Als ich nach Peking zurückkam, beschloss ich unter dem Eindruck des Erlebten, den Überwachungsmethoden in Xinjiang weiter nachzugehen. Schnell stieß ich mit meinen Kollegen auf eine Firma, die führend war, Chinas Überwachungsapparat bei der Unterdrückung der Uiguren zu helfen: Huawei, der Konzern, der bei uns als ganz normale Hightech-Firma auftritt und beim 5G-Ausbau in Deutschland unbedingt dabei sein will. Während Huawei zu diesem Zweck immer wieder behauptet, nicht mit Polizei und Staatssicherheit in China zusammenzuarbeiten, zeigten unsere Recherchen, dass genau das passierte.

Im Internet entdeckten wir Pläne dafür, wie Huawei mithilfe von Big Data und Künstlicher Intelligenz praktisch alle Daten von Uiguren in einer Polizeidatenbank zusammenführen und auswerten wollte. Ebenfalls gesammelt werden sollten Überwachungsbilder von Kameras mit Gesichtserkennung, Polizeikontrollen, Ortungsdaten von Smartphones. Wir fanden Fotos davon, wie führende Vertreter von Huawei gemeinsam mit Polizei und Stasi ein sogenanntes Zukunftslabor in der Nähe von Xinjiangs Hauptstadt Ürümqi eröffneten. Dort sollten die Überwachungsmethoden von morgen entwickelt werden.

Wer immer sich fragt, ob man Huawei in Deutschland trauen kann, der sollte sich genauer ansehen, was der Konzern in Xinjiang macht. Die wahre Natur Huaweis ist dort ebenso erkennbar wie die des chinesischen Nationalismus und Rassismus gegenüber den eigenen Minderheiten. Die Härte, mit der China gegen diese Minderheiten im eigenen Land vorgeht, ist ein bedrückendes Signal dafür, wie Chinas Nationalismus nach außen wirken könnte.

Chinesischer Rassismus

Einen Vorgeschmack davon bekamen Ausländer in China bereits während der Corona-Pandemie. Als die offiziellen Infektionszahlen nach einem ersten Rückgang im April 2020 wieder leicht anstiegen, waren die Schuldigen dafür schnell ausgemacht: Ausländer, die sich angeblich nicht an die strengen Vorschriften gehalten hatten. Ob das stimmte oder ob die Neuinfektionen eher von reichen Chinesen herrührte, die zunächst vor dem Virus aus dem Land geflüchtet und nun wieder zurückgekehrt waren, ließ sich nicht feststellen. Doch der Alltagsrassismus in China nahm beunruhigende Ausmaße an. Ausländer wurden beschimpft, bespuckt, Restaurants oder Supermärkte weigerten sich, sie zu bedienen. Besonders gravierend waren die rassistischen Ausfälle gegenüber Afrikanern. In Guangzhou wurden afrikanische Gäste mitten in der Nacht aus ihren Hotels geworfen, andere mussten mit ihren Familien und kleinen Kindern ihre Appartements räumen. So beschrieben es die Botschafter einiger afrikanischer Staaten in einer offiziellen Beschwerde gegenüber Chinas Außenministerium, in der sie außerdem von Drohungen des Visaentzugs, Zwangsquarantäne und Erniedrigungen berichteten.

Vieles erinnerte an frühere rassistische Aufwallungen in China, etwa Anfang der 2010er-Jahre beim Streit mit Japan über die Senkaku-Inseln, die China Diaoyu nennt. Ähnlich war es später bei Südkorea, das sich angesichts der Bedrohung durch Nordkoreas Atomraketenprogramm ein amerikanisches Raketenabwehrsystem im Land aufbauen ließ. Peking zog alle Register gegen das Projekt, weil es angeblich eine Bedrohung Chinas darstellte. Damals wie heute schien es, als würde der Volkszorn in China gezielt befeuert und gelenkt von Partei und Regierung. Es war Teil einer außenpolitischen Strategie, die Japan im Ostchinesischen Meer herausforderte oder, im Falle Südkoreas, sich gegen die militärische Vorherrschaft der USA im westpazifischen Raum wandte.

Sicher, auch bei uns in Europa wurden umgekehrt Asiaten im Zuge der Corona-Pandemie rassistisch verunglimpft. Aber der Ausländerhass und damit verbundene Verschwörungstheorien konnten nicht auf die stille Unterstützung vonseiten der Regierungen zählen. In China aber drängte sich der Verdacht auf, dass Staat und Partei vom eigenen Versagen bei der frühen Eindämmung der Pandemie ablenken wollten durch Schuldzuweisungen an den Westen. Ein Sprecher des Außenministeriums spekulierte öffentlich und ohne jeden Beleg darüber, dass amerikanische Militärs das Virus anfangs nach China eingeschleppt haben könnten. Und die Zensurbehörden, die sonst so schnell reagieren, wenn es darum geht, unliebsame Kommentare auf WeChat und anderen sozialen Medien zu löschen, schienen nun keine Eile dabei zu haben, ebenso streng gegen Hass und Verschwörungstheorien über Ausländer und den Westen vorzugehen. Das Signal war offensichtlich: Die Zensoren tolerierten den Rassismus, weil er politisch ins Konzept zu passen schien. In einer für die eigene Legitimität kritischen Situation befeuerte Chinas KP damit einen aggressiven Nationalismus mit dem Ziel, Kritik abzuwehren und Gefolgschaft gegen einen angeblich äußeren Feind zu mobilisieren.

Diese Spielart des chinesischen Nationalismus wird an Bedeutung gewinnen. Er wird nicht nur das Zusammenleben in China prägen, sondern auch zu einem wichtigen Faktor in den internationalen Beziehungen werden. In dem Maße, in dem Chinas Wirtschaft in Schwierigkeiten gerät, wird Chinas Nationalismus zu einer viel stärkeren Kraft anwachsen, als wir es bislang gewohnt waren. Wir werden ein China erleben, das rücksichtsloser und machtvoller seine eigenen Interessen durchsetzt. Im Bewusstsein dessen, dass die Singularität der Han Mission und Rechtfertigung zugleich ist, die eigenen Interessen im Zweifel mit aller Härte durchzusetzen.

10 In Hongkong und Taiwan entscheidet sich unsere Freiheit

Wenig bringt Chinas Machthaber mehr auf die Palme als Hongkong und Taiwan. Wer sich mit einem Anführer der Protestbewegung in Hongkong trifft, wie es der deutsche Außenminister im Frühherbst 2019 tat, oder Taiwans Unabhängigkeit betont, den trifft Pekings geballter Zorn. Das mag auf den ersten Blick überraschend erscheinen. Hongkong und Taiwan sind klein, verglichen mit China. Warum reagiert Peking so empfindlich? Und welche Schlüsse sollten wir daraus ziehen? Sind Hongkong und Taiwan wichtig genug, dass wir dafür die guten Beziehungen zu und den Handel mit China aufs Spiel setzen? Sollten wir dafür Arbeitsplätze in Deutschland riskieren?

Es gibt drei Gründe, warum Hongkong und Taiwan uns etwas angehen. Und warum es am Ende teurer kommen würde, uns nicht dafür zu interessieren und China freie Hand zu geben.

Asiaten wollen und können Demokratie

Als ich das erste Mal nach Taiwan kam, konnte ich es kaum glauben. Ich sah chinesische Schriftzeichen, es roch nach China – aber es war ganz anders als das China, das ich zuvor auf dem Festland kennengelernt hatte. Schon im Taxi vom Flughafen führte ich die erste politische Diskussion. So offen, informiert und debattierfreudig, dass ich mich ständig daran erinnern musste, in einem Land mit chinesischer Sprache und Kultur zu sein. Am Abend ging ich staunend über ein ehemaliges Fabrikgelände, das zu einem Kulturzentrum umgebaut wurde. Ich fand ein Programmkino und eine Lokalpolitikerin, die um Wähler warb, indem sie einen schwarzen Knoblauchtrunk verteilte. Er schmeckte so schauderhaft, dass ich mir über ihren Erfolg nicht sicher war. Aber immerhin, da warb jemand um Wählerstimmen. Eine Weile saß ich da und schaute Straßenkünstlern und Skateboardern zu. All das ist vielleicht nichts Besonderes, wenn man gerade erst aus Frankfurt oder München gelandet ist. Aber wer aus Peking oder Shanghai einfliegt, kommt aus dem Staunen nicht mehr heraus.

Taiwan schaffte in den 1980er-Jahren den friedlichen Übergang von der autoritären Herrschaft der Kuomintang hin zu einer der lebendigsten Demokratien der Welt. Es ist ein asiatisches Wunder, das jene widerlegt, die Demokratie und Liberalismus für eine westliche Erfindung halten, die in Asien von weiten Teilen der Bevölkerung als nicht so wichtig erachtet würden. Diese Sichtweise scheint derzeit im Gleichschritt mit Chinas Machtzuwachs an Verbreitung zu gewinnen. Danach komme es in Asien mehr darauf an, dass Regierungen liefern, also reibungslos funktionieren. Wichtiger als persönliche Freiheiten seien Sicherheit und Schutz, die Chance reich zu werden sei bedeutsamer als politische Mitsprache. Diese Argumentation ist letztlich eine Rechtfertigung der chinesischen Diktatur. Hongkong und Taiwan aber sind das beste Argument dagegen. Dort wählen sie eine chinakritische Politik und gehen zu Hunderttausenden auf die Straße, weil sie nicht nur reich werden wollen, sondern den Wert der Freiheit selbst erfahren haben und wertschätzen. Sie zeigen, dass Chinesen Demokratie nicht nur wollen, sondern auch können. Und, was vielleicht noch wichtiger ist, dass sie dabei auch sehr effizient sein können.

Das entscheidende Merkmal dabei ist ein Gemeinsinn, ein Verantwortungsgefühl für die Gemeinschaft, wie es das in China so nicht gibt. In den schwülheißen Nächten in Hongkong während der Regenschirmproteste im Herbst 2014 sah ich noch um drei Uhr früh Protestierende durch die Zeltreihen gehen und Müll einsammeln. Warum sie das taten?»Das ist unsere Stadt«, sagten sie.»Wir protestieren für Hongkongs Wohl. Natürlich sammeln wir dafür auch den Müll ein.« Martin Lee, ein Bürgerrechtsanwalt, argumentierte damals, dass Hongkong in jenen Tagen zu einer anderen Stadt geworden sei, die nicht nur ein Finanzplatz sei, sondern einen Bürgersinn für sich entdeckt habe.

Was in Hongkong und Taiwan auf dem Spiel steht, ist eine Art des Zusammenlebens, die uns eigentlich sehr nahe und wertvoll sein müsste. Ich erinnere mich an die erste Wahl von Taiwans Präsidentin Tsai Ing-wen, an mein Staunen damals, dass in einer chinesischen Stadt plärrende Wahlkampfkonvois durch die Straßen fuhren, dass auf den Märkten hitzig diskutiert und am Ende die Wahlsiegerin auf einer großen Party in der Hauptstadt gefeiert wurde. So etwas wäre in Festlandchina undenkbar gewesen.

An einem Abend in Taiwan saß ich in einem Restaurant in

der Nähe von Taipehs Daan Park. Herr Han hatte mich eingeladen. Wir hatten uns erst ein paar Tage zuvor an Taiwans wild-schöner Ostküste kennengelernt und waren gleich ins Debattieren gekommen. Es ging um die Frage, wo es die beste Peking-Ente gibt. Herr Han war der Meinung, in Taipeh. Er hatte Frau, Bruder und Tochter als Zeugen mitgebracht. Die Peking-Ente war wirklich gut, dicker geschnitten, kräftiger im Geschmack als die in Peking. Herr Han nickte zufrieden. Man merkte, dass es ihm wichtig war, dass Taiwan in der chinesischen Königsdisziplin besser ist als China.

Ich musste in diesem Moment an Untersuchungen denken, nach denen eine Mehrheit sich inzwischen nicht mehr als Chinesen, sondern als Taiwaner definierte. Wie war das bei ihnen? Herr Hans Tochter, Mitte 20 und Model, sagte: Taiwanerin, klar. Herr Han war sich selbst nicht so sicher. Aber auch er machte sich Sorgen wegen der Drohungen aus Peking. Er ist oft in China, der Geschäfte wegen. »Natürlich wollen wir gute Beziehungen zu China«, sagte er. »Das ist wichtig für unsere Wirtschaft.« Würde er dafür China mehr entgegenkommen? »Auf keinen Fall. Wir haben uns unsere Freiheiten schwer erkämpft. Die wollen wir nicht aufgeben.«

Der erste Grund, warum uns Hongkong und Taiwan wichtig sein sollten, ist also dieser: Dort wird gelebt, was unsere eigenen Gesellschaften im Innersten zusammenhält – Freiheit, Toleranz, Vielfalt, in Taiwan auch eine lebendige Demokratie. Aus Pekings Sicht ist das eine Provokation vor der eigenen Haustür. Die Art, wie Peking damit umgeht, ist keine innerchinesische Angelegenheit. Sie geht uns alle an, weil sie viel darüber erzählt, was von einer Weltmacht China zu erwarten ist. Wird es versuchen, seine Werte und Regeln, sein System der Welt aufzudrücken? Wird der Westen dabei zusehen, weil er viel zu sehr mit sich selbst und seinen Unzulänglichkeiten beschäftigt ist?

Hongkong: Wo Diktatur und Demokratie aufeinanderprallen

Bei den Protesten in Hongkong 2019 bekam ich eine Vorahnung davon, was passiert, wenn Diktatur und Demokratie aufeinanderprallen. Am Morgen des 4. Juni lag Hongkong unter einer grauen Decke von dampfender Feuchte, aus der sich immer wieder Regensturzbäche ergossen. Die eng beieinanderstehenden Hochhäuser der Stadt schienen dabei zu undurchdringlichen Wänden zu verschmelzen, deren Fenster wie düstere Augen wirkten. Gegen Abend verzog sich der Regen. Von überall her strömten nun Menschen in Richtung des Hafens, zum Victoria Park, wo an diesem Abend eine Gedenkfeier zum 30. Jahrestag des Tiananmen-Massakers stattfinden sollte. Auf dem Weg dorthin kamen sie in der Nähe der Causeway Road an Ständen vorbei, an denen Flugblätter gegen Chinas Politik in Hongkong verteilt wurden und Redner über Megafone Freiheit und Demokratie forderten sowie das Ende eines umstrittenen Gesetzesprojektes, das Auslieferungen an Festlandchina erlauben würde. Wer wissen wollte, was Hongkong besonders machte, musste nur an diesen Ständen mit ihren leidenschaftlichen Rednern entlanggehen. Etwas Ähnliches wäre in China unmöglich gewesen. In China hatten Staat und Partei Schweigen verordnet. Nur in Taiwan wurde zur gleichen Zeit ebenfalls an die niedergeschlagene Demokratiebewegung von 1989 erinnert.

Als es dunkel wurde und Zehntausende dicht gedrängt beisammenstanden, zündeten sie Lichter an zum Gedenken an das Töten vor 30 Jahren. Die Menge begann ein getragenes Lied von Freiheitsliebe und einem freien China zu singen. Ich entdeckte Kenneth Lam, den groß gewachsenen Bürgerrechtsanwalt mit dem jungenhaften Gesicht und den traurigen Augen, der in diesem Moment ganz in Gedanken versunken zu sein schien. Um den Hals trug er einen Schal mit der Aufschrift:»Das Volk wird nicht vergessen.« Und er, der als Hongkonger Student in jener Nacht auf dem Tiananmen dabei gewesen war, würde sicher nichts vergessen.»Ich komme jedes Jahr hierher«, hatte Lam mir am Tag zuvor in seinem von Papieren überquellenden Büro erzählt.»Der Grund ist ganz einfach: Für mich, für Hongkong, für China ist das ein Kampf zwischen Lügen und der Wahrheit. Und unsere Pflicht ist es, die Wahrheit zu bewahren.«

Die Wahrheit über Tiananmen trug er immer bei sich. Auf seinem Smartphone zeigte er mir ein Bild von jener Nacht. Man sah ihn, vielleicht 20 Jahre alt, wie er mit einer anderen Studentin am Fuße der»Göttin der Demokratie«saß, die die Studenten auf dem Tiananmen errichtet hatten. Lam sah erschöpft und verängstigt aus. Kurz darauf stürmte die Volksarmee den Platz. Chinesische Studenten zogen ihn zur Seite.»Sie haben mir gesagt: Du hast schon so viel für China getan«, erzählte Lam.»Du musst fliehen. Geh nach Hongkong und erzähl der Welt, was hier passiert ist.« Genau das hat er seither getan.

Auch Martin Lee war an diesem Abend da. Der über 80-jährige hagere Mann gilt in Hongkong als»Großvater der Demokratie«. Lee ist ebenfalls Anwalt und hat am sogenannten»Basic Law«mitgearbeitet, dem Grundgesetz für Hongkong. Es sichert Hongkong seit der Übergabe am 1. Juli 1997 für 50 Jahre einen hohen Grad an Autonomie zu. Hongkong hat eine eigene Regierung, ein eigenes Parlament und Gerichtswesen. Es gilt der von Deng Xiaoping in den Verhandlungen mit Großbritannien eingeführte Grundsatz»ein Land, zwei Systeme«. Demnach ist Hongkong als sogenannte Sonderverwaltungszone zwar ein Teil Chinas, soll aber bis 2047 nicht zum chinesischen Staatssozialismus gehören, sondern sein kapitalistisches System beibehalten. Dazu gehören ein unabhängiges Rechtssystem, Freiheitsrechte und das Versprechen, Volksvertreter und Regierung frei wählen zu können. Kenneth Lam und Martin Lee waren an diesem Abend nicht allein gekommen, um dem Tiananmen-Massaker zu gedenken. Es ging für sie genauso um die Gegenwart und Zukunft Hongkongs, um jene Rechte und Freiheiten, die Peking versprochen hat und die in Hongkongs Grundgesetz niedergelegt sind. Seit dem Machtantritt Xi Jinpings im Jahr 2013 versucht China die zugesicherte Autonomie Hongkongs Stück für Stück einzuschränken. Für Lam und Lee und für viele Hongkonger scheint es, als ließe Peking die Uhren schneller gehen. Was erst 2047 Wirklichkeit werden sollte, das Ende von Hongkongs Sonderstatus, droht in ihren Augen nun schon viel früher einzutreten.

Es begann damit, dass Peking im Spätsommer 2014 von seinem Versprechen abrückte, Hongkong dürfe seine Regierung frei wählen. In der Großen Halle des Volkes an Pekings Tiananmen-Platz saß damals Li Fei, ein hoher Kader, der im Nationalen Volkskongress das Komitee für Hongkongs Basic Law leitete, und erklärte den versammelten Journalisten knapp und barsch: Hongkongs Regierungschef sei nicht nur für Hongkong verantwortlich, sondern auch gegenüber der Zentralregierung. »Nur derjenige kann Regierungschef werden, der Hongkong und China gleichermaßen liebt.« Ich war gerade erst in Peking angekommen und zum ersten Mal in den Marmorhallen mit den schweren Lüstern und roten Teppichen. Neben mir saßen viele Journalisten aus Hongkong, die für einen Moment sprachlos waren und Li dann erregt mit Fragen bombardierten. Sie wussten, was Li damit sagen wollte. Peking wollte das letzte Wort behalten, wirklich freie Wahlen sollte es nicht geben. Und sie ahnten, was das für ihre Stadt bedeuten würde.

In den Wochen danach legten die sogenannten Regenschirm-Proteste die Finanzmetropole lahm. Zehntausende protestierten für freie Wahlen in Hongkong, so wie es ihrer Ansicht nach im Grundgesetz vorgesehen war. Damals lernte ich auch Kenneth Lam und Martin Lee kennen, die noch voller Hoffnung waren, dass eine Bürgerbewegung früher oder später auch die versprochenen Bürgerrechte bringen würde. Selbst als nach gut zwei Monaten die Polizei die Blockaden räumte und Lee als einer der letzten, die noch ausharrten, festgenommen und abgeführt wurde, schien das noch so. »Gebt mir Demokratie oder gebt mir den Tod«, rief der alte Mann damals trotzig. Vor den schweren Folianten in seiner Kanzlei erklärte er mir später lächelnd seine Bilanz der Regenschirm-Proteste. Die Generation, die im Finanzbezirk unter Wolkenbrüchen und Pfeffersprayattacken der Polizei ausgeharrt habe, sei »mit den Wassern der Demokratie getauft«. Sie werde diese Stadt früher oder später verändern.

Doch an diesem Abend im Juni 2019 sah man beiden die Härten und Enttäuschungen der vergangenen fünf Jahre an. Sie erinnerten sich daran, wie Xi Jinping im Sommer 2017 den Hongkongern bei einem Besuch offen drohte, als er in einer Rede dort sagte: »Jeder Versuch, Chinas Sicherheit und Souveränität zu gefährden, ist ein Akt, der die rote Linie überschreitet, und ist absolut inakzeptabel.« Lee und Lam dachten auch an die Gefängnisstrafen, zu denen Hongkonger Gerichte später die Leitfiguren der Regenschirm-Proteste verurteilten. »Wenn ich sehe, wie sich die Dinge in Hongkong verschlechtert haben, das schmerzt wirklich«, sagte Lam. »Aber es wird nicht beeinflussen, was ich tue. Ich glaube daran, dass das, wofür wir kämpfen, was wir tun, nicht umsonst sein wird.«

Vieles erinnerte mich an diesem Abend 2019 an die langen Nächte während der Zeit der Regenschirm-Proteste. Die feuchte Hitze, die in Hongkongs Straßen noch lange nach Sonnenuntergang hängen bleibt. Das Lichtermeer aus Kerzen und Smartphone-Lampen. Die Melancholie der kantonesischen Freiheitslieder. Aber es hatte sich etwas verändert. Nicht nur bei Lam und Lee. Immer wieder hörte ich, dass es nicht mehr darum ging, Verhandlungen zu führen oder vielleicht doch noch einen Kompromiss zu finden mit Hongkongs Regierungschefin oder gar mit Peking selbst. Die Hoffnung hatten sie verloren. Was Hongkongs Bürgerbewegung blieb, worauf sich nun alle Hoffnungen richteten, war ein Appell an die Welt, die Stadt nicht im Stich zu lassen.

Kurz nach der Tiananmen-Gedenkfeier begannen in Hongkong Proteste, zu denen zwischenzeitlich über eine Million Menschen kamen und die über Wochen andauerten. Auslöser war das geplante Auslieferungsgesetz, aber es ging schnell um viel mehr, um die Verfasstheit Hongkongs, um das Versprechen auf Autonomie, das China 1997 gegeben hatte. Für Peking waren die Proteste, die eine breite Zustimmung in Hongkongs Bevölkerung fanden, ein Affront und eine Herausforderung, wie sie die Kommunistische Partei lange nicht erlebt hatte. Sie reagierte darauf, indem sie zunächst dafür sorgte, dass in China über diese Proteste nicht berichtet, um die Demonstranten danach zu kriminalisieren. Im Mai 2020 dann holte Peking zum Gegenschlag aus mit der Verabschiedung eines Sicherheitsgesetzes, das im krassen Gegensatz zu Hongkongs Basic Law steht und die Autonomierechte der Stadt aushebelt.

Hongkong wurde in diesen Tagen zur ersten Konfliktzone eines Systemwettstreits, der unsere Welt auf Jahrzehnte prägen wird. Es ist der Gegensatz zwischen einer freiheitlichen, demokratischen Grundordnung, die in Hongkong Millionen für sich einfordern, und einer autoritären Diktatur, die Pekings Führung mit aller Macht dort durchsetzen will. Dieser Konflikt schwelt zwar schon lange, bekommt aber nun eine ungeahnte Brisanz, die weit über Hongkong hinausreicht und der auch wir in Deutschland uns nicht entziehen können.

Im Spätsommer 2019 kam Joshua Wong, eine der Leitfiguren der Hongkonger Proteste, nach Berlin. Er wurde im Bundestag empfangen, stand in der Bundespressekonferenz Rede und Antwort, und dann gab es noch diesen kurzen Plausch mit dem Außenminister am Rande eines Presseempfangs. Peking bestellte daraufhin erzürnt den deutschen Botschafter ein. Chinas Botschafter in Berlin drohte offen mit »negativen Konsequenzen«. Und in der Tat wurden die Beziehungen mit einem Mal so eisig, dass praktisch Funkstille herrschte zwischen den Außenministerien. Anfragen aus Berlin, so erzählten mir später deutsche Diplomaten, seien von niederen Chargen in brüskem Ton abgeblockt worden. Über Monate gab es statt diplomatischem Austausch vor allem provozierende Affronts aus Peking.

Der zweite Grund also, warum uns in Deutschland sowohl Hongkong als auch Taiwan angehen, ist schlicht dieser: Wir können uns dem Systemkonflikt mit China, der etwa den Massenprotesten in Hongkong zugrunde liegt, nicht mehr entziehen. Früher mag China-Politik, egal ob es um Handel oder Menschenrechte ging, eine Politik gewesen sein, die in China passierte und auf China begrenzt war. Nun aber landet diese China-Politik mitten bei uns in Deutschland. Sie wird zur Innenpolitik. Und es wird schmerzlich klar, dass wir darauf eigentlich nicht vorbereitet sind. Doch die Zeit der Leisetreterei gegenüber China sollte endgültig vorbei sein. Wenn wir die Grundlagen unserer eigenen Gesellschaften, unsere zentralen Werte nicht verraten wollen, können wir der Auseinandersetzung zwischen Demokratie und Diktatur nicht weiter ausweichen oder so tun, als ginge sie uns nichts an.

Taiwan: Die Angst vor der chinesischen Invasion

Anfang 2020 wurde in Taiwan die chinakritische Präsidentin Tsai Ing-wen mit überwältigender Mehrheit wiedergewählt. Es war ein überraschend deutliches Ergebnis, das Peking schockierte, weil es ähnlich wie die Massenkundgebungen in Hongkong als ein Plebiszit der Bevölkerung gegen chinesischen Druck und Einfluss erschien. Monate zuvor hatte ich versucht, ein Interview mit Tsai zu vereinbaren, aber es war schwierig gewesen. Ihre Umfragewerte waren damals ebenso ernüchternd wie die Wirtschaftszahlen. Und die militärischen Drohungen Chinas hatten ein Ausmaß erreicht wie seit Jahrzehnten nicht. An einem eisigen Frühlingstag saß ich wegen meiner Interviewbitte in der Berliner Vertretung Taiwans, und es fühlte sich an, als redeten wir über ein Land im Belagerungszustand. Xi Jinping hatte kurz zuvor in einer Rede erklärt, niemand könne etwas daran ändern, dass Taiwan zu China gehöre und dass die Menschen eine »Wiedervereinigung« anstreben sollten. Es war die offene Drohung, dass Peking dafür auch den Einsatz militärischer Gewalt, eine Invasion der Insel, nicht ausschloss. Taiwans Repräsentant in Berlin Shieh Jhy-Wey erzählte, dass China seine Flottenmacht vor Taiwans Grenzen auffahre und chinesische Kampfjets inzwischen regelmäßig in den Luftraum eindrängen. Sie kämen den Abfangjägern Taiwans dabei gefährlich nahe. »Es ist ein Wunder, dass noch nichts passiert ist«, sagte Shieh, ein eigentlich eher gemütlicher Mensch, der die Krawatte locker über dem geöffneten Hemd trägt und gerne Goethe und Schiller zitiert. Aber nun waren bei ihm und seinen Mitarbeitern Sorge und Anspannung mit Händen zu greifen.

Ähnlich wie in Hongkong hatten auch sie den Eindruck,

dass die Uhr für Taiwans Freiheit und seine lebendige Demokratie tickt. Xi Jinping hatte deutlich gemacht, dass China im Jahr 2049 das erreichen wolle, was er »nationale Erneuerung« nennt. Bis zum 100. Geburtstag der Volksrepublik solle Taiwan ein Teil von ihr werden. 2047 Hongkong, 2049 Taiwan – in den Augen Pekings hat die Zukunft einen klaren Fahrplan.

Taiwans Repräsentant schwieg einen langen Moment, und durch eines der Fenster sah ich hinaus auf die Nachbarhäuser in der Nähe des Berliner Gendarmenmarkts. Von Taiwans Vertretung bis rüber zum Auswärtigen Amt war es nicht weit. Aber es gab keine formalen diplomatischen Beziehungen zwischen Taiwan und Deutschland. Die vielleicht wichtigste außenpolitische Maxime Pekings war die sogenannte Ein-China-Politik, nach der es nur ein China geben konnte, das neben Festlandchina, Hongkong und Macau auch Taiwan umfasst. Der legitime Vertreter dieses »einen Chinas« war nach Ansicht Pekings die Volksrepublik. Wer diplomatische Beziehungen zur Volksrepublik aufnehmen wollte, musste diese Sichtweise übernehmen und konnte nicht gleichzeitig ebensolche Beziehungen mit der Republik China, wie Taiwan offiziell hieß, unterhalten.

Diese Republik China wurde 1912 in Nanjing ausgerufen und kam 1949, am Ende des chinesischen Bürgerkrieges, quasi im Gepäck der von Maos Roten Brigaden geschlagenen Kuomintang unter Chiang Kai-shek nach Taiwan. Die Kuomintang beanspruchten ihrerseits, dass die Republik China die legitime Rechtsnachfolgerin des untergegangenen chinesischen Kaiserreichs sei. Die Republik China war Gründungsmitglied der Vereinten Nationen und nahm im Sicherheitsrat zunächst Chinas Sitz ein, ehe Anfang der 1970er-Jahre die UN-Mitgliedschaft auf Druck Pekings an die Volksrepublik ging. Unter Xi Jinping hat die von Peking betriebene internationale Isolation Taiwans noch deutlich zugenommen. Immer mehr Staaten haben ihre diplomatischen Beziehungen abgebrochen, sodass Taiwan derzeit nur noch von rund einem Dutzend Staaten offiziell anerkannt wird. Im April 2018 verlangte die chinesische Luftfahrtbehörde von Fluglinien weltweit, dass sie jeden Hinweis auf Taiwan als eigenständiges Land von ihren Webseiten und Flugplänen entfernen. Wie andere Airlines gab auch die Lufthansa dem nach. Wer nun nach Taipeh fliegen will, erhält den Hinweis, dass er nach »Taiwan, China« reist – gerade so, als sei Taiwan schon ein Teil Chinas geworden. Und als meine Familie und ich von China zurück nach Deutschland zogen, erhielten wir den eindringlichen Rat, den Schulatlas der Kinder und eine große Karte von Ostasien im Handgepäck zu verstecken. Im Atlas wie auf der Karte ist Taiwan nämlich als eigenständiger Staat verzeichnet. Die chinesischen Zensoren, die unsere Umzugskartons durchsahen, hätten diesen Schulatlas und die Karte konfisziert, so wie sie das bei vielen anderen auch gemacht haben. Aus Sicht Pekings darf es Taiwan noch nicht einmal in einem deutschen Schulatlas geben.

Angesichts von Chinas Drohungen plant Taiwan Rekordausgaben für seine Verteidigung. Nach Jahren von Kürzungen sollen die Militärausgaben in den nächsten Jahren auf 13,11 Milliarden Dollar steigen. Aber auch das sind weniger als fünf Prozent von Chinas Militärbudget. Und Taiwans Truppenstärke von gut 160000 Soldaten ist für das 24-Millionen-Land zwar groß, aber im Vergleich zu den über zwei Millionen aktiven Soldaten der Volksrepublik winzig. Taiwans Sicherheit beruht deshalb im Wesentlichen darauf, dass die USA im Fall einer Invasion zu Hilfe kämen. Im sogenannten »Taiwan Relations Act« verpflichtet sich Amerika, Taiwan jene Waffen zu verkaufen, die es für seine Selbstverteidigung benötigt.

Beide Länder schlossen Ende 2019 einen der bislang größten Waffendeals ab. Für mehrere Milliarden US-Dollar wird Taiwan amerikanische F16-Kampfjets, Abrams-Panzer, Panzerabwehrraketen und weiteres Kriegsgerät kaufen. Die entscheidende Frage aber ist, ob die USA wegen Taiwan mit China Krieg führen würden. Washington hat darauf bislang keine klare Antwort gegeben. Mit dieser sogenannten »strategischen Zweideutigkeit« sollte vermieden werden, dass Taiwan seinerseits Peking zu sehr provoziert, etwa indem es seine Unabhängigkeit erklärt. Aber Chinas militärische Drohungen haben der Frage eine neue Dringlichkeit gegeben.

In seinem Büro lockerte Taiwans Repräsentant Shieh seine Krawatte noch ein bisschen mehr als sonst, als würden ihm die Machtverhältnisse die Luft zum Atmen nehmen. »Was sollen wir tun?«, fragte er und hob dabei hilfesuchend die Arme. »Wir sind nur ein kleines Land, und unser Status sorgt dafür, dass wir überall am Rand stehen.«

Der dritte Grund, warum uns diese Orte angehen, ist deshalb ein machtpolitscher: Wenn wir Taiwan nicht wichtig nehmen, wird es Taiwan bald nicht mehr geben. Wir würden Chinas Einschüchterungen, seinen Drohungen freie Bahn lassen und würden es letztlich dazu ermutigen, die Lösung der Taiwan-Frage militärisch zu erzwingen. Wer einen Krieg in Ostasien verhindern will, der muss Taiwan sehr ernst nehmen. Der Konflikt der Systeme zwischen Demokratie und Diktatur könnte hier sonst zu einem Weltmachtkonflikt zwischen China und den USA eskalieren, von dem auch wir in Deutschland unmittelbar betroffen wären.

11 Wie bedrohlich ist Chinas Neue Seidenstraße für uns?

Was China bei der Neuen Seidenstraße verspricht, ist fast zu schön, um wahr zu sein. Alle Seiten sollen profitieren von chinesischem Geld und chinesischen Investitionen. Doch in Wahrheit gewinnt bei diesem Megaprojekt vor allem China. Die Neue Seidenstraße ist Chinas wichtigste Waffe zur Ausweitung seiner Macht. Es baut damit Stück für Stück seinen Einfluss aus – zunächst vor allem in seiner Nachbarschaft in Zentralasien und Südostasien. Aber so wie die alte Seidenstraße in Europa endete, so zielt China auch mit der Neuen Seidenstraße auf Europa. Es will Zugang zu Europas großem Markt, und seine Seidenstraßen-Politik verfolgt eine beunruhigende Strategie zur Spaltung Europas und zu wirtschaftlicher Dominanz. Anders als die alte Seidenstraße ist die neue nicht geprägt von Austausch, sondern eine Einbahnstraße für chinesisches Powerplay.

Chinas Seidenstraße folgt einem Plan, der vier zentrale Punkte hat: Er nutzt als Verkaufsargument die Magie der alten Seidenstraße, er baut mit neuen Straßen, Eisenbahnlinien und Häfen Verbindungen für ein chinesisches Imperium, er schafft mit Geld und Investitionsversprechen politischen Einfluss und Abhängigkeiten und öffnet damit neue Märkte für chinesische Firmen. All dies passiert bereits, in Südostasien, in Zentralasien und im Süden Europas. Das Beunruhigende aber ist, dass wir bislang darauf keine Antwort gefunden haben.

Im Herbst 2018 bin ich mit meinem Team acht Wochen lang der Landroute der Neuen Seidenstraße gefolgt – von Dunhuang bis Duisburg, vom alten Handelsort am Rande der Taklamakan-Wüste bis zum Endpunkt der Neuen Seidenstraße. Mein Kollege Normen Odenthal folgte mit seinem Team der Seeroute, die über die neuen Hafen-Stützpunkte Chinas in Sri Lanka, dem pakistanischen Gwadar und Europas Mittelmeerhäfen ebenfalls bis nach Duisburg führte. Wir wollten auf dieser langen und gefährlichen Reise durch 15 Länder herausfinden, was China tatsächlich vorhat mit seiner Neuen Seidenstraße. Was von den vielen Versprechungen Pekings wirklich zutrifft und wo am Ende nur China gewinnt. Ein solches Unternehmen hatte bis dahin noch kein Fernsehteam gewagt, weil die chinesischen Staatsbetriebe, die bei diesem Riesenprojekt fast überall das Sagen haben, sich von westlichen Medien ungern beobachten lassen wollen. Vielleicht fragten wir zum richtigen Zeitpunkt, vielleicht hatten wir auch nur genug Ausdauer für lange Gespräche und viele Tassen grünen Tees in kargen Pekinger Büros – am Ende bekamen wir jedenfalls die Genehmigungen und waren oft die ersten westlichen Journalisten, die Zugang erhielten zu jenen Orten, an denen China seinen Machtanspruch weit außerhalb seiner Grenzen in Beton gießt.

Chinas alte Größe und neue Ambitionen

Den ersten Punkt seines großen Seidenstraßen-Plans, das Marketing, gründet China auf einen Wüstenort, wo vor langer Zeit die Karawanen Rast machten, bevor sie sich durch das Jadetor in die Welt jenseits von *zhōngguó*, dem Reich der Mitte, wagten. Dunhuang liegt am Rande des tibetischen

Hochplateaus. Im Westen beginnt die von den Karawanen ge-
fürchtete Taklamakan-Wüste, eine der trockensten Gegenden
der Welt. Im Osten verengt sich die Landschaft zu einem von
Gebirgen umrahmten Korridor, der wie ein Eintrittsportal ins
Reich der Mitte war. Dunhuang ist einer der Orte, an denen
sich die Magie der alten Seidenstraße noch nachempfinden
lässt. Es war stockdunkel, als ich dort auf eine der riesigen Sand-
dünen stieg, um auf den Sonnenaufgang zu warten. Der Aufstieg schien nicht enden zu wollen, weil mich im weichen
Sand jeder Schritt nach oben gleich wieder zurücksinken ließ.
Als es Tag wurde, kam es mir vor, als würden die Sanddü-
nen langsam aus der weichenden Nacht wachsen, als würden
sie an jedem Morgen neu entstehen. Neben mir im Sand saß
eine Eidechse und reckte neugierig den Kopf, als suchte sie
die Sonne. Für einen Moment war es still auf der Düne, aber
nur für einen Moment.

Dann hörte ich röhrende Jeeps und Quad-Motorräder, das
Knattern von Helikoptern, die Rufe von Kameltreibern. Der
Tag in Dunhuang hatte begonnen und mit ihm der Ansturm
chinesischer Touristen. Dunhuangs mächtige Dünen waren
für sie beides zugleich: ein riesiger Spielplatz und eine Zeit-
reise in eine glorreiche Vergangenheit, in der China schon
einmal Weltmacht gewesen war. Die alte Seidenstraße ver-
band Ost und West. Und sie war ein Wagnis. Wer die gefährlichen Pässe des Pamir-Gebirges, die unnachsichtige Hitze der
Taklamakan-Wüste überwunden und seine Karawane mitsamt
den Waren heil nach Dunhuang gebracht hatte, der baute zum
Dank Höhlen. Deren Decken und Wände sind mit Fresken
aus buddhistischen Motiven verziert, am Kopfende stehen
Statuen der verschiedenen Buddhas. Eine Buddha-Statue ist
über 30 Meter hoch, eine andere liegt und misst gut 15 Meter.

Mich hat vor allem ein Fresko in einer etwas kleineren Höhle beeindruckt. Es zeigt, wie Händler aus Zentralasien chinesischen Räubern in die Hände fallen. Die Räuber tragen furchteinflößende Messer und sind groß und übermächtig. Die Händler hingegen wirken klein und schmächtig, als habe die lange Reise sie ausgezehrt. In ihrer Verzweiflung beten sie zu buddhistischen Göttern. Und das Wunder geschieht: Sie werden gerettet. Die ganze Seidenstraße steckt in diesem Bild. Die Waren der Händler kamen aus Samarkand, die Art zu malen aus Griechenland, der Buddhismus aus Indien.

Die alte Seidenstraße war ein legendärer Handelsweg zwischen Ost und West, auf dem nicht nur Gold, Jade, Gewürze und Seide gehandelt wurden. Entlang der Route verbreiteten sich mit den Reisenden auch Ideen, Rezepte und Religionen. Über sie gelangte der Buddhismus nach China und – so sehen sie es jedenfalls in China – die Pasta nach Italien. Später, ab etwa dem 14. Jahrhundert, verlor die gefährliche Landroute an Bedeutung, und aus der Seiden-Landstraße wurde eine Seiden-Seeroute.

Wenn wir von Globalisierung sprechen, davon, wie eng verbunden die Welt dank Flugreisen und Internet ist, dann vergessen wir gerne, dass es auch ohne diese Technik, zu Zeiten, als bei uns das sogenannte »dunkle Mittelalter« herrschte, eine Verbindung zwischen den Welten, zwischen Ost und West gab, die uns heute noch erstaunt. Die Seidenstraße war ein gut organisierter Austausch von Waren mit Karawansereien, die wie heutige Shoppingmalls und Börsen funktionierten. Sie zeigt, wie vernetzt die Welt schon damals war.

Doch Dunhuang ist nicht nur ein Symbol für Chinas alte Größe. Es steht auch für seine größte Demütigung, als sich zu Beginn des 20. Jahrhunderts die Macht des Kaiserreichs unter der Qing-Dynastie auflöste und europäische Mächte China in eine semikoloniale Abhängigkeit zwangen. Sie raubten nicht nur Chinas Ressourcen, sondern auch wertvolle Schriften und Fresken aus Höhlen wie in Dunhuang. Deutsche Orientologen waren bei diesen Raubzügen im Namen der Wissenschaft mit dabei. Die Holzkisten mit Chinas Schätzen landeten in Europa, wo sie bis heute in Museen zu sehen sind. So sollen Fresken, die aus Höhlen bei Turfan herausgeschnitten wurden, im neuen Berliner Humboldt Forum im Nachbau einer Höhle ausgestellt werden. Das Trauma der eigenen Schwäche ist aus Chinas Sicht also nach wie vor sehr gegenwärtig.

Für China war es ein beschwerlicher Aufstieg – vom Spielball des Westens hin zur neuen Weltmacht, die reich und groß nun nach Westen greift. In Dunhuang liegen die ideologischen Grundlagen für Chinas Neue Seidenstraße: die Sehnsucht nach vergangener Größe und nach jener Überlegenheit über den Westen, die für Chinas Herrscher jahrtausendelang selbstverständlich war.

Mit seinem Megaprojekt einer Neuen Seidenstraße versucht China nun an die alte, magische Seidenstraße anzuknüpfen. Entlang der alten Handelswege baut es mit gewaltigen Investitionsprojekten in Straßen, Eisenbahnen, Energieversorgung und Telekommunikation seinen Einfluss aus. Inzwischen packt Peking so vieles unter den offiziellen Namen der »Belt and Road Initiative«, dass vermutlich selbst die fleißigsten Kader den Überblick verlieren. Chinas Neue Seidenstraße reicht demnach bis nach Afrika, ja sogar in die Antarktis. Inzwischen hat China mit 138 Staaten Kooperationsabkommen zur Seidenstraße abgeschlossen.

Es ist das vielleicht größte Infrastrukturprogramm der Geschichte. Peking verspricht, dass alle Seiten davon profitieren werden. Tatsächlich aber hat die Neue Seidenstraße nur dem Namen nach mit der alten Seidenstraße zu tun. Es ist ein

Marketingtrick, denn die Neue Seidenstraße ist, anders als die alte, eher eine Einbahnstraße, entlang derer Peking nach Westen greift. Ja, der Austausch, der die alte Seidenstraße geprägt hat, ist Peking sogar zutiefst suspekt. Während es mit dem Seidenstraßen-Projekt massiv auf die Öffnung neuer Märkte für chinesische Waren und Dienstleistungen drängt, schottet es seinen eigenen Markt weiter ab und benachteiligt ausländische Bewerber gegenüber chinesischen Unternehmen. Ganz besonders misstrauisch sieht China heute den Austausch von Ideen oder gar politischen Sichtweisen.

Einen Weg finden oder einen bauen

Dafür gibt Peking umso mehr aus für den Bau von Straßen, Eisenbahnen und Häfen. Das ist der zweite wichtige Punkt von Chinas Seidenstraßen-Plan. An einem Spätnachmittag im Oktober 2018 bekam ich eine Ahnung davon, mit welcher Wucht China vorgeht und welche Ziele es dabei verfolgt. Es war ein Moment, wie es ihn selten gibt, in dem sich plötzlich jenseits der aktuellen Nachrichten und Ereignisse ein größeres Bild offenbart. Als dürfte man kurz auf die Aussichtsplattform der Geschichte und einen Blick erhaschen auf weltumstürzende Trends und Veränderungen, die unsere Zukunft prägen werden.

Die Tage zuvor waren wir dem Karakorum Highway gefolgt – vom Kunjirap-Pass, dem knapp 4700 Meter hohen Grenzübergang von China nach Pakistan, bis nach Manserah, nicht weit von Pakistans Hauptstadt Islamabad. Der Pass ist der höchstgelegene Grenzübergang der Welt. Aus einer kargen, windigen Hochebene, die eingerahmt ist von schroffen, schneebedeckten Gipfeln, ragt Chinas Grenzposten heraus, eine Torburg, die aussieht, als stamme sie aus der Chinesischen Mauer. Das Atmen fällt schwer auf dieser Höhe, aber der eigentlich gefährliche Teil stand uns erst noch bevor. Polizisten mit AK-47-Sturmgewehren sollten uns zu einer Baustelle auf der pakistanischen Seite begleiten. Der Karakorum Highway ist eine der berühmtesten Passstraßen der Welt. Sie führt von Kaschgar in Chinas westlichster Provinz Xinjiang hoch auf das Dach der Welt, zu den Bergen des Karakorum und Himalaya, in eine atemberaubende Bergwelt und in eine der gefährlichsten Regionen der Welt. Kaschmir und Afghanistan sind nicht weit, die Straße verläuft durch die Konfliktzonen des islamistischen Extremismus und des Mächteringens zwischen Pakistan, Indien und China. Der Highway gehört zum chinesisch-pakistanischen Wirtschaftskorridor und ist eines der riskantesten und schwierigsten Straßenbauprojekte der Welt. Er ist eines der wichtigsten Projekte für die Neue Seidenstraße. Seit über zehn Jahren baut die China Road and Bridge Corporation, ein Staatskonzern, schon daran – trotz der Dauer nach einem engen Zeitplan. Was das für ihre Mitarbeiter bedeutete, welchem Druck sie standhalten mussten, davon habe ich im Kapitel 2 schon erzählt.

Bereits am Grenzübergang kamen mir Zweifel, ob es bei dem Bau nur um Handel gehen konnte. Das knappe Dutzend chinesischer Lkw, das auf pakistanischer Seite darauf wartete, dass der quietschende Grenzzaun aufgeschoben wurde, hatte nichts geladen. Die Lkw-Fahrer zeigten mir ihre leeren Container. Ja, auf dem Weg nach Pakistan hatten sie Kleidung und billige Elektroartikel geladen. Aber zurück? »Nichts drin«, sagten die Fahrer achselzuckend. Ihre Lkw sahen so geschunden aus wie sie selbst. Die Reifenprofile waren aufgerissen, bei einigen Lkw fehlten Räder. Die Fahrer erzählten davon, dass überall Steinschlag und Erdrutsche drohten und manche Stellen so eng und schwierig seien, dass die Container an der Felswand entlangschleiften. Man sah noch die Spuren – tiefe Schnitte in den Containerwänden, als wären es Narben. Mehrere Tage waren wir unterwegs auf dieser Straße, die immer wieder übersät war von Steinen und Felsblöcken. Die Fahrer schauten dann angstvoll nach oben und beschleunigten. An winzigen Polizeistationen wechselten unsere Bewacher. Manchmal mussten wir warten, weil die neuen Begleiter sich erst noch aus ihren Schlafsäcken schälen, im Gebirgsbach waschen und ihre Gewehre schultern mussten. Selten kamen Siedlungen wie Sost, gebaut entlang der Straße, Orte für den Handel und den Transit mit Hotels, die nach Schweiß rochen, mit ranzigen Garküchen und Handelsgeschäften, die ihre Geschäfte in holprigem Englisch und Chinesisch anpriesen. Die chinesischen Lkw, die vom Kunjirap-Pass kamen, mussten in Sost die Ware auf pakistanische Lkw umladen. Sost ist der Flaschenhals für den wenigen Handel, den es zwischen China und Pakistan gibt.

Die Straße wirkte auf mich wie ein dünner Seidenfaden, der sich durch eine unwirtliche, bedrohliche Berglandschaft schlängelte. In der Nähe von Shishkat, sechs Stunden von der Passhöhe entfernt, hatte ein gewaltiger Erdrutsch Anfang 2010 ein ganzes Dorf und die Straße weggerissen. Die Geröllmassen stauten einen Fluss zu einem riesigen Gebirgssee. Die chinesischen Baufirmen haben die Straße danach einfach noch einmal neu gebaut – diesmal durch den Berg hindurch. Als wir die Tunnels passierten, musste ich an Hannibal denken: »Entweder werde ich einen Weg finden oder einen bauen«, soll er gesagt haben, bevor er die Alpen mit Elefanten überquerte, um Rom zu erobern. Ging es auch China vor allem um Macht und Strategie? Welches Rom wollten die Chinesen erreichen?

Nach drei Tagen Fahrt erreichten wir Manserah, wo der chinesische Baukonzern inzwischen sein Hauptquartier hatte. Sie waren weit gekommen. Von Manserah aus sind es nur noch 150 Kilometer bis Islamabad. Die Landschaft war nun nicht mehr schroff und gebirgig, sondern lief in sanften Hügeln aus. Die Chinesen führten uns zu einer halbfertigen Autobahnbrücke, 60 Meter hoch. Ein Kran schob dort gerade langsam eine 140 Tonnen schwere Betonplatte über den Abgrund. Während der ganzen Fahrt hatte ich mich gefragt, warum China diesen irren Aufwand betrieb. In diesem Moment, auf der turmhohen Brücke, wurde es mir klar. Man sah von hier aus eine lange Schneise, die Hügel zerteilte und Schluchten übersprang. China bahnte sich seinen Weg über alle Hindernisse hinweg mitten durch Pakistan hin zum Meer. Denn das ist das eigentliche Ziel: der direkte Zugang zum Indischen Ozean.

Bislang liegen alle Häfen Chinas an der Ostküste. Etwas anderes lässt Chinas geografische Lage auch gar nicht zu. Mit Chinas Aufstieg zur zweitgrößten Volkswirtschaft sind diese Häfen lebenswichtig geworden. Sie ziehen sich in einer langen Kette vom Norden in Tianjin über Qingdao und Shanghai bis nach Shenzhen. Sieben der zehn größten Häfen der Welt liegen in China. Es sind riesige Containerterminals für den Warenhandel und Umschlagsorte für Chinas unersättlichen Hunger nach Rohstoffen wie Erdöl, Kohle, Metallen. Der Treibstoff für Chinas Wirtschaftsmaschine kommt per Schiff aus anderen Ländern, denn China verfügt trotz seiner gewaltigen Größe nur über wenige dieser Rohstoffe. Die Häfen sind daher die Lebensadern für China, der Erfolg seiner Wirtschaft hängt vom freien Fluss der Güter und Rohstoffe ab. Doch genau diesen freien Fluss hält Peking für verwundbar.

Ein großer Teil seines Handels, insbesondere auch die Tanker mit Rohöl von der Arabischen Halbinsel, müssen durch die Meerenge von Malakka westlich von Singapur. Peking befürchtet, dass diese Meerenge im Fall eines Konflikts leicht blockiert werden könnte von den USA und ihrer Pazifikflotte. China wäre abgeschnitten vom lebenswichtigen Handel. Dieses strategische Dilemma wird sich ändern durch den Karakorum Highway. Das rohstoffarme China sichert sich so seine Zugänge zu Öl und Gas, zu den Treibstoffen der Macht. Von Manserah aus sind es noch fast 2000 Kilometer bis Gwadar am Indischen Ozean, wo Chinas Staatskonzerne bereits dabei sind, einen Hafen und eine chinesische Stadt zu bauen. Aber das Terrain ist viel einfacher als über den Karakorum. 2000 Kilometer, das ist nicht so viel für Chinas Straßenbauer.

In diesem Moment auf der Autobahnbrücke wusste ich daher nicht, was mir mehr Schwindel bereitete. Der Blick von den turmhohen Brücken oder dieser irrwitzige Aufwand, der maßlose Plan einer Straße über das Dach der Welt zum Meer. Und es geht ja nicht allein um diese Straße. China baut auch Häfen oder kauft sich dort ein: in Kambodscha, auf Sri Lanka, in Pakistan mit Gwadar, in Dschibuti am Horn von Afrika, wo es eine eigene Militärbasis installiert hat, in Israel und Griechenland – es ist eine Kette von strategischen Stützpunkten von Fernost bis Europa. China baut Eisenbahnlinien, etwa eine Verbindung quer durch Zentralasien bis nach Deutschland, als wären die kilometerlangen Güterzüge nun die neuen Karawanen für den Handel zwischen Ost und West. In Khorgos, dem kasachischen Grenzort zu China, filmten wir bei einem neuen Containerterminal, das Güterzüge auf die russische Spurweite umsetzt. Wir mussten lange warten, bis endlich ein Güterzug aus China kam. Dafür wurde rund um das Terminal umso mehr gebaut. Mitten in der kasachischen Steppe war eine neue Stadt entstanden mit Wohnblöcken, Schulen, Büros, Shoppingcentern. In Khorgos leben sie ganz in der Zukunft, in der Hoffnung auf das, was aus China kommen wird.

So wie das Römische Reich seine Macht auf einem Netz von Heerstraßen gegründet hat, so baut China nun Straßen, Häfen und Eisenbahnlinien für sein Imperium. Und die Vehemenz, mit der China sich seinen Weg bahnt durch die Berggiganten des Karakorum, durch die Weltmeere, durch die Weiten Zentralasiens, erscheint mir wie ein Vorbote für Chinas Ansprüche als neue Weltmacht, die die Regeln verändern und die Gewichte auf dem Globus verschieben wird.

China kauft sich Einfluss und Abhängigkeit

Diese gewaltigen Bauten für Verkehrswege oder Kraftwerke kosten sehr viel Geld. Und China geht bei den Investitionen und den Krediten, die damit verbunden sind, seinen ganz eigenen Weg. Das ist der dritte Punkt seines großen Seidenstraßen-Plans. Im Südosten Sri Lankas, in Hambantota, sahen wir, wie das funktioniert. Die China Harbour Engineering Company und die Sinohydro Corporation, zwei chinesische Staatsbetriebe, haben dort einen riesigen Hafen gebaut. Die China Harbour gehört zum Großkonzern China Communications Constructions Corporation (CCCC), der auch für den Bau des Karakorum Highways verantwortlich ist. CCCC ist einer der größten Baukonzerne der Welt und einer der wichtigsten Akteure bei Chinas Seidenstraßen-Projekt. Sri Lanka hat für die Baukosten insgesamt fünf Kredite in Höhe von insgesamt 1,26 Milliarden US-Dollar aufgenommen – bei einer chinesischen Staatsbank, der EXIM Bank. Das Problem allerdings war, dass die chinesische Bank ihr Geld schnell wiedersehen wollte. Kurze Kreditlaufzeiten bedeuteten hohe Raten für Sri Lanka. Als das Land die nicht mehr zahlen konnte, übernahm China den Hafen. Im August 2017 unterzeichnete Sri Lankas Regierung eine Abtretungsvereinbarung, nach der die China Merchants Port (CM Port), ebenfalls ein chinesischer Staatsbetrieb, 70 Prozent der Anteile des Hafens für 99 Jahre und einen Betrag in Höhe von 1,12 Milliarden Dollar übernehmen würde. Nun haben also die Chinesen dort das Sagen.

Hambantota war ein chinesisches All-inclusive-Projekt. Chinesische Staatsunternehmen bauten, eine chinesische Staatsbank gab Kredite, am Ende übernahm ein anderer chinesischer Staatsbetrieb den ganzen Hafen. Hambantota ist deshalb zu einem Symbol geworden für chinesisches Powerplay. Aruna Kulatunga, ein politischer Analyst Sri Lankas, sagte meinen Kollegen über den Hafen-Deal:»Das ist, als würde mir die Bank einen Kredit geben und sagen: Okay, hier ist das Geld. Damit kannst du dein Haus bauen. Aber alle Steine dafür musst du bei mir kaufen. Und du musst meine Arbeiter dafür beschäftigen. So läuft das.«

Auch in Pakistan scheinen die Verträge für den Karakorum Highway und weitere Projekte einseitig zu Lasten des Landes zu gehen. Pakistan musste wegen seiner Schuldenkrise um Hilfen beim Internationalen Währungsfonds bitten. Die frisch ins Amt gekommene Regierung von Imran Khan war offenbar so schockiert über die Verträge, dass Khan beim zweiten Seidenstraßen-Gipfel in Peking im Frühjahr 2019 fairere und transparentere Abkommen forderte. Chinas Staats- und Parteichef Xi Jinping versprach das sogar. Auf dem gleichen Gipfel erklärte er, China werde in Zukunft allgemein akzeptierte Standards annehmen und alle beteiligten Unternehmen ermutigen, sich bei Projektentwicklung, Bieterverfahren und Beschaffung an die Regeln zu halten. Das klang schön. Doch auf eine Umsetzung, ein Umdenken warten sie in Sri Lanka, in Pakistan und anderswo immer noch.

China hält fest an einem Prinzip, das seine gesamte Politik entlang der Neuen Seidenstraße prägt. Abkommen schließt Peking mit Vorliebe bilateral ab zwischen China und dem jeweiligen Nehmerland. Es sind deshalb schon allein aufgrund von Chinas Größe stets ungleiche Machtverhältnisse. Und Peking lässt sich dabei auch nicht in die Karten schauen. Die Verträge und Projekte sind intransparent, nicht eingebettet in internationale Institutionen wie die Weltbank, den Internationalen Währungsfonds oder den Pariser Club, der bei Verhandlungen über Zahlungsschwierigkeiten vermittelt. Aus Pekings Sicht sind das westlich dominierte Organisationen, es schreibt lieber seine eigenen Regeln, nutzt sein eigenes Schwergewicht.

Eine Untersuchung von Seidenstraßenprojekten des Center for Global Development in Washington kommt zu dem Ergebnis, dass 23 Länder durch die Kredite aus China in eine gefährdete Schuldensituation geraten sind. Bei acht Ländern, darunter Kirgisistan, Pakistan und das europäische Montenegro, ist die Verschuldung sogar so gravierend, dass ein hohes Risiko für einen Staatsbankrott besteht.

China, so scheint es, wiederholt ein Vorgehen, das es selbst immer heftig kritisiert hat und das Teil seines nationalen Traumas ist. Ähnlich wie der Westen im 19. und 20. Jahrhundert nutzt China seine wirtschaftliche und politische Macht gegenüber schwächeren Staaten für ungleiche Abkommen, die ihm Einfluss und Kontrolle sichern. Es begründet eine neue Form des Kolonialismus, diesmal nach chinesischer Prägung. Die Landnahme in Sri Lanka zum Beispiel erinnert daran, wie Großbritannien im 19. Jahrhundert die Herrschaft über Hongkong gewann – damals von China, dessen Kaiserreich sich im Niedergang und Zerfall befand.

China erkauft sich Einfluss. Nicht nur mit seinen Bauten, sondern auch mit Wohltaten an die Eliten des jeweiligen Landes, die in den intransparenten Investitionsabkommen erst einmal nicht auffallen. Dass das möglich ist, hat aber auch damit zu tun, dass China in eine Leerstelle vorstößt.»China schenkt uns nichts«, sagte Aruna Kulatunga, der politische Analyst.»Das Ziel der Chinesen ist nicht, Sri Lanka etwas Gutes zu tun. Sie haben wirtschaftliche Interessen und politische Interessen. Das Problem ist: Was sollen wir machen? Wir brauchen Geld. Wir brauchen Investitionen. Und kein anderer gibt sie uns.«

Chinas Unternehmen greifen nach Westen

Die Neue Seidenstraße ist wie ein Türöffner für chinesische Unternehmen, die sich damit Zugang und Einfluss zu neuen Märkten verschaffen. Das ist der vierte Punkt des großen Seidenstraßen-Plans. Chinesische Unternehmen gehen dabei zielstrebig, aber oft auch mit wenig Rücksicht auf die jeweiligen Länder vor.

Im April 2018 etwa eskalierte in Kazarman im Südwesten Kirgisistans ein Streit um eine Goldmine aus Sowjetzeiten, die chinesische Investoren wiederbeleben wollten. Unter der Erde von Kazarman werden nach wie vor viele Tonnen Gold vermutet. Die Sowjets hatten zum Goldabbau hochgiftiges Zyanid genutzt. Kamen daher die Krebsfälle im Dorf? Und was hatte das chinesische Unternehmen vor? Auf diese Fragen hätten sie keine Antwort bekommen – weder von den Chinesen noch von den eigenen Behörden, erzählten die Dorfältesten.

Es war ein freundlicher Herbsttag, und wir standen vor abgebrannten Ruinen am Tor der Mine.»Ungefähr tausend Menschen waren hier und sie verloren die Geduld«, erzählte Scha-paralui Kasuibajew, die Mütze tief ins Gesicht gezogen, neben sich ein halbes Dutzend Frauen und Männer, alle um die 60. »Die Masse ist eine Masse. Sie hören auf niemanden. Sie haben die Gebäude niedergebrannt.« Neben uns stand das ausgebrannte Verwaltungsgebäude, links davon eine lange Reihe verkohlter Baracken, aus denen Fensterrahmen hingen, ganz hinten der rostige Förderturm aus Sowjetzeiten. Die Dorfältesten hatten Papiere mitgebracht über die Pläne der chinesischen Minenfirma. Das Unternehmen wollte zwar die alte Mine wieder in Betrieb nehmen, aber es hatte keine Genehmigungen, behaupteten die Dorfältesten. Dafür aber offenbar die Unterstützung der lokalen Regierung.

Vor dem verlassenen Minengelände lag eine langgestreckte Talsenke, die aussah wie ein vertrockneter See. Der mit Zyanid belastete Abraum war früher dort abgeladen worden. Die Chinesen wollten die Halde aufreißen, um auch dort nach Gold zu graben. Sechs bis sieben Tonnen sollen dort noch lagern. Aber was mit der toxischen Erde passieren sollte, hatte niemand erklärt. »Die Regierung will nur das Geld der Chinesen«, klagten die Dorfältesten. »Ihr sind die Menschen egal.«

Das chinesische Minenunternehmen hatte Kazarman zu diesem Zeitpunkt längst verlassen, betrieb aber nach wie vor andere Minen in Kirgisistan. Es war nicht bereit, Fragen zu den Vorfällen in Kazarman zu beantworten. Die Vertretung in Kirgisistan verwies an die Zentrale in Peking, die dann, wie es oft in solchen Fällen in China passiert, auch auf Nachfragen nicht reagierte. Aus Sicht des Unternehmens war es vermutlich so, dass es sich nicht anders verhalten hatte als in China. Wichtig hier wie dort war zuallererst, Partei und Politik für die eigenen Ziele zu gewinnen. Das hatten sie auch in Kirgisistan offenbar geschafft. Dass man daneben auch die lokale Bevölkerung informieren und für sich gewinnen musste, war offensichtlich nicht Teil des Plans. Es wäre in China auch nicht nötig gewesen. Selbst wenn die Sache so eskaliert wäre wie in Kazarman, wäre in China die Polizei zur Stelle gewesen und hätte den Protest mit aller Macht niedergeschlagen.

In Usbekistan entdeckten wir das chinesische Unternehmen Litai Textile. Litai hatte im Süden Usbekistans, zwischen den alten Seidenstraßenorten Samarkand und Bukhara, eine nagelneue Textilfabrik aufgebaut. Die hochmodernen Maschinen, die Rohbaumwolle zu feinen Garnen verarbeiteten, kamen aus Deutschland. Von Herstellern, die die Chinesen kürzlich aufgekauft hatten. Das Management der Fabrik bestand ausschließlich aus Chinesen, die Arbeiter waren Usbeken.

Anders als das Minenunternehmen ließ Litai uns in seine Fabrik. Cheng Zhi, der Generalmanager, war ein drahtiger Mann, der so schnell sprach, wie er durch die langen Reihen von Maschinen hastete. »Wir haben hier investiert, weil in Usbekistan die Kosten für Wasser, Elektrizität, Gas und die Löhne für die Arbeiter viel niedriger sind als in China«, sagte Cheng. »Auch die Kosten für den Rohstoff Baumwolle sind viel geringer.«

Aber war nicht die Baumwolle in Usbekistan ein Problem? Viele internationale Textilfirmen boykottierten Usbekistans Baumwolle, weil der Verdacht bestand, dass Erntehelfer zwangsweise rekrutiert wurden, darunter auch Kinder. Auf dem Weg zur Fabrik von Litai waren wir an endlosen Baumwollfeldern vorbeigefahren. Ich hatte viele Arbeiter auf den Feldern gesehen, manche in Militäruniform, andere mit so vielen Tüchern um den Kopf, dass ihr Alter kaum auszumachen war. Lange anhalten konnten wir nicht. In Usbekistan war es verboten, die Helfer bei der Ernte zu filmen oder zu fotografieren. Und die zahlreichen Kontrollpunkte der Polizei schienen zu zeigen, dass das auch nach wie vor durchgesetzt wurde.

Besonders schlimm war die Ausbeutung der Erntehelfer unter Usbekistans Machthaber Islam Karimov. Aber auch nach seinem Tod 2016 bestand das Problem weiter. Litai Textile hatte das offenbar nicht davon abgehalten, genau hier zu investieren. Ich fragte Cheng, wie seine Firma sicherstellen wolle, dass die Baumwolle, die sie verarbeitete, nicht unter menschenunwürdigen Bedingungen geerntet wurde.

»Die Baumwolle ist aus Usbekistan. Die ganze Baumwolle kommt aus der Umgebung«, erklärte Cheng Zhi.

»Und wo kaufen Sie die Baumwolle?«, fragte ich.

»Vom Handelszentrum, nur vom staatlichen Handelszentrum. Den Preis legt der Staat fest«, sagte er.

Mir war am Ende nicht klar, ob er die Frage nicht verstanden hatte oder sie nicht verstehen wollte. Sicher war nur: Litai selbst scherte sich nicht darum, wie die Baumwolle geerntet wurde. Die Firma machte daraus Garn »Made in China«, das an Nähereien in aller Welt verschickt wurde. Nach Pakistan, in den Iran, nach Russland. Niemand würde später erfahren, woher die Baumwolle ursprünglich kam. Vielleicht war genau das auch die Idee von Litai. Dass es sich nicht lohnte, Probleme zu beachten, die niemand zurückverfolgen konnte und die die Firma nur Geld kosteten.

In einem ruhigen Moment während unseres Besuches bei Litai unterhielt ich mich mit einem der usbekischen Vorarbeiter. Er erzählte, dass die Fabrik für ihn eine große Chance sei. Aber er machte sich auch keine Illusionen. »Die Chinesen haben mich geholt wegen der Sprache und meiner Kontakte«, sagte er. »Aber sobald sie jemanden finden, von dem sie glauben, dass er ihnen noch mehr bieten kann, werden sie mich fallenlassen.« Er war nicht der Einzige, der das so sah.

Chinas Neue Seidenstraße trägt also viel mehr in die Welt als eine magische Erzählung, viele Baustellen und noch mehr Geld und Abhängigkeiten. Mit Chinas Griff nach Westen kommt auf uns auch die Art zu, wie chinesische Unternehmen ihre Interessen durchsetzen. Wie sie den Sorgen und Wünschen lokaler Bevölkerungen begegnen, mit ihren Mitarbeitern umgehen oder mit ethischen Standards. Die vier zentralen Punkte von Pekings großem Plan sind längst auch bei uns in Europa zu erkennen, dem eigentlichen Ziel von Chinas Expansion.

Europas Schwäche öffnet China die Tore

In Pekings Propaganda, dem ersten Punkt, passt inzwischen so ziemlich alles unter den Begriff der Neuen Seidenstraße. Auf dem Höhepunkt der Corona-Epidemie etwa bot Chinas Staats- und Parteichef Xi Jinping Italien und Serbien medizinische Hilfe und Unterstützung. Xi nannte das eine »Seidenstraße der Gesundheit«. Sie wurde dankbar angenommen. Serbiens Ministerpräsident pries die »chinesischen Brüder« und schimpfte auf die aus Sicht eines EU-Beitrittskandidaten mangelhafte Unterstützung Europas. Auch aus Italien kamen Huldigungen gegenüber Peking und Spitzen in Richtung Berlin und Brüssel. China nahm all das mit einer an alte Kaiserzeiten erinnernden Huld auf. Es passte in die seit Jahren gestrickte Erzählung, dass die Neue Seidenstraße ein Menschheitsprojekt sei, von dem angeblich alle profitierten. Und es war natürlich auch kein Zufall, dass ausgerechnet Italien und Serbien in der Krise das hohe Lied auf Peking sangen. Beide Länder gehören zu jenen in Europa, die sich von Chinas großem Plan am meisten versprechen.

Gegen Ende unserer langen Reise entlang der Neuen Seidenstraße hatten wir an einem klaren Herbstvormittag eine
Verabredung an einer Bahnlinie am Stadtrand von Serbiens
Hauptstadt Belgrad. Als wir ankamen, dachte ich für einen
Moment, wir wären wieder in China. In ihren leuchtend gelben Sicherheitswesten standen die Mitarbeiter der China Railway International stramm, als wäre es der Morgenappell. Auf
einem mit rotem Tuch bedeckten Campingtisch lag ein rotes
Buch, in das ich einen Gruß schreiben sollte. Ich bekam eine
chinesische Wasserflasche, dann stapften wir den Bahndamm
hoch. Hier sollte sie bald entlangführen, die neue Schnell-
bahnlinie zwischen Belgrad und Budapest.

Die entscheidenden Akteure waren alte Bekannte: Neben
der staatlichen China Railway International baute am serbi-
schen Streckenabschnitt auch wieder die China Communications Construction Corporation (CCCC) mit, derselbe Staatskonzern, der auch am Karakorum Highway und am Hafen
von Hambantota beteiligt war. Finanziert wurde das Ganze
wieder von Chinas staatlicher EXIM-Bank. Die Kosten für die
rund 200 Kilometer von Belgrad bis zum Grenzort Subotica
beliefen sich auf rund 1,3 Milliarden US-Dollar. Und das betraf nur den chinesischen Abschnitt, denn einen Teil der Strecke sollte ein russisches Unternehmen bauen. Auf ungarischer
Seite lagen die Kosten mit knapp 2,8 Milliarden Euro noch
höher. Dort stand zu diesem Zeitpunkt auch noch das euro-
paweite Ausschreibungsverfahren aus, zu dem die EU Ungarn
gezwungen hatte.

Für ein Prestigeprojekt, das die chinesischen Staatsbetriebe
lange nicht filmen lassen wollten, sah alles zunächst ziemlich
unspektakulär aus. Da war nicht viel mehr als ein Bagger, der
das alte Gleisbett abräumte, und daneben eine Menge chinesischer Ingenieure, die dabei zuschauten. Als ich das sah, wun-

derte ich mich. Wie konnte es sein, dass diese Bahnlinie über rund 350 Kilometer insgesamt über vier Milliarden Euro kostete? Es sah nicht nach aufwändigen Bauarbeiten aus, und das Gelände war auch nicht der Karakorum Highway, sondern die Pannonische Tiefebcne, wo es weder Tunnels noch große Brücken brauchte.

Als ich Serbiens stellvertretende Ministerpräsidentin beim Interview in ihrem Ministerium danach fragte, erzählte sie von einem Eisenbahnnetz, das Serbien verbinde mit Europa und den Häfen am Mittelmeer. Es waren große Pläne und Hoffnungen. Der Streckenabschnitt Richtung Budapest erschien da trotz der astronomischen Kosten nur als ein winziges Puzzleteil. Es war mir nicht klar, wie das funktionieren sollte. Und vor allem, warum Serbien als EU-Beitrittskandidat dafür ausgerechnet China ins Boot holte. Zorana Mihajlovic lächelte kurz über meine Frage.»Das Angebot der Chinesen zur Finanzierung der Zuglinie Belgrad-Budapest«, sagte sie, »war tatsächlich das beste von allen, die mitgeboten haben.«

Das Modell dabei war genau das gleiche wie in Pakistan oder Sri Lanka, es ging streng nach Punkt zwei des Seidenstraßen-Plans. Chinas Banken gaben Kredite, Chinas Firmen bauten. Bezahlen mussten andere.»Das gesamte Risiko bei der Bahnlinie tragen Ungarn und Serbien. Der Profit geht an die Chinesen«, sagte Tamás Matura, der an der Budapester Corvinus-Universität Chinas Seidenstraßenprojekte in Europa erforscht.»Immer wieder reden die Chinesen von einer Win-win-Situation. Was sie aber damit meinen, ist, dass China zweimal gewinnt.« Faire Regeln waren das also nicht. Die Frage war, warum sich Länder wie Serbien oder Ungarn darauf einließen.

Warum die Eisenbahnlinie für China lukrativ schien, war dagegen offensichtlich. Der hohe Preis machte es ökonomisch interessant. Vor allem aber war das Projekt ein Türöffner für den europäischen Markt. Und zumindest auf lange Sicht war es vorstellbar, dass der Schienenweg einmal bis Griechenland, bis zum Hafen von Piräus reichen würde. Chinas staatlicher Logistikkonzern Cosco hatte 2009 den Hafen von der griechischen Regierung gepachtet, 2016 dann sogar eine Mehrheit daran erworben. Cosco nutzt Piräus für den eigenen Warenumschlag aus China. Seit 2009 hat sich der Verkehr deshalb mehr als verzehnfacht. Die Fracht der Riesenschiffe aus Fernost wird in Piräus auf kleinere Schiffe für den europäischen Markt umgeladen. Eine schnelle Eisenbahnlinie über den Balkan könnte dabei helfen, die Waren aus China noch schneller und günstiger ins Zentrum Europas zu bringen.

Piräus wird in Griechenland übrigens auch der »deutsche Hafen« genannt. Im Zuge der Schuldenkrise hatte die EU unter maßgeblichem Einfluss Deutschlands die Griechen zu Privatisierungen gezwungen. So sollte Griechenland seine enormen Staatsschulden verringern. Der Hafen Piräus war eines der Goldstücke, die dafür verkauft werden sollten. Nur fand sich kein anderer Investor als die Chinesen, als Cosco.

Chinas Expansion, sein Griff nach Westen, wird also auch ermöglicht von einer EU, die sich nicht ausreichend um ihren Handelsraum gekümmert hat. Sicher, es gibt eine Europäische Konnektivitätsstrategie. Aber wer hat davon außerhalb von Expertenkreisen schon mal gehört? Und die Tatsache, dass die EU selbstverständlich viel höhere Beträge für Infrastruktur im Rahmen ihrer zahlreichen Fonds und Fördertöpfe bereitstellt – egal ob in EU-Ländern wie Griechenland und Italien oder Beitrittskandidaten wie Serbien –, auch davon erfährt man nicht viel.

Europa hat also angesichts der Konkurrenz mit China ein erhebliches Kommunikationsproblem. Und es hat versäumt, bei wichtigen Infrastrukturprojekten schneller, entschlossener zu sein als China. In der Menge ist das noch kein Problem, in der Symbolik schon. Denn es wird dabei überdeutlich, dass Europa im Gegensatz zu China gerade keinen großen Plan verfolgt. Die EU öffnet dadurch einen Freiraum, den Peking nur allzu gerne füllt. Brüssel gibt China eine Bühne, die zu einem noch größeren Problem werden kann, weil es Europas Grundlagen und seine Werte betrifft. In einem an sich selbst zweifelnden Europa wächst mit jedem chinesischen Erfolg die Bewunderung für das chinesische System, das undemokratisch, aber effektiv ist, rücksichtslos, aber schnell. Dieses Denken sickert nun ein nach Europa über die Neue Seidenstraße.

Es ist eben nicht allein Chinas Stärke, die Türen öffnet und die Gewichte verschiebt. Es ist mindestens genauso sehr die Schwäche der EU, die China stark macht. In der EU haben inzwischen mehr als die Hälfte der Mitgliedsstaaten mit China ein Seidenstraßenabkommen unterschrieben. Den Anfang machten Polen, Ungarn und Tschechien, gefolgt von Bulgarien, Kroatien, den baltischen Staaten, Malta, der Slowakei und Slowenien, Griechenland, Portugal, Italien, Österreich und Luxemburg. Es sind wie immer Einzelverträge zwischen China und dem jeweiligen Land. Und dieses sogenannte Memorandum of Understanding (MoU) veröffentlicht China auch nicht, nur die Vertragspartner machen das manchmal. Die MoU enthalten in der Regel Absichtserklärungen für die Zusammenarbeit und mögliche Projekte. Aber aus chinesischer Sicht ist das genug, um Türen für seine eigenen Unternehmen zu öffnen und um politisch Einfluss zu nehmen in Europa.

Der größte Erfolg bislang war, dass Italien 2019 ein solches Seidenstraßen-MoU unterzeichnete. Italien sitzt ganz ohne Chinas Zutun in der Schuldenfalle und hofft auf Investitio-

nen, auf billiges chinesisches Geld. Der Beitritt der drittgröß-
ten Volkswirtshaft Europas war ein Meilenstein für Chinas
Europastrategie. Zuvor waren es vor allem mittel- und osteu-
ropäische Staaten, die mit China einen Verbund eingegangen
waren in einem Format, das sich 17+1 nennt und sogar ein
eigenes Generalsekretariat in Peking hat. Man merkt daran
schon, wer aus Pekings Sicht hier Koch und wer Kellner ist.
Die EU sieht darin zu Recht ein Instrument zur Spaltung
Europas. Im Frühjahr 2019, kurz vor Xi Jinpings Besuch in Italien zur Unterzeichnung der Seidenstraßen-Verträge, erklärte
die EU erstmals China zum »systemischen Rivalen«. Das war
eine drastische und für die sonst so nuancierte Sprache der
EU ziemlich ungewöhnliche Formulierung, die zeigte, für wie
brisant Chinas Ausgreifen nach Europa gehalten wurde.

Doch die Aussicht oder auch nur die Hoffnung auf chinesische Investitionen machen eine gemeinsame EU-Position
gegenüber Peking immer schwierig. Einzelne Länder scheren
aus, besonders wenn es um Menschenrechtsfragen oder Ge-
bietsansprüche Chinas geht. 2015 stellten sich Griechenland,
Ungarn, Kroatien und Slowenien gegen eine scharfe Verurteilung chinesischer Ansprüche im Südchinesischen Meer.
Ungarns Ministerpräsident Viktor Orbán weigerte sich im
Frühjahr 2017, einen Brief der EU zu unterschreiben, der die
Menschenrechtsverletzungen in China kritisierte. Bei einem
Besuch in Peking kurz darauf lobte Orbán die Neue Seidenstraße als ein Globalisierungsmodell, das ohne »Belehrungen«
in Sachen Demokratie, Rechtsstaat und Menschenrechte aus-
komme. Griechenland wiederum verhinderte im Juni 2017
eine gemeinsame Erklärung der EU vor dem UN-Rat für Men-
schrechte zu den Menschenrechtsverletzungen in China.
Athen fand, die Kritik sei »nicht konstruktiv«.

Andererseits haben sich viele der Hoffnungen auf die Chinesen und ihr Geld bislang nicht erfüllt. Viele Projekte blieben bloße Ankündigungen. Seit 2018 schnallt China offenbar den Gürtel seiner Belt and Road Initiative enger, auch die massiven Subventionen zum Beispiel für die Containerzüge zwischen Europa und China wurden gekürzt. Besonders in Tschechien ist die Ernüchterung groß. Von den vielen angekündigten Projekten ist kaum eines realisiert worden. Sogar ein Seidenstraßen-Institut in Prag musste schließen, weil die Gelder ausgingen. Der Prager Bürgermeister hat China deshalb als »unzuverlässigen Partner« bezeichnet. Die Städtepartnerschaft mit Peking will Prag beenden und stattdessen, als besonderen Fingerzeig gegenüber China, eine mit Taipeh, der Hauptstadt Taiwans, eingehen.

Wird ganz Deutschland zum Ruhrgebiet?

Unsere Reise endete im Hafen von Duisburg. Es ist, so sehen sie es jedenfalls dort gerne, tatsächlich auch der Endpunkt der Neuen Seidenstraße. Duisburg gilt als der größte Binnenhafen Europas, aber für chinesische Augen, die die Häfen von Shanghai oder Shenzhen kennen, muss er dennoch klein und irgendwie putzig wirken. Aber Duisburg hat große Hoffnungen. Erich Starke, ehemaliger Chef des Hafens, ein knorriger Mann mit einer rauen Ruhrgebietsstimme, erzählte mit Blick auf die Binnenfrachter seine Lieblingsgeschichte. Es ging darin um die Zukunft Duisburgs, um eine Art Happy End für die geschundene Stadt. Im Flughafen von Shanghai hatte Starke eine große Weltkarte entdeckt, auf der die Neue Seidenstraße eingezeichnet war. Zu sehen seien nur ganz wenige Städte, im Osten Shanghai und ganz im Westen, am Ende der Seidenstraße, Duisburg. Duisburg und Shanghai, auf einer

Stufe. Starke horchte seinen eigenen Worten nach. Es gefiel ihm jedes Mal, wenn er davon sprach.

Die Frage war nur, ob Starkes Hoffnung und die vieler anderer entlang der Neuen Seidenstraße berechtigt war. Brachte der Handel mit China tatsächlich Aufschwung und Wohlstand? Konnte das die Rettung sein für Städte wie Duisburg? Ich war skeptisch, als ich Starkes Geschichte hörte, weil ich auf unserer langen Reise entlang der Seidenstraße anderes gesehen hatte. Bei dem angeblichen Win-win-Projekt zum Nutzen aller profitierte in der Regel allein China. Auch deutsche Firmen schafften es kaum, in nennenswertem Maß an Seidenstraßen-Projekten beteiligt zu werden, wie eine Umfrage der Europäischen Handelskammer in China 2020 zeigte. Es blieb vor allem ein chinesisches Projekt für chinesische Banken, Bauunternehmen, Telekomfirmen und Logistikkonzerne. Firmen aus Deutschland kamen vor allem dann zum Zuge, wenn sie Dinge anzubieten hatten, die den chinesischen Unternehmen fehlten.

Was unsere Reise entlang der Neuen Seidenstraße unmissverständlich zeigte, war der epochale Aufstieg einer neuen Weltmacht, die die Spielregeln auf dem Globus veränderte. Die Dominanz chinesischer Firmen entlang der Seidenstraße half China nicht nur, seine eigene Überproduktion außerhalb des Landes abzusetzen. Diese Firmen setzten auch neue technische Standards zum Beispiel bei Schnellbahnlinien oder im Mobilfunk, die es anderen Wettbewerbern schwer machen würde, dagegen zu konkurrieren. China etablierte damit nicht nur eine politische, sondern auch wirtschaftliche-technologische Einflusssphäre. Und Duisburgs Hafen, so schien es mir in diesem Moment, sollte der Brückenkopf dafür sein, dass Chinas Waren und Einfluss mitsamt seinen eigenen Regeln und Standards schnell und direkt auch den Weg zu uns fanden.

Als wir den mächtigen Gabelstapler im Duisburger Hafen auswichen, die Container von Chinas Logistikunternehmen Cosco umherfuhren, musste ich an die fünf Rentner denken, die wir kurz zuvor beobachtet hatten. Mit Haken und Helm waren sie in Duisburgs Industriepark die Mauern des ehemaligen Hüttenwerks entlanggeklettert. Das Werk musste früher mal an einen Feuer und Rauch spuckenden Lindwurm erinnert haben, so groß und gewaltig waren die Anlagen. Inzwischen aber rosteten die langen Rohre und Kamine im feuchten Nebel. Wo früher einmal die Kohlelager gewesen waren, hatte der Deutsche Alpenverein einen Kletterparcours gebaut, den die alten Herren an diesem Tag ganz für sich allein hatten. Auf mich wirkte es, als habe ein mächtiger Drachentöter den Lindwurm vor langer Zeit niedergestreckt, als sei von ihm nun nur noch ein löchriges Stahlgerippe übrig geblieben.

In der klammen Kälte am Hafen schienen mir Duisburg und seine Geschichte als ein Menetekel für ganz Deutschland. Wie das ganze Ruhrgebiet hatte Duisburg den Niedergang der Kohle- und Stahlindustrie nie richtig überwunden. Es blieb ein Ort mit hoher Arbeitslosigkeit, geringem Durchschnittseinkommen, das den Anschluss an die Zukunft irgendwie verpasst hatte.

Was, wenn die Veränderungsmacht der Seidenstraße ganz Deutschland zum Ruhrgebiet machte? Könnte es sein, dass heutige Kernindustrien deutschen Wohlstands bald im Niedergang sind, weil sie zu lange am Alten, Bewährten festhielten, zum Beispiel an Diesel statt Elektroautos? Dass wir insgesamt die Chancen neuer Technologien verpassten? Dass wir viel zu lange auf chinesische Unternehmen herabgeschaut haben, statt sie als Konkurrenten ernst zu nehmen?

12 Hängen Chinas Unternehmen unsere ab?

Über Produkte »Made in China« haben wir in Deutschland lange gelacht. Es klang nach Plastik-Schrott, nach billig kopierten Waren, die manchmal schon beim Auspacken kaputtgingen. Das Lachen ist uns inzwischen vergangen. Langsam schwant uns, dass wir zu naiv waren. Deutschland drohen vier grundlegende Gefahren aus China, die unsere Wirtschaft und unseren Wohlstand betreffen. Es geht um Ideenklau, um chinesischen Protektionismus, um die Zukunft der Autoindustrie, das Rückgrat unserer Wirtschaft. Und es geht um unsere nationale Sicherheit bei der Frage, ob Konzerne wie Huawei bei uns kritische Infrastruktur ausbauen können.

Was China gerade unternimmt, über seine Grenzen hinauszugreifen und die Welt seine neue Macht spüren zu lassen, das machen Chinas Unternehmen schon seit Langem. Sie sind in China groß geworden und erobern sich gerade die Welt. Man kann das gut sehen an Chinas Schuhkönig, an Zhang Huarong und seinem Konzern Huajian, einem der größten Damenschuhhersteller der Welt. Vor 30 Jahren war Zhang ein Wanderarbeiter, arm und ohne Mittel kam er nach Dongguan in Südchina, wo China sein Experiment mit dem Kapitalismus ausprobierte. Zhang kam im richtigen Moment, traf die richtigen Leute und Entscheidungen. Sein Konzern Huajian produziert nun Schuhe für die großen Marken der Welt. Und zwar längst nicht mehr nur in China.

Chinas Damenschuhkönig und die Idee mit Afrika

An einem schwülen südchinesischen Morgen im Jahr 2015 stand ich am Rande eines weiten Platzes auf dem Fabrikgelände, der mit nummerierten Platten ausgelegt war. Zhang hatte zum Appell gerufen. Das machte er oft. Dann musste jeder auf seinen nummerierten Platz, den Kragen ordentlich richten, auf der Stelle marschieren und die Huajian-Hymne singen. Zhang kommandierte sie, als wäre es ein Kasernenhof. »Stillgestanden! Augen rechts! Augen geradeaus! Guten Morgen allerseits!«

An diesem Tag hatte er schlechte Nachrichten mitgebracht. Huajian steckte in Schwierigkeiten. Zhang verkündete Lohnkürzungen und Entlassungen. In China stellte Huajian im Jahr acht Millionen Schuhe her, im Ausland noch mal drei Millionen. Die großen Marken ließen bei ihm fertigen: Guess, Calvin Klein, Marc Fisher. Aber die Löhne waren in den letzten zehn Jahren um fast 300 Prozent gestiegen – auf knapp 500 Euro im Monat. Viel war das nicht bei den Lebenshaltungskosten in Dongguan, für Zhangs Geschäftsmodell aber ein Problem.

»Wir haben nicht mehr so viele Aufträge, und die Preise sind gefallen«, sagte Zhang. »Die Konkurrenz ist sehr groß und unser Profit nur noch gering.« In einem schmucklosen Raum hatte er sein Management zusammengerufen zu einer Krisensitzung. Mit Bärchen-Pantoffeln an den Füßen rechnete er knallhart aus, wann man Mitarbeiter am besten feuert und wie man hohe Abschlagszahlungen vermeidet. »Ich möchte nicht, dass ich den ganzen Profit von fünf Jahren an die Mitarbeiter zahlen muss«, ließ er seine Manager wissen.

Am nächsten Morgen kam ein Großkunde aus Amerika. Bei den Verhandlungen durfte ich zuhören und staunte nicht schlecht. Zhang warb nicht mehr mit China, sondern mit seiner neuen Fabrik in Afrika, wo er noch billiger produzieren konnte. Den Amerikanern leuchtete es sofort ein. »Der Vorteil sind einfach die niedrigeren Arbeitskosten«, sagte der Amerikaner kühl. In diesem Moment wurde mir klar, was hier in Wahrheit verhandelt wurde. Es war das Ende einer Epoche. »Made in China«, billige Produkte für die Welt, hatten China ein enormes Wirtschaftswachstum ermöglicht. Aber diese Zeit ging nun zu Ende. China versuchte den Übergang zu schaffen von der Werkbank der Welt hin zum Hightech-Land. Lowtech, wie die Herstellung von Schuhen, wurde in die neuen Billiglohnländer verlagert. Hightech musste her, aus eigener Forschung oder indem China es zukaufte oder kopierte. Dieser Epochenwandel betraf nicht allein China, sondern er hatte fast genauso große Konsequenzen für die ganze Welt, für Äthiopien ebenso wie für Deutschland.

In einem Vorort von Äthiopiens Hauptstadt Addis Abeba traf ich Zhang ein paar Wochen später wieder. Er hatte dort eine riesige Fertigungshalle für 4000 Angestellte bauen lassen. Das war für ihn sein neuer Billiglohnstandort. Mit seinen chinesischen Managern im Schlepptau zog er durch die Halle. Chinas Damenschuh-König war zu einem Kontrollbesuch eingeflogen und unzufrieden mit der Arbeitsleistung. »Die Kultur hier in Äthiopien ist der westlichen näher«, maulte Zhang. »China hat da eine eigene Kultur. In China zum Beispiel legen wir großen Wert darauf, dass die Mitarbeiter hundert Prozent gehorchen.« Hier, stöhnte er, müsse man alles genau erklären und beschreiben. Die Arbeitsteilung in Zhangs Fabrik war klar. Es gab ein chinesisches Management und chinesische Vorarbeiter, die die äthiopischen Arbeiter überwachten. Es gab eine chinesische Kantine und eine äthiopische.

Auch in Äthiopien mussten Zhangs Arbeiter exerzieren lernen. Den Drill aus Fernost fanden die Neuen exotisch. Mir schien es, als habe Zhang eine seiner chinesischen Fabriken in die Hand genommen und nach Afrika getragen. Nur die Arbeiter waren andere: Sie kriegten hier auch nur rund 50 Euro im Monat.»Ich denke, dass es für uns Schuhhersteller genau richtig war, nach Äthiopien zu gehen. In den nächsten zehn Jahren werden es die Hersteller von billigen Produkten schwer haben, in China zu überleben. In Äthiopien kann man das.« Zhang ging ins Ausland, um Lohnkosten zu sparen. Sein Plan war nicht, ein neues Geschäftsmodell zu nutzen oder gar neue Technologien. Zhang ging es darum, in Äthiopien das fortzusetzen, was zuvor in China gut funktioniert hatte. Die China-Chefs aber, die nach Deutschland kommen, haben andere Pläne.

Von der Werkbank der Welt zum Hightech-Land

Hier geht es nicht um Lowtech, sondern um eine große Industriestrategie, mit der China den Übergang von der Werkbank der Welt zum Hightech-Land schaffen will. Die Idee, die dahintersteht, heißt »Made in China 2025«. Peking hat zehn Schlüsseltechnologien identifiziert, in denen China besonders aufholen will. In einigen dieser Technologien sind deutsche Unternehmen besonders erfolgreich. Sie sind ins Visier der China-Chefs geraten.

Cao Dewang ist einer dieser China-Chefs, die seit Jahren weltweit auf einer Art Firmen-Shoppingtour sind. Der Milliardär ist einer der reichsten Männer Chinas und Chef von Fuyao, einem der größten Autoglashersteller der Welt. Cao besteht gerne auf der Anrede »Chairman Cao«. Das klingt nach

»Chairman Mao«, und wie Mao sieht auch Cao seine Rolle als die des großen Steuermanns, der alles kontrolliert. Seine Firma Fuyao wurde 2019 weltweit bekannt durch eine eindrucksvolle Dokumentation mit dem Titel »American Factory«. Es ging darin um ein ehemaliges Werk von General Motors in Ohio, das pleitegegangen und dann von Fuyao übernommen worden war. Die Euphorie über die geretteten Arbeitsplätze wich schnell einer Ernüchterung, weil bei dem Versuch, die Fabrik profitabel zu machen, zwei völlig verschiedene Kulturen aufeinanderprallten. Es gibt inzwischen ein deutsches Pendant zum Werk in Ohio, quasi eine »German Factory« von Fuyao. Sie heißt Fysam und liegt auf der Schwäbischen Alb rund 80 Kilometer östlich von Stuttgart. Fuyao hat auch dort einen insolventen Automobilzulieferer, die ehemalige Binder-Gruppe, aufgekauft. Die Firma stellt Zierleisten für Autos her. Aufgebaut hatten sie zwei Brüder, die sie über Jahrzehnte so sparsam führten, dass es schon an Knauserigkeit grenzte. Da und dort war die Fabrik immer mal erweitert worden, sodass im Lauf der Jahre ein Geflecht von Anbauten, Haupt- und Nebenwerken entstanden war, weder übersichtlich noch besonders effizient. Die Brüder verkauften das Unternehmen 2016 an die Bregal Investments, hinter der die Eigentümerfamilie von C&A steht. Bregal glaubte mit der Firma, die nun SAM Automotive Group hieß, in kurzer Zeit großen Profit zu erzielen. Stattdessen ging das Unternehmen zwei Jahre nach der Übernahme in die Insolvenz.

Dann kam Fuyao, wie in Amerika beim ehemaligen GM-Werk, als Retter. Wie dort ist Chairman Cao nun auch auf der Schwäbischen Alb omnipräsent und entscheidet alles. Caos Plan mit Fysam war so einfach wie klar. Fuyao hatte schon 2007 bei Heilbronn eine Europa-Niederlassung für seine Autofenster eröffnet. Mit der Übernahme von Fysam sollte dieses Geschäft erweitert werden um Fensterrahmen, Zierleisten und Autorelings – alles in unmittelbarer Nachbarschaft der großen deutschen Automobilzulieferer Mercedes, Porsche, BMW und Audi. Als Geschäftsführer holte Cao einen ehemaligen VW-Mann. Aus Fuyaos Sicht konnte eigentlich nichts schiefgehen.

Doch Fysam verbrennt Geld. Das chinesische Mutterunternehmen investierte viel in neue Anlagen, aber der Profit lässt auf sich warten. Mehrmals hat es im Werk in den letzten Jahren gebrannt. Cao, der große Vorsitzende, wird nervös. Er höre nicht zu, heißt es, halte sich oft nicht an Vereinbarungen und Verträge. Mitbestimmung sei für Cao ein rotes Tuch, berichten Gewerkschafter aus leidvoller Erfahrung. Wer zu viel widerspreche, der fliegt. Für alle wichtigen Entscheidungen scheint Cao allein auf eine chinesische Mannschaft zu vertrauen, die er zum Teil mitgebracht und zum Teil aus Auslandschinesen in Deutschland rekrutiert hat. Alle anderen gelten als *wàiguó rén*, Ausländer also. In wenigen Monaten habe es auf der Ebene der Geschäftsführer drei Wechsel gegeben.

Chinesische Unternehmenskultur hat wenig Dialogisches, es wird nicht offen diskutiert, sondern es gilt das Top-Down-Prinzip. Im chinesischen Netz kursieren immer wieder Videos von Firmen, deren Chefs ihre Mitarbeiter auf allen vieren kriechen lassen oder abwatschen, weil sie Absatzzahlen verfehlt haben. Ganz konfuzianisch sagen die Alten, wo es langgeht. Der Rest hat zu folgen, ohne groß Fragen zu stellen. Den Zugang zu Markt und Know-how haben Cao und Fuyao sich offenbar anders vorgestellt.

Das berühmteste Beispiel für chinesische Shoppingtouren in Deutschland, für das Aufkaufen von Unternehmen in Deutschland ist Kuka, der Augsburger Roboter-Hersteller. Der

Großkonzern Midea hat 2016 seine Anteile von zehn auf rund 95 Prozent der Aktien erhöht. Insgesamt kostete der Deal den chinesischen Konzern rund 4,5 Milliarden Euro. Die Bedenken aus Politik und Autoindustrie waren hoch, aber Midea versprach, die unternehmerische Selbstständigkeit Kukas zu wahren. Der Kaufvertrag sah vor, dass das deutsche Management bleiben darf, Midea nicht reinredet und auch keinen Zugriff auf die Kundendatei habe. Von diesem Versprechen ist inzwischen wenig geblieben. Die Spitzenleute, die auf Kuka-Seite den Deal ausgehandelt hatten, sind wie viele andere aus dem Management gegangen. Midea verlangt vom neuen Chef, dass er liefert. »Er muss uns überzeugen, dass er der richtige Mann ist«, lässt der Konzern wissen. Das wird schwer genug. Im Jahr 2019 musste Kuka in seinem Kerngeschäft, der Robotik-Sparte, einen Ergebnisrückgang vor Zinsen und Steuern von über 50 Prozent hinnehmen. Seit der Übernahme durch die Chinesen scheint es mit dem ehemaligen Vorzeigeunternehmen bergab zu gehen.

»China First« – alle anderen haben das Nachsehen

Die Shoppingtouren von chinesischen Unternehmen in Deutschland sind im Umfang gar nicht so atemberaubend. Andere europäische Länder oder die USA haben deutlich höhere Direktinvestitionen in Deutschland. Chinas Einkäufe haben sehr viel Aufmerksamkeit auf sich gezogen, weil die Sorge besteht, dass dabei deutsche Schlüsseltechnologie ausverkauft wird und die Unternehmen selbst nicht profitieren. Und in der Tat haben die chinesischen Käufer zum allergrößten Teil Unternehmen in den Bereichen erworben, in denen China selbst aufholen will. Im Visier der Chinesen sind Maschinenbau, Autoindustrie und Zulieferbetriebe. Eine Studie der Bertelsmann-Stiftung zeigt, dass die Aufkäufe aus Fernost strategisch genau den Zielen von »Made in China 2025« entsprechen. Kein Zufall also, dass die Chinesen vor allem in drei Bundesländern aktiv sind, in denen diese Sparten besonders stark vertreten sind, also in Nordrhein-Westfalen, Baden-Württemberg und Bayern.

Die Gefahr des Ideenklaus ist deshalb so groß, weil tatsächlich im Moment Deutschland noch deutlich innovativer ist als China. Der Bloomberg Innovation Index für 2020 sieht Deutschland sogar weltweit auf Platz eins, vor Südkorea und Singapur. China klettert in diesem Ranking stetig nach oben und steht derzeit auf Platz 15. Die Frage ist nur, wie lange das noch so bleibt. China holt bei Bildung und Forschung auf, und seine Einkaufstouren in Deutschland verschaffen ihm Zugang zu neuen Technologien, die nur mit viel Zeit und Aufwand selbst zu entwickeln wären.

Chinas Shoppingtouren in Deutschland waren und sind möglich, weil Deutschland ein offener Markt ist, so wie auch die Europäische Union. China umgekehrt ist trotz vieler Versprechen, sich zu öffnen, nach wie vor ein verschlossener Markt. Es gilt das Prinzip des Protektionismus, und das ist in den letzten Jahren sogar noch schlimmer geworden. Entgegen allen Versprechungen schottet sich China ab und verstößt damit auch gegen die Regeln der Welthandelsorganisation, der China Ende 2001 beigetreten ist.

Man sieht diese Abschottung gut am Beispiel der Stahlindustrie. Im Süden Chinas in Sichuan, versteckt in den Ausläufern des Himalayas, liegt das Stahlwerk von Pangang mit rund 70 000 Mitarbeitern. Mao hat es in den 1960er-Jahren in die entlegenen Berge bauen lassen, im Glauben, dort sei das, was er für Chinas Schlüsselindustrie hielt, sicher vor Angriffen. Pangang ist wie ein Symbol für Chinas abgeschotteten Markt und für den besonderen Schutz, den es den eigenen Staatsbetrieben zugutekommen lässt, die nach wie vor eine zentrale Rolle in Chinas Wirtschaft einnehmen. Doch China produziert viel zu viel Stahl, inzwischen mehr als die Hälfte der weltweiten Produktion. Experten gehen von Überkapazitäten von mehr als 350 Millionen Tonnen aus. Auch der Staatskonzern Pangang steckt deshalb in ernsten Schwierigkeiten. »Die Situation ist natürlich schlechter als früher«, räumte einer der Pangang-Manager im Interview mit uns ein. »Fast alle Unternehmen machen Verluste. Zum Teil sogar sehr große Verluste. Die Aufgabe der Unternehmen ist es jetzt, sich neu zu strukturieren.«

China hat wegen der riesigen Überkapazitäten immer wieder versprochen, die Stahlproduktion zurückzufahren. Staatskonzern Pangang etwa hat in Chengdu ein anderes Werk weitgehend geschlossen und Tausende entlassen. Nach offiziellen Angaben wurden im Jahr 2016 65 Millionen Tonnen abgebaut, 2017 rund 50 Millionen Tonnen.

Doch eine Studie von Greenpeace zeigt, was der Smog in Chinas Großstädten schon vermuten ließ. Chinas Produktionskapazitäten für Stahl waren nicht gesunken, sondern in dieser Zeit sogar gewachsen. Die angeblichen Stilllegungen betrafen Anlagen, die sowieso bereits geschlossen waren. Gleichzeitig hatte China Produktionskapazitäten hochgefahren, die der gesamten Stahlproduktion Deutschlands entsprachen. Aus Angst vor Massenentlassungen und sozialen Unruhen hält China also viele Stahlwerke am Laufen. Und wirft den Stahl zu Dumpingpreisen auf den Weltmarkt. Die USA und die EU haben deshalb Anti-Dumping-Zölle verhängt, auch um die eigene Stahlindustrie zu schützen – zum großen Ärger Chinas.

Die Staatsbetriebe dominieren viele Bereiche und sind dabei insbesondere in den großen Industrien und bei den Finanzen und Banken entscheidend. Das chinesische Finanz- und Bankenwesen ist abgeschottet, weil dort chinesische Staatskonzerne und Staatsbanken ein Quasi-Monopol haben. Diese Konzerne sind inzwischen dank dieser Protektion und der Subventionen durch den chinesischen Staat zu den größten Unternehmen weltweit geworden und sorgen auf diese Weise für eine Verzerrung des internationalen Wettbewerbs. China erwartet von der Welt den freien Zugang seiner Waren zur ganzen Welt. Im eigenen Land aber zieht es die Handelsbarrieren hoch, benachteiligt ausländische Investoren oder schottet ganze Branchen ab.

Diese Entwicklung hat sich in den letzten Jahren in China sogar noch verschärft. Chinas Staatbetriebe müssten »stärker, besser und größer« werden, forderte Xi im Herbst 2017. Dabei hatte China eigentlich das Gegenteil angekündigt, eine weitere Privatisierung von Staatsbetrieben, eine weitere Marktöffnung. Doch allein die Zahlen für die Kreditvergabe durch die größtenteils ebenfalls staatlichen Banken Chinas zeichnen ein anderes Bild. Kredite an Privatunternehmen gingen im Zeitraum von 2013 bis 2016 deutlich zurück, während die für Staatsbetriebe nach oben schossen, wie eine Untersuchung des Peterson Institute for International Economics zeigte. Ein Report der Europäischen Handelskammer in China konstatierte 2019 angesichts der Dominanz der Staatsbetriebe die Wiederkehr einer staatlich gelenkten Wirtschaft.

Ausländische Unternehmen werden in China nach wie vor oft gezwungen, Partnerschaften mit chinesischen Unternehmen einzugehen. Dabei müssen die Unternehmen ihr Knowhow offenlegen, und oft genug kommt es vor, dass dieses nur ein paar Jahre später dann bei chinesischen Konkurrenzunternehmen wieder auftaucht. Das Produkt wird so schnell kopierbar, dass es ausländische Unternehmen mit aggressiven

Preisen und oft auch mit politischer Flankierung durch Staat und Partei vom Markt verdrängt. Gleichzeitig versucht China Wissen durch Industriespionage zu gewinnen. Nach Ansicht deutscher Sicherheitsbehörden kommen aus China neben Russland die meisten Cyberangriffe auf Ziele bei Staat und Wirtschaft. Das Innenministerium warnt vor Cyberangriffen aus China insbesondere auf Ministerien, Forschungseinrichtungen und die Bundeswehr. Außerdem stünden Unternehmen der Rüstungsindustrie sowie der Luft- und Raumfahrt sowie Technologieunternehmen im Zentrum der Spionage-Attacken. Darüber hinaus warnte das Bundesamt für Verfassungsschutz 2019, bei Reisen nach China nur einen sogenannten Reiselaptop und ein Prepaid-»Wegwerfhandy« zu benutzen. Darauf sollte man so wenig wie möglich speichern und die Geräte nicht aus der Hand oder unbeaufsichtigt im Hotel lassen. Nach der Rückkehr, empfiehlt der deutsche Inlandsgeheimdienst, sollten die Geräte neu installiert oder am besten entsorgt werden.

Es ist eine Strategie des »China First«, sowohl auf dem heimischen Markt als auch bei der Expansion nach draußen. Wenn wir nur über Trumps »America First« reden, vergessen wir vielleicht, dass es ein »China First« schon immer gab, dass es nur lange Zeit nicht so wirkmächtig schien. Aber nun, da China diese Größe und diese Macht entwickelt hat, wird uns »China First« am Ende vielleicht mehr beschäftigen als Amerika. Europa hat dem lange zugeschaut und nicht reagiert. Erst langsam dreht sich auch in Europa der Wind, und man versucht, durch eine eigene Industriepolitik und durch strengere Investitionsrichtlinien gegenzuhalten. Aber richtig funktioniert das noch nicht, weil Europa dafür zu uneinig ist, zu wenig in der Lage, gemeinsam Härte und Stärke zu zeigen.

Hochmut und Fall der deutschen Autobosse

Trotz des Protektionismus hat Deutschland in China über Jahre natürlich auch dicke Geschäfte gemacht. China war wesentlich dafür verantwortlich, dass Deutschland etwa die Finanzkrise von 2008 und 2009 so gut überwinden konnte, weil es viele Produkte aus Deutschland abgenommen hat. Seit Jahren ist China Deutschlands wichtigster Handelspartner, und insbesondere die Autoindustrie hat dort hervorragend verdient. China ist der größte Automarkt der Welt und für deutsche Autokonzerne der entscheidende Absatzmarkt. Volkswagen etwa macht mehr als die Hälfte seines Gewinns in China. Das heißt auch, dass Hunderttausende Arbeitsplätze in Deutschland vom Absatz in China abhängig sind.

Die enormen Absätze auf dem chinesischen Automarkt zum Beispiel haben auch dazu geführt, dass Deutschlands Autohersteller die Zeichen der Zeit lange nicht erkannten. Sie haben auf Dieselmotoren gesetzt und Elektrohersteller verlacht. Die Arroganz deutscher Autokonzerne habe ich jedes Jahr auf Chinas Automessen in Peking und Shanghai beobachten können. Mercedes und Volkswagen hatten dort pompöse Auftritte und sonnten sich in deutscher Ingenieurskunst, die der chinesischen angeblich so weit überlegen ist. Dann kam der Dieselskandal, und die deutschen Autobosse gingen auf den Messen in China vor unangenehmen Fragen auf Tauchstation.

Am Mercedes-Stand sah man Autoputzer, die mit ihren Feudeln und Atemmasken bestens vorbereitet schienen auf den sich ausweitenden Abgasskandal. Von damaligen Daimler-Chef Dieter Zetsche konnte man das weniger behaupten. Keine TV-Interviews ausgerechnet am ersten Messetag in Peking. Damals, im Frühjahr 2016, rief Daimler über 240 000 Autos in Europa wegen der Dieselaffäre zurück. Ähnlich sah es bei Audi aus, dessen damaliger Chef Rupert Stadler vor dem Interview ernsthaft und erfolglos verlangte: Keine Fragen zum Abgasskandal. Der Hochmut kam vor dem Fall. Heute ist Deutschlands Autoindustrie gefährdet, den Anschluss zu verlieren, weil sie nicht rechtzeitig auf Elektromobilität umgesattelt hat. VW versucht mit der größten Investition der Unternehmensgeschichte, den Fehler aufzuholen. Daimler ist in einer existenziellen Krise. Geely – einer jener chinesischen Autohersteller, auf die die Deutschen früher so gerne herabgeschaut haben – hat sich dort eingekauft.

In China sind sie längst viel weiter. Wer genau aufpasst, kann die Zukunft der Elektromobilität in China sogar hören. An jeder Kreuzung in Peking dröhnen Automotoren. Aber das Heer der Roller, das hört man nicht. Es quietscht vielleicht ein bisschen. 30 Millionen Elektroroller werden pro Jahr in der Volksrepublik verkauft, nur sechs Millionen Benziner. Auf Chinas Zweiradmarkt ist längst Wirklichkeit, was den Vierrädern noch bevorsteht. Elektro regiert.

Aber bald soll das auch bei den Autos gelten. So will es Chinas Regierung. Und so setzen es Chinas Autohersteller um. Was sich da vollzieht, ist ein staatlich verordneter Epochenwandel von Benzin zu Elektro. »Die Regierungspolitik ist einfach seit 2008 sehr kontinuierlich umgesetzt worden«, sagte mir Zhang Hui, Deutschland-Chef der chinesischen Elektroautofirma Nio. »Damit können wir, obwohl wir eigentlich später als Deutschland gestartet sind, trotzdem noch diesen Fortschritt realisieren.«

Nio ist ein gutes Beispiel dafür, was da gerade in China passiert, auf dem größten Automarkt der Welt. Die Firma ist ein Newcomer, Autos verkaufen sie erst seit Kurzem in China, wo es satte staatliche Subventionen gibt, fast 10 000 Euro für einen SUV. »Die gesamten Zuschüsse oder Subventionen für die Fahrzeuge in China, die mit erneuerbarer Energie fahren, lagen im letzten Jahr bei 77 Milliarden Dollar«, sagte Zhang, »während es in Deutschland 130 Millionen Dollar waren.« Noch läuft alles auf Pump. Nio verbrennt Geld, als wäre es ein Porsche Cayenne auf Vollgas. Aber die Produktion läuft, im letzten Halbjahr 2018 verkauften sie gut 11 000 Fahrzeuge. Und hinter Nio stehen potente Geldgeber wie Chinas Telekomriese Tencent. So schnell ist der Tank beim E-Auto-Hersteller also nicht leer.

Auf Chinas Automessen sind sie seit Langem zu Dutzenden zu sehen: chinesische Autohersteller, die im Elektrogeschäft ihre große Chance sehen, schließen auf zu den globalen Autokonzernen. »Wir wollen die Konkurrenten auf einer anderen Spur überholen«, verriet mir Shen Hui, Geschäftsführer des Elektro-Start-ups WM Motors, sein Erfolgsgeheimnis. »Was bislang am aufwändigsten war, Verbrennungsmotor, Schaltgetriebe, das braucht man bei Elektroautos nicht. Und China ist ganz vorne bei der Entwicklung von Batterien.« Von den sieben größten Batteriezellenherstellern der Welt kommen drei aus China. Kein einziger aus Deutschland. Wer in China Autos verkaufen will, muss chinesische Batterien nutzen.

Es ist ausgerechnet Chinas Dauersmog, der Elektroautos zum Durchbruch verhelfen könnte. Die Regierung hilft mit milliardenschweren Subventionen und verlangt von ausländischen Herstellern, dass sie Elektroquoten erfüllen für eine bessere Luft.

Auch die Infrastruktur wächst. Autokonzerne bauen kräftig mit an den notwendigen Ladestationen. In Shenzhen, der 25-Millionen-Metropole im Süden Chinas, fährt die gesamte Busflotte inzwischen elektrisch. Nun sollen auch die Millionen Pkw in der Stadt folgen. »Die Stadtregierung ermuntert die Einwohner, Elektrofahrzeuge zu kaufen«, sagte Yao Ren, Parteisekretär in Shenzhen. »In der Stadt sind Fahrzeugzulassungen limitiert. Aber für Elektroautos gibt es keine Beschränkungen.« 80 Prozent Wachstum erwarten sie bei Nio für den Markt der Elektroautos in China. Jahr für Jahr. China ist weit voraus – dank staatlicher Regelungen und Subventionen. Und weil Unternehmen darin ein neues, großes Geschäft sehen. In Chinas Städten sind Elektroautos inzwischen so häufig, dass keiner sich mehr danach umdreht. In Deutschland dagegen sorgte ich für große Aufregung bei dem Versicherungsbüro, wo ich unseren Elektroroller aus China anmelden wollte. In den Formularen war ein Elektrogefährt nicht vorgesehen, ja, ich war überhaupt der Erste, der so ein Gefährt anmelden wollte. Überzeugen konnte ich die Versicherer erst, als ich einen dicken Stapel mit den offiziellen EU-Zulassungspapieren hervorholte. Als sie mir das kleine Mofa-Nummernschild aushändigten, schienen sie trotzdem nicht ganz sicher, ob das alles korrekt war. Durfte etwas, das nicht knatterte und stank, wirklich auf die Straße?

Was mir im Kleinen beim Versicherungsmakler passierte, vollzog sich im Großen bei Deutschlands Autoindustrie. Das Misstrauen gegenüber dem Elektromotor hat zur Folge, dass das Rückgrat unserer Wirtschaft durch eigene Versäumnisse und durch die wachsende Konkurrenz aus China gerade wegzubrechen droht. Es kam mit Ansage. Und Deutschlands Autobosse wollten es nicht wahrhaben. Nun stehen wir vor monumentalen Herausforderungen, weil wir chinesische Technik und Erfindergeist verlacht haben und weil wir unterschätzt haben, mit welcher Wucht, Ausdauer und längerfristiger Planung chinesische Unternehmen mit Unterstützung des chinesischen Staates solche Projekte angehen.

China ist auch bei anderen Zukunftstechnologien ganz vorne – beim Autonomen Fahren, bei Künstlicher Intelligenz und Big Data, bei 5G, dem ultraschnellen Mobilfunknetz. Deutschland hat nicht nur den Elektroantrieb verschlafen, sondern droht auch hier abgehängt zu werden. Was das bedeutet? Wir werden von chinesischer Technologie abhängig, und wir geben damit auch ein großes Stück Freiheit und Unabhängigkeit auf. Technik wird zu einem Machtinstrument in den internationalen Beziehungen. Wer technologisch vorne ist, definiert die Standards von morgen und besetzt die Märkte, die Arbeitsplätze und Profite in der Zukunft versprechen.

Hightech und Spionage: Huawei

Die Herausforderung betrifft nicht nur unseren Arbeitsmarkt und unsere Arbeitsplätze, sie betrifft auch unsere wirtschaftliche und unsere nationale Sicherheit. Huawei ist dafür das beste Beispiel, der Hightech-Konzern aus Südchina, den die meisten in Deutschland bis vor Kurzem noch gar nicht kannten. Das fängt schon mit dem Namen an. Huawei? Wie spricht man das noch mal aus? Auch bei Konzernen beginnen wir erst langsam, den Blick nicht mehr nur nach Westen Richtung Amerika zu richten. Erst langsam realisieren wir, dass es Zeit wird, wahrzunehmen, welche wirtschaftliche Macht sich in den Konglomeraten und Konzernen aus China, seien sie staatlich oder eher privat, versammelt hat.

Huawei versucht in Berlin klarzumachen, dass es ein ganz normaler Technikkonzern sei – weltweit führend in der Technologie des ultraschnellen Mobilfunknetzes 5G und deshalb angeblich unverzichtbar, um diese Schlüsseltechnologie in Deutschland auszubauen. Huaweis Angebot an Deutschland scheint fast wie ein Geschenk: neueste Technologie zu einem unschlagbaren Preis. Das sollte eigentlich misstrauisch machen. Fürchte die Chinesen, auch wenn sie Geschenke bringen. Denn Huawei will in Wahrheit nichts verschenken, die tatsächlichen Kosten könnten am Ende viel höher sein.

Huawei behauptet, es sei ein Unternehmen wie jedes andere auch: keine Einflussnahme von Staat und Partei, angeblich völlig unabhängig. Aber das stimmt natürlich nicht. Ich erinnere mich an eine große PR-Veranstaltung, zu der mich Huawei einmal in Peking einlud. Was sie da verkündeten, sollte ein Versprechen sein, doch es klang wie eine Drohung. »Dich zu kennen«, hieß es da, »ist unsere Art, dich zu lieben.« Huawei versprach »allgegenwärtiges Wissen« – und einen superschnellen Chip, Künstliche Intelligenz, die uns und alles, was wir tun, erfassen und auswerten kann. »Das Produkt, das wir heute auf den Markt bringen, ist ein Produkt der Zukunft«, sagte ein Huawei-Manager damals. »Was uns die Zukunft bringt? Wir glauben: Künstliche Intelligenz.«

5G ist für viele nichts weniger als ein Quantensprung, der unsere digitale Welt von Grund auf verändern wird. Kann man den Aufbau dieser Technologie einem chinesischen Konzern anvertrauen? Oder öffnet man damit Peking Tür und Tor? Denn bei 5G geht es um viel mehr als bei früheren Mobilfunkstandards, es geht um die Steuerung von Autos, Verkehrsströmen, Kraftwerken, Krankenhäusern. Der Nutzen scheint riesig, die Gefahr auch.

Im Herbst 2019 lud Huaweis Boss zur Audienz in Shenzhen. Ren Zhengfeis Konzern, der in China aufs Engste mit der Staatsicherheit zusammenarbeitete und die Technologie zum Aufbau einer digitalen Diktatur lieferte, fürchtete um seine Geschäfte in Deutschland. »Wir wollen mit der deutschen Regierung eine Vereinbarung unterschreiben«, sagte Ren, »dass es keine Hintertüren zur Spionage gibt. Das ist unser Versprechen.«

In der Bundesregierung scheinen viele ihm glauben zu wollen. Das Risiko mit Huawei sei technisch irgendwie beherrschbar, das ist die Hoffnung. Und es ist die Sorge, dass China zurückschlagen könnte, wenn ihre Lieblingsfirma Huawei nicht berücksichtigt würde. Ein Handelskrieg mit China wegen Huawei, das will das Bundeskanzleramt offenbar um jeden Preis verhindern. Also nicht ausschließen, stattdessen »höchste Sicherheitsanforderungen«, kontrolliert ausgerechnet von einer Bundesbehörde, dem Bundesamt für Sicherheit in der Informationstechnik (BSI), das sich schon beim Abhörskandal der amerikanischen NSA als taub, stumm und ahnungslos erwiesen hat. Das klingt nicht besonders beruhigend.

Hinzu kommt, dass die Regierung und insbesondere das zuständige Innenministerium denkbar schlecht für eine strenge Sicherheitsüberprüfung ausgerüstet ist. Unsere Recherchen ergaben, dass jede vierte Stelle für IT-Sicherheitsexperten nicht besetzt war. Ausgerechnet im für Cyberabwehr zuständigen Innenministerium war es sogar jede dritte Stelle.

Dabei wusste die Regierung durchaus um die Gefahren, die bei einer Beteiligung von Huawei drohten. In einem geheimen Dokument warnte das Auswärtige Amt nach Druck aus Washington vor dem chinesischen Konzern. Darin hieß es: »Ende 2019 wurden uns von US-Seite nachrichtendienstliche Informationen weitergegeben, denen zufolge Huawei nachweislich mit chinesischen Sicherheitsbehörden zusammenarbeite.« Das sei die »Smoking Gun«, schrieben die deutschen Diplomaten, der entscheidende Beweis gegen Huawei. Der Bundesnachrichtendienst warnte eindringlich davor, Huawei zu vertrauen. Spionage und Manipulation seien technisch gerade nicht zu verhindern. »Die Möglichkeiten, die Infrastrukturzulieferungen eines Konzerns zu checken darauf, ob sie backdoors haben oder nicht, die sind sehr begrenzt oder aussichtslos«, räumte BND-Chef Kahl bei einer Anhörung im Bundestag in seltener Offenheit ein.

Auch unsere eigenen ZDF-Recherchen in China zeigten, wie eng die Zusammenarbeit mit Chinas Staatssicherheit tatsächlich war, insbesondere in Xinjiang, wo sich Huawei in Kooperation mit Chinas Stasi am Aufbau eines Überwachungslabors beteiligte. Und anderswo, bei der Afrikanischen Union, fragen sie sich immer noch, wie es dazu kam, dass die von Huawei bereitgestellten Computersysteme fünf Jahre lang – zwischen Januar 2012 und Januar 2017 – immer nachts, von Mitternacht bis zwei Uhr früh, Datenpakete an einen Server in Shanghai schickten.

Kann man so einem Konzern die Infrastruktur der Zukunft anvertrauen? »Der klügste Krieger ist der, der niemals kämpfen muss«, wusste der chinesische Militärstratege Sunzi schon vor rund 2500 Jahren. Im Zeitalter von Cyberkriegen gewinnt diese Weisheit eine ganz neue Aktualität. Allein die Drohung, kritische Infrastruktur lahmzulegen, ist ein furchteinflößender Hebel.

Es ist am Ende unerheblich, was Huawei an Sicherheitsmechanismen und Zusicherungen verspricht. Kein Unternehmen in China, egal ob staatlich oder privat, kann sich den Wünschen der Regierung und der allmächtigen Kommunistischen Partei entziehen. So sieht es Chinas Nationales Sicherheitsgesetz vor. Was Peking befiehlt, wird Huawei befolgen. Und umgekehrt: Wer Huawei bestellt, bekommt Peking geliefert.

Bei Huawei kulminieren zentrale Fragen für unseren Umgang mit China: Glauben wir daran, dass wir weiter diese strategische Partnerschaft verfolgen können, bei der wir alle gemeinsam reich werden können? Oder stehen uns härtere Zeiten bevor, in denen wir genauer hinschauen müssen, wo unsere Interessen liegen und wo Chinas Interessen sind? Was zeigt die Macht Huaweis über unsere eigenen Versäumnisse bei der Entwicklung entscheidender Zukunftstechnologien? Deutschland und Europa können die Herausforderung durch China nur bestehen, wenn sie innovativ bleiben, neugierig, technologisch an der Spitze, wenn wir unsere Naivität gegenüber China ablegen und unsere Wirtschaft und Technologie so effektiv schützen, wie das bei anderen selbstverständlich ist. Solange Deutschland die Nase vorn hat, wird es ernst genommen in China, werden deutsche Unternehmen weiter auch die Chance für gute Geschäfte in China haben. Fällt dieser Vorsprung weg, weil wir selbst nachlassen oder tatenlos zusehen, wie andere uns kopieren und überholen, dann werden wir bald nichts mehr zu lachen haben im Geschäft mit China. Wer nicht mehr wichtig ist, wer dem eigenen Profit nicht mehr nutzt, den lassen chinesische Unternehmen schnell fallen. Europas Unternehmen würden aufgerieben und beiseitegeschoben im Konkurrenzkampf der zwei großen Handelsblöcke China und USA – einem Konflikt, der unsere Welt auf Jahrzehnte bestimmen wird.

13 Ein neuer Kalter Krieg: China fordert Amerika heraus

Chinas Aufstieg zur Weltmacht bedeutet eine fundamentale Veränderung der globalen Ordnung, eine historische Zäsur, wie wir sie seit dem Fall der Berliner Mauer nicht mehr erlebt haben. China fordert die USA und Europa heraus, in einem neuen Kalten Krieg, in dem es um militärische Macht, wirtschaftliche und technologische Dominanz und einen Wettstreit der Systeme von Diktatur und Demokratie geht. Die USA mit ihrer Selbstisolierung unter Trump und Europa durch seine Selbstlähmung schaffen Leerstellen, die China mit aller Macht füllt. Die neue China-Welt bedroht fundamentale Werte unserer Gesellschaft wie Freiheit, Demokratie und Rechtsstaatlichkeit. Ausgerechnet die Corona-Pandemie, die durch Chinas Vertuschungen erst zu einer globalen Katastrophe wurde, soll Peking das moralische Kapital liefern, die Welt in seinem Sinne umzugestalten. Eines der ersten Opfer dabei könnte eine Institution sein, die bislang sinnbildlich stand für internationale Verständigung und Ausgleich.

Wetterleuchten einer neuen Konfrontation

Eine Ahnung davon, was uns bevorsteht, bekam ich an einem düsteren Herbstabend 2019 im ersten Stock des Berliner Hotels Adlon. Das Bundeszimmer ist ein Ort wie aus der Ver-

gangenheit. Schwere Vorhänge, Kristallleuchter, vertäfelte
Holzwände mit Goldrahmen. Aus der Lobby hörte ich Kla-
viermusik. Alles hier drängte nach Gediegenheit, auf die Wie-
derbelebung vergangener Größe. In der Mitte des Raumes
standen zwei Stühle, dahinter Scheinwerfer und zwei Fern-
sehkameras. Als die Polizei begann, den Gehsteig vor dem
Hotel zu räumen, wusste ich, dass es gleich losging. Mein
rotes Notizbuch war voll mit Fragen. Wahrscheinlich wieder viel zu viele, dachte ich mir, als die Motorradeskorte mit
lauten Sirenen kam, gefolgt von schwarzen Limousinen. Ein
kleiner Mann stieg aus, ging vorsichtig und ein bisschen steif
Richtung Eingang.

UNO-Generalsekretär António Guterres ist ein freundlicher
Mann mit einem sanften Händedruck. Wir schauten aus dem
Fenster auf das Brandenburger Tor und die Reichstagskuppel
dahinter. Guterres überlegte laut, wo einmal die Mauer verlaufen war. Die deutsche Einheit, der Zusammenbruch des Ostblocks, das war für ihn ein epochaler Moment. Und worüber
er nun beim Interview reden wollte, war für ihn nicht weniger
bedeutsam. Was der UNO-Generalsekretär am Horizont auf-
ziehen sah, waren eine Aufteilung der Welt und ein gefährlicher Großmachtkonflikt zwischen den USA und China um
Macht und Einfluss. »Wir sprechen nicht von einem unmittelbar bevorstehenden Krieg. Aber wenn zwei Mächte eine solche wirtschaftliche Dominanz in der Welt haben, ist es sehr
wichtig, dass ihre Beziehungen mit viel Weisheit gehandhabt
werden.« Guterres sprach ruhig, aber man merkte ihm an,
dass aus seiner Sicht sehr viel auf dem Spiel steht.

Chinas wirtschaftlichen Aufstieg, seinen enormen Macht-
zuwachs in den letzten 30 Jahren verglich er mit dem Aufstieg
Athens in der Antike, das damit Sparta herausgefordert habe.
Die Thukydides-Falle beschrieb die Rivalität und Furcht vor

dem Emporkömmling. Es war die Vorstellung, dass der Aufstieg einer neuen Macht notwendigerweise zum Konflikt mit der etablierten Macht führen werde – so wie der Krieg zwischen Athen und Sparta auf dem Peloponnes dann als unausweichlich erschien. Erlebten wir nun Ähnliches zwischen China und den USA?

»Ich glaube nicht, dass ein Krieg unausweichlich ist«, so Guterres. »Aber wir müssen alles tun, um Spannungen und Konflikte zu vermeiden.« Die Weltpolitik, wie der UNO-Generalsekretär sie da zeichnete, erschien wie große tektonischen Platten, die sich gerade verschieben und das Bild des Globus und die Lage der Kontinente verändern. Es geschieht so langsam, dass wir das in den Nachrichten des Tages vielleicht kaum wahrnehmen. Aber wenn man den Blick hebt, wenn man vergleicht, was noch vor Kurzem als gegeben und selbstverständlich galt, dann fällt auf, wie schnell und mit welch großer Wucht und Kraft sich die Gewichte auf der Welt verlagern. Wie die Macht sich neu sortiert. Die USA sind nicht mehr die einzige Supermacht, China ist da – oder wie sie es in Peking sehen, wieder da, wo sein angestammter Platz schon immer gewesen ist. Wenn tektonische Platten sich verschieben, kommt es dort, wo sie aufeinandertreffen, zu Reibungen, Spannungen oder zu zerstörerischen Beben. Das ist das Szenario, das Guterres befürchtete. Ist das unsere Zukunft?

Den Neuen Kalten Krieg gibt es bereits, mindestens die Vorboten. Man muss nur genau hinschauen, dann erkennt man sie überall: auf den riesigen Containerhäfen dieser Welt, auf kleinen Inseln im Südchinesischen Meer, die noch vor Kurzem nicht mehr waren als Sandbänke, im virtuellen Raum des Cyberspace, an Chinas Grenze zu Nordkorea, entlang von Chinas Neuer Seidenstraße. Das Wetterleuchten dieses großen Konflikts erkennt man auch auf den Fluren der großen internationalen Organisationen, beim Ringen um Posten und Einfluss, beim erbitterten Wettlauf um Dominanz in den Zukunftstechnologien wie Künstliche Intelligenz, Big Data, ultraschnelle Datennetze, autonomes Fahren. All diese Konfliktherde sind wie Teile eines Mosaiks, die zusammen ein großes und beunruhigendes Bild ergeben. Auch wenn schon seit vielen Jahren über Chinas Aufstieg zur Weltmacht geschrieben wird, ist dieses Bild neu, ebenso wie die Wucht und Klarheit, mit denen es sich nun auf ganz verschiedenen Schauplätzen weltweit präsentiert. Zu Beginn meiner Zeit in Peking erschien China noch als ein Land, das vor allem mit sich selbst beschäftigt war. Es galt die Maxime von Deng Xiaoping, die Chinas Politik seit Ende der 1970er-Jahre geprägt hatte. »Tāoguāng-yǎnghuì« bedeutete, dass China seine Fähigkeiten verbergen und abwarten solle. Zu groß erschienen die Probleme im eigenen Land, die Verwerfungen, die aus dem rasanten Wirtschaftsaufstieg entstanden.

Diese Zeit ist vorbei. Und wenn es ein Datum gab, das das Ende der Deng Maxime markierte, den Beginn einer neuen chinesischen Außenpolitik, die Amerika offen als Weltmacht herausforderte, dann war es der Parteitag von Chinas Kommunistischer Partei im Herbst 2017.

Chinas »neue Ära«

Am Morgen des 18. Oktober 2017 regnete es in Peking. Der Regen wusch den Smog aus der Luft und erleichterte das Atmen. Auf dem Tiananmen-Platz im Zentrum der Stadt standen rote Blumenrabatte mit Lobpreisungen für den 19. Parteikongress und auf den Stufen zur Großen Halle des Volkes zackige Saaldiener, die mit ihren Regenschirmen ein Spalier bildeten für die in Bussen herangefahrenen rund 2300 Delegierten. Dicht gedrängt würden sie gleich beisammensitzen, unter einem hell erleuchteten roten Stern, während von der Empore eine Militärblaskapelle die Nationalhymne schmetterte. Unter ihnen waren Provinzkader, viele von Chinas neuen Milliardären, Militärs – es war die Elite der insgesamt über 90 Millionen Parteimitglieder Chinas im Land der 1,4 Milliarden. Auf der Bühne prangten riesig und golden Hammer und Sichel, eingerahmt von roten Fahnenattrappen, davor eine Tribüne mit sieben Tischreihen, auf der mit durchgedrücktem Rücken die Parteimächtigen saßen. Es war ein Setting wie aus den 1970er-Jahren des letzten Jahrhunderts, in dem Chinas Kommunistische Partei sich die Zukunft ausmalte für das eigene Land und die Welt.

Xi Jinping kam zuletzt, Chinas Staatspräsident und Generalsekretär der Kommunistischen Partei, außerdem Chef der Zentralen Militärkommission und damit Oberbefehlshaber der mächtigen Volksbefreiungsarmee Chinas. Er hatte sich in wenigen Jahren diese Partei untertan gemacht, hatte Konkurrenten aus dem Weg geräumt und so viel Macht auf sich vereint wie vor ihm höchstens Mao Zedong. Nun stand er vor dem letzten entscheidenden Schritt, der ihn zum mächtigsten Mann der Welt machen würde.

Durch ein Fernglas beobachtete ich Xi von jenem Teil der Empore, auf dem sich Kameras und Journalisten drängten. Er war größer als die meisten anderen Kader und von massiger Gestalt, das schwarze Haar war akkurat gescheitelt. Sein volles Gesicht wirkte wächsern, fast regungslos nahm er die Huldigungen entgegen, die sie ihm entgegenbrachten, als er die Bühne abschritt. Xi setzte sich auf seinen Platz in der Mitte des Podiums, während sein Blick ins Irgendwo der Halle ging. Es war die Attitüde eines chinesischen Kaisers, der niemanden für sich gewinnen oder überzeugen musste. Der Gefolgschaft forderte und bekam, der Hof hielt und verlautbarte, was er entschieden hatte.

Über dreieinhalb Stunden würde Xi an diesem Tag reden mit einer fast sanften Stimme, die im auffälligen Kontrast stand zu dem, was er da verkündete. Die Delegierten im Saal, die Parteimächtigen auf der Bühne würden die Rede mitlesen. Das Manuskript lag vor ihnen, und jeder musste seine Aufmerksamkeit und Ehrerweisung dadurch zeigen, dass er besonders eifrig in die Seiten blickte. Sogar Jiang Zemin, der greise Ex-Generalsekretär, Vorvorgänger Xis, musste mitmachen. Aber weil seine dicke Brille nicht mehr ausreichte, holte er zusätzlich ein unförmiges Vergrößerungsglas hervor. Wann immer Xi das Ende einer Seite erreichte, blätterten rund 2300 Delegierte gleichzeitig um. Es klang dann immer so, als würde in der Halle eine Windböe trockenes Laub aufwirbeln.

Das China, das Xi in seiner Rede beschrieb, war ein ganz anderes als jenes, von dem seine Vorgänger wie Jiang Zemin immer gesprochen hatten. In deren Reden galt China als ein armes, rückständiges Land, ein Land eben, das ganz nach Dengs Maxime seine Fähigkeiten verbarg und kleinredete. Für Xi war das Vergangenheit. Rund zwei Dutzend Mal sprach er von der großen oder starken Macht Chinas. Unter seiner Führung beginne für das Land nun eine »neue Ära«, in der die Nation den chinesischen Traum auf nationale Erneuerung verwirkliche. Eine Ära, in der China weltweit mehr und mehr im Mittelpunkt stehen würde.

Das war ein Satz, den alle im Saal sofort verstanden. China heißt auf chinesisch *zhōngguó*, das Reich der Mitte, für das Xi nun wieder eben diesen Mittelpunkt reklamierte, den vordersten Platz in der Staatengemeinschaft, also den Status einer Weltmacht. Und die Delegierten im Saal verstanden auch, was

Xi mit der »nationalen Erneuerung« meinte. Es ging um Hong-kong und Macau, die Sonderverwaltungszonen, die zwar zu China gehören, aber vorläufig noch ein eigenes Rechts- und Regierungssystem haben. Unter Xi wurden ihre Freiheit und Autonomie Stück für Stück beschnitten mit dem Ziel, sie möglichst bald vollständig zu kontrollieren. Genau das sollte auch mit Taiwan passieren, das Peking als abtrünnige Provinz sieht. Für den Fall, dass Taiwans Regierung auch formal die Unabhängigkeit erklären sollte, drohte Xi unverhohlen: »Wir werden niemals irgendjemand, irgendeiner Organisation oder Partei erlauben, in welcher Form auch immer, einen Teil des chinesischen Territoriums von China abzuspalten.« Dafür gab es donnernden Applaus von den Delegierten, den lautesten der ganzen Rede. Der Aufstieg Chinas zur Weltmacht schien untrennbar verbunden mit einem raumgreifenden Nationalismus, mit der Annexion des unabhängigen Taiwans und der Unterwerfung seiner Regierung, die man für Separatisten hielt.

Xi redete an diesem Tag auch davon, wie viel Gutes die Welt angeblich von diesem neuen, starken China erwarten könne, das internationale Zusammenarbeit förderte, Wirtschaft und Handel ausbauen und die Entwicklungsländer unterstützen wolle. Aber er ließ keinen Zweifel daran, dass dieses neue China seine Interessen, wenn nötig, auch mit Gewalt durchsetzen würde. Chinas Militär müsse bereit sein für die Aufgaben dieser neuen Ära und bis spätestens zur Mitte dieses Jahrhunderts Streitkräfte auf Weltklasseniveau haben. »Das Militär ist zum Kämpfen da«, stellte Xi unmissverständlich klar. Kampfbereitschaft sei das zentrale Kriterium für Chinas Streitkräfte, um Kriege zu gewinnen, wenn es darauf ankomme.

Als Xi nach dreieinhalb Stunden endete, waren alle im Saal erschöpft. Oben auf der Pressetribüne hatten chinesische Kollegen längst ihre Smartphones rausgeholt. Auch auf der Tribüne der Parteimächtigen schienen alle ermattet. Die Rücken waren nicht mehr stramm durchgedrückt, sondern die Kader hingen in den Stühlen. Als Xi beim großen Alten, bei Jiang Zemin vorbeikam, zeigte der mit großer Geste auf seine Armbanduhr. Von oben sah es aus, als sei Jiang empört, aber Xi schien das nicht zu kümmern. Er setzte sich und lächelte leise voller Genugtuung. Als sei es Teil seiner neuen Macht, dass er die Geduld aller strapazieren konnte, so viel er wollte.

Kurz vor Ende der Rede hatte Xi in die Erschöpfung des Saals noch eine Botschaft geworfen, die eigentlich viele Beobachter aus dem Westen hätte aufhorchen lassen müssen, weil sie eine weitere, fundamentale Abkehr der traditionellen Politik Chinas bedeutet. Xi präsentierte das chinesische Modell der Parteidiktatur als ein System, das anderen, insbesondere dem westlichen, überlegen sei. Ein Exportschlager, den China nun in die Welt hinaustragen wolle. Unser System»bietet eine neue Option für andere Länder und Nationen, die ihre Entwicklung beschleunigen und gleichzeitig ihre Unabhängigkeit bewahren wollen«. Dieses Heilsversprechen, dass andere Staaten nur China kopieren müssten, um eine ähnlich phänomenale wirtschaftliche Entwicklung hinzulegen, hatte es noch nicht gegeben. Es war eine offene Kampfansage an das westliche System der liberalen Demokratien, der Auftakt zu einem Systemwettstreit, wie es ihn zuvor nur im Kalten Krieg zwischen den USA und der Sowjetunion gegeben hatte.

Ich war noch wie benommen von der Rede, von ihrer Länge wie von der Wucht ihres Machtanspruchs, als wir herausgespült wurden aus der Halle des Volkes, zurück auf den Tiananmen-Platz. Viele Fragen gingen mir durch den Kopf. Was bedeutete Xis Ankündigung, das Militär zu einer Weltklasse-Armee zu machen? Wie aggressiv würde das chinesische Militär in der Welt auftreten? Hatte China vor, die Weltherrschaft zu übernehmen? Die Blumenrabatten standen noch da, und in Richtung der Verbotenen Stadt fiel mir ein riesiger künstlicher Blumenkorb auf. Es passte nicht zu dieser Rede. Viel eher musste ich daran denken, wie Xi zwei Jahre zuvor, draußen vor der Tür, auf dem Tiananmen-Platz, 12000 Soldaten hatte aufmarschieren lassen, wie Panzer und Artillerie mit Nuklearraketen über den Platz gerollt, wie Kampfjets über die Verbotene Stadt gejagt waren. Es war der 70. Jahrestag für das Ende des Zweiten Weltkriegs in Asien, und Xi machte daraus eine Machtdemonstration, wie sie Peking bis dahin noch nicht erlebt hatte. Xi schritt damals nicht seine Truppen ab, er fuhr sie ab in einer offenen Mercedes-Limousine, während die strammstehenden Soldaten ihm tausendfach die Ehrerbietung entgegenbrüllten, die über die Weiten des Tiananmen hallte. Noch im Rückblick schauderte mich bei dieser Szene, weil es eben dieses Militär war, das 1989 die Studentenproteste auf diesem Platz brutal niederschoss. Und weil fraglich ist, ob dieses Militär mitsamt seinem ungeheuren Zuwachs an militärischer Stärke in den letzten Jahren nach außen mehr Zurückhaltung und weniger Rücksichtslosigkeit zeigen wird als damals im Inneren gegenüber den Studenten, den eigenen Töchtern und Söhnen.

Chinas Militär: »Zum Kämpfen da«

In meinem Alltag in Peking war Chinas Militär immer präsent, man entkam ihm nicht. Wenn ich morgens die Kinder zur Schule brachte, kam es oft vor, dass Militärpolizei in grüner Uniform die Straße absperrte, damit ein Trupp seiner Wachsoldaten im Stechschritt die Straßenseite wechseln konnte.

Vor den Botschaften standen sie rund um die Uhr Wache und gleich neben der Schule war eine der Kasernen. Mehrmals am Tag hallte von dort das Appellhofbrüllen marschierender Soldaten. Unterwegs im Auto oder auf dem Fahrrad wartete ich oft an großen Kreuzungen mit riesigen LED-Bildschirmen, auf denen die Armee mit martialischen Bildern für den Militärdienst warb. Abends im Kino liefen dann Filme, die oft von Chinas Verteidigungsministerium produziert worden waren und der Rolle des eigenen Militärs in Vergangenheit, Gegenwart und Zukunft huldigten. Chinas neue Ära, wie sie Xi auf dem Parteitag ankündigte, gab es nur mit diesem Militär, das Sinnbild ist für das machtvolle China.

Chinas Volksbefreiungsarmee untersteht nicht der Regierung, sondern Chinas Kommunistischer Partei. Sie ist eine Parteiarmee, und insofern passt es auch, dass Xi die Rolle dieses Militärs in der Welt in seiner Funktion als Parteichef auf einem Kongress dieser Partei definierte. Diese Armee ist mit über zwei Millionen Soldaten das zahlenmäßig größte Militär der Welt und hat mit rund 178 Milliarden US-Dollar für das Jahr 2020 den zweitgrößten Militärhaushalt. Das sind die offiziellen Regierungszahlen, tatsächlich liegen die Ausgaben vermutlich noch deutlich höher. Das Stockholm International Peace Research Institute (SIPRI) geht für 2019 von rund 261 Milliarden US-Dollar aus, das International Institute for Strategic Studies von 225 Milliarden US-Dollar für 2018. Die Abweichungen erklärt das Institut damit, dass China Ausgaben, die eigentlich dem Militär zuzurechnen sind, in anderen Haushalten verstecke oder das volle Ausmaß der Ausgaben nicht transparent mache. Das Bild, das sich ergibt, ist trotz der Heimlichtuerei ziemlich klar. China rüstet auf, und diese Aufrüstung hat für Staats- und Parteichef Xi höchste Priorität. Das sieht man schon allein daran, dass der Militärhaushalt in den vergangenen Jahren in der Regel noch höher ausfiel als das offizielle Wirtschaftswachstum.

Natürlich ist China weit entfernt von den enormen Militärausgaben der USA von rund 732 Milliarden US-Dollar im Jahr 2019, und auch der Anteil am Bruttoinlandsprodukt liegt mit 1,9 Prozent deutlich niedriger als in den USA mit 3,2 Prozent. Die USA sind die dominierende Militärmacht der Welt, aber in Ostasien verfügt China inzwischen über die größte militärische Stärke. Xi hat dieses Militär neu organisiert. Es ist schon lange nicht mehr eine nur zahlenmäßig überwältigende Armee, die vor allem mit Landstreitkräften das eigene Festland verteidigen will. Der Schwerpunkt liegt nun woanders. China baut seine Marine aus, weil seine Interessen weit über die eigenen Grenzen hinausgehen. Dazu kommt eine Raketen-Truppe, die über 260 atomare Sprengköpfe verfügt, so Schätzungen der Federation of American Scientists sowie über Strategic Support Forces, die vor allem für den Cyberkrieg zuständig sind.

Das strategische Ziel Chinas ist es, Amerika in Ostasien zunächst Paroli bieten zu können und letztlich stark genug zu sein, um die USA ganz aus der Region zu verdrängen. Richtig verstanden habe ich das erst, als ich in Chinas Außenministerium vor einer riesigen Weltkarte stand. Natürlich steht auf asiatischen Weltkarten Europa nicht im Zentrum, sondern China. Rechts davon liegt der Pazifik, an den Rand drückt sich Amerika. Diesen Blick auf die Welt war ich zuvor nicht gewohnt. Auf dieser Karte scheinen China und die USA erstaunlich nah beieinander zu sein, getrennt nur durch den Pazifik. Um diesen Raum geht es China im Wettstreit mit den USA, darauf richtet sich seine militärische Macht. Hier verlaufen die wichtigsten Schifffahrtsrouten, im Meeresboden werden gewaltige Bodenschätze vermutet. Wer in dieser Region das Sagen hat, kontrolliert rund ein Viertel des globalen Handels und der Weltwirtschaft.

In meinem Buch »Der Wahnsinn und die Bombe« über den Nordkoreakonflikt habe ich das Ringen zwischen China und den USA um Vorherrschaft in diesem Raum mit einem Schachspiel verglichen, auf dem die USA mit ihren Figuren weit vorgerückt sind. Die amerikanische Dame steht auf der US-Militärbasis Guam, Türme und Läufer haben ihre Positionen in Japan und Südkorea, wo die USA die größten Truppenkontingente außerhalb des eigenen Landes stationiert haben. China sieht sich mit seinen Schachfiguren in der Gefahr, blockiert zu werden, von einer Phalanx der USA und ihrer Verbündeten in der Region, zu denen auch Taiwan gehört. Seit Jahren versucht China aus dieser wahrgenommenen Umklammerung herauszukommen. Es hat Stützpunkte im Südchinesischen Meer aufgebaut, die mit ihren Landebahnen und Marinehäfen Anlaufpunkte sind für Chinas Läuferfiguren.

Anders als im Schach aber ist Chinas Vorrücken im echten Leben ein klarer Regelbruch. Das Internationale Schiedsgericht in Den Haag verurteilte Chinas Landnahme im Südchinesischen Meer 2016 als illegal und damit völkerrechtswidrig. China habe keine legitimen Ansprüche. Doch Peking scherte sich nicht darum, Chinas Außenministerium ließ wissen: »Wir haben dieses Verfahren von Anfang an nicht anerkannt und werden die Entscheidung auch nicht akzeptieren. Wir werden uns an diesen illegalen Schiedsspruch nicht halten.« Weil das Urteil nicht bindend war, machte China danach einfach weiter beim Bau von Stützpunkten.

Chinas und Amerikas Figuren kommen sich seitdem in diesem Bereich des Schachbretts gefährlich nahe. Die Konflikte mit anderen Anrainerstaaten, die gefährlichen Beinahe-Zusammenstöße mit amerikanischen Kriegsschiffen in der

Region – das alles gehört zum Bild einer angehenden Weltmacht, die glaubt, den eigenen Hinterhof für sich selbst beanspruchen zu können. Einen wichtigen Erfolg hat China dabei in greifbarer Nähe. Die Philippinen haben Anfang 2020 angedroht, den Militärpakt mit den USA aufkündigen zu wollen. Eine wichtige Figur auf dem amerikanischen Teil des Bretts würde damit ins chinesische Lager wandern.

Natürlich ist es per se nicht verwunderlich, dass Chinas wirtschaftlicher Aufstieg begleitet wird von einem Zuwachs an militärischer Stärke. Und wie andere Großmächte verfolgt auch China damit machtpolitische Interessen wie zum Beispiel die Sicherung seiner Handelswege, den Zugang zu Ressourcen, der für das rohstoffarme Land besonders wichtig ist. Was die Sache so brisant macht, warum der UNO-Generalsekretär einen Krieg der Weltmächte fürchtet, ist die aggressive, nationalistische Rhetorik von Chinas Mächtigen. Die Kriegsdrohungen Xis gegen Taiwan, seine Appelle an das eigene Militär, kampfbereit zu sein – man muss China da beim Wort und das heißt, die Sache ernst nehmen. In dieser Region stehen sich hochgerüstete Armeen mit Atomwaffen gegenüber. Zu glauben, dass beim Ringen um strategische Vorteile auf diesem Schachbrett schon alles gut gehen werde, könnte ein fataler Fehler sein.

Chinas Militär hat in den letzten Jahrzehnten keine großen Kriege gekämpft. Für Pekings Mächtige ist das ein Beleg dafür, dass China seinen Aufstieg als Weltmacht letztlich friedlich vollzieht, im Einvernehmen mit anderen Staaten, als Win-win-Projekt sozusagen. Man muss das nicht glauben. Chinas Alltagsmilitarismus, die aufgeregte nationalistische Rhetorik von einer nationalen Erneuerung, in der nicht nur Hongkong und Macau zurück an China fallen, sondern auch Taiwan, haben nichts gemein mit dem Propagandabild des an-

geblich friedfertigen China. Im Gegenteil: Trotz seines phäno-
menalen Aufstiegs und seiner neuen Stärke prägt Chinas KP
ein tiefsitzender Minderwertigkeitskomplex, das Gefühl, zu
kurz gekommen zu sein im Reigen der großen Mächte. Die
Erinnerung an die Zeit von der Mitte des 19. bis zur Mitte
des 20. Jahrhunderts, als China unter der Qing-Dynastie zur
Beute des imperialen Westens und schließlich von Japan teilweise besetzt wurde – das ist ein Trauma, das man immer
noch überall spürt. Diese Demütigung soll durch die »neue
Ära«, die neue Größe Chinas überwunden werden. Umso
dringlicher versucht Peking nun also, seinen als rechtmäßig
angesehen Platz in der Welt, seinen »Platz an der Sonne«,
einzunehmen.

China, die »nervöse Weltmacht«

Im Hotel Adlon in Berlins Mitte beim Interview mit UNO-Generalsekretär Guterres war die Parallelität mit der deutschen
Geschichte während des Wilhelminischen Kaiserreichs mit
Händen zu greifen. Nur ein paar hundert Meter weiter entfernt bauten sie gerade das Berliner Schloss der Hohenzollern
wieder auf. Auch Deutschland unter Wilhelm II. suchte nach
seinem »Platz an der Sonne«, sah sich als eine zu spät gekommene Nation, benachteiligt im Konzert der Großmächte.
Deutschland war damals, wie der Historiker Volker Ullrich
es nannte, eine »nervöse Großmacht«. Wie ich China erlebt
habe, erscheint es mir heute als eine »nervöse Weltmacht«.
   Damals waren es deutsche Kanonenboote, die zum »Pan-
thersprung nach Agadir« ansetzten, in der Karibik, vor den
Küsten Lateinamerikas und im Pazifik militärische Macht
demonstrierten und Stützpunkte ausbauten oder vor Chinas

Ostküste mithalfen, den Aufstand der Boxer brutal niederzuschlagen. Heute segelt Chinas Flotte zur Machtdemonstration durch die Straße von Taiwan bis nach Australien, Afrika und Südamerika, hält mit Russland Manöver ab in Nord- und Ostsee und baut Stützpunkte am Arabischen Meer in Gwadar und am Horn von Afrika in Dschibuti. Und dann ist da dieses Bild von Anfang August 2019, an das man sich erst noch gewöhnen muss. Auf der Rückfahrt von einem Manöver mit der russischen Marine fuhr Chinas modernster Lenkwaffenzerstörer durch den Nord-Ostsee-Kanal. An Bord waren die chinesische und die deutsche Fahne gehisst, die Besatzung stand stramm winkend an der Reling, während sich Chinas Kriegsschiff langsam durch den Kanal und die norddeutsche Tiefebene schob. Das machtvolle China war plötzlich mitten in Deutschland. Das war die Botschaft. Offen aber blieb die Frage, welche Antwort wir in Deutschland und Europa darauf geben.

Das Undenkbare wird zur realen Gefahr

Die Antwort der USA ist unmissverständlich: Sie läuft hinaus auf Konfrontation, auf ein Eindämmen von Chinas Einfluss, auf eine Machtprobe mit dem aufsteigenden Rivalen. Diese Politik ist keine Spezialität der Trump-Regierung. Es ist vielmehr einer der wenigen Punkte, bei denen sich Republikaner und Demokraten in den USA einig sind.

Zu Beginn von Trumps Präsidentschaft schien es noch, als könnte es irgendwie klappen zwischen den beiden Weltmächten. Im Herbst 2017 kam Trump im Rahmen einer Asienreise nach Peking. Er brauchte Xi und die Unterstützung Chinas, um Nordkorea von seinen nuklearen Allmachtsfantasien abzubringen. Xi und Trump spazierten mit ihren Frauen durch die Verbotene Stadt, sahen gemeinsam eine Peking-Oper. Xi versprach die Wirtschaftssanktionen gegen Nordkorea hart durchzusetzen. Trump zeigte sich beeindruckt von der vieltausendjährigen Geschichte Chinas. Jeder sagte dem anderen also, was er hören wollte. Obwohl Trump sich immer im größtmöglichen Gegensatz zu seinem Vorgänger Barack Obama inszeniert, war er damit ganz auf der Linie der etablierten US-Politik gegenüber China. Die setzte immer darauf, dass man durch möglichst enge Zusammenarbeit letztlich am meisten erreichen könne.

Aber die Allianz gegen Nordkoreas Kim Jong-un war nur von kurzer Dauer. China befand, was schon seit Maos Zeiten gilt, nämlich dass Nordkorea ein strategischer Pufferstaat ist, ein Schutz vor der ausgreifenden Macht der USA. Bedrohlicher als Kims Atombomben ist aus Pekings Sicht deshalb ein Zusammenbruch Nordkoreas, in dessen Folge Südkorea und die dort stationierten US-Truppen bis an die chinesische Grenze vorrücken könnten. Die Nordkorea-Krise war für einen kurzen Moment eine Art gemeinsamer Nenner für Xi und Trump, aber schon bald trat das wieder hervor, was dahinter wirkte und letztlich noch größer und gefährlicher war: das Ringen um Einfluss und Macht in der Region zwischen den USA und China. Ein drohender militärischer Konflikt zwischen den beiden Weltmächten.

Der Schwenk von Zusammenarbeit hin zu Konfrontation ging rasend schnell. In der Nationalen Verteidigungsstrategie des Pentagons ein Jahr später galt China schon als ein »strategischer Konkurrent«, der »räuberische Wirtschaftsstrategien« praktiziere, um seine Nachbarn einzuschüchtern, und der gleichzeitig das Südchinesische Meer militarisiere. Das US-Verteidigungsministerium vollzog mit dem Papier einen bemerkenswerten strategischen Richtungswechsel. Die USA veränderten damit von Grund auf ihre militärischen Prioritäten. Im Zentrum stand nicht mehr der Krieg gegen den Terror, der die Welt seit den Anschlägen vom 11. September 2001 in Atem gehalten hatte, nicht mehr der Kampf gegen islamistische Milizen. Amerikas Militär glaubte sich vorbereiten zu müssen auf einen großen Krieg gegen eine andere Weltmacht, gegen China. Darauf zielten die neuen Rüstungsprojekte, die Stationierung von Truppen, die strategischen Planungen.

Wie tief die Zäsur in Washingtons Politik war, machte der Außenminister in einer Rede am Hudson Institute im Herbst 2019 deutlich. Man erkenne nun endlich, so Mike Pompeo, wie sehr Chinas Kommunistische Partei feindlich eingestellt sei gegenüber den USA und ihren Werten. »China bedroht Amerikas nationale Sicherheit, indem es asymmetrische Waffen entwickelt, die unsere strategischen Anlagen bedrohen.« Pekings bevorzugte Instrumente der Diplomatie seien Drohung und Zwang. Und er fuhr fort: »Wir wollen keine Konfrontation mit der Volksrepublik China. Wir wollen tatsächlich genau das Gegenteil. Aber wir müssen mit China umgehen, so wie es ist, nicht wie wir es gerne hätten.« Pompeos Rede war mehr als nur die weitreichende Begründung für den Handelskrieg zwischen China und den USA. Dass ein US-Außenminister so die Koordinaten der Außenpolitik verschob, dass er einen anderen Staat so explizit zum Gegner erklärte, markierte einen tiefen Einschnitt.

In amerikanischen Denkfabriken werden inzwischen Szenarien durchgespielt zu einem möglichen Krieg mit China. Thinking through the unthinkable – das Undenkbare durchdenken, heißt eine davon. Die RAND Corporation kommt darin zu dem Schluss, dass in jedem denkbaren Szenario zumindest im Moment noch die USA überlegen wären. Der Preis aber wäre enorm. Ein Krieg hätte desaströse Folgen nicht nur für beide Staaten, sondern für die ganze Welt. Auch die Nato hat diesen Schritt nachvollzogen. Zum 70-jährigen Jubiläum im Jahr 2019 beschloss das Verteidigungsbündnis ein Papier, in dem China als strategische Herausforderung bezeichnet wird. Das ist im Vergleich zu den Tönen aus Washington noch vergleichsweise milde. Aber es zeigt, dass sich da etwas verschiebt.

Vielleicht werden wir in ein paar Jahren auf die Rede Pompeos und auf jene von Xi zurückblicken und noch deutlicher sehen, dass mit dem Ende der Zehnerjahre des 21. Jahrhunderts auch die Zwischenepoche seit dem Fall der Berliner Mauer und dem Zusammenbruch des Ostblocks zu Ende gegangen ist. Dass damit nun etwas Neues und potenziell Explosives beginnt.

Chinas neue Macht ist für Guterres auch verursacht durch Amerikas Schwäche, den Rückzug der USA auf Geheiß von Präsident Trump im Zuge seines »America First«. »In der Physik gibt es Leere, aber in der Politik gibt es keine Leere. Wenn sich jemand, egal ob in der Innen- oder Außenpolitik, irgendwo zurückzieht, wird dieser Raum sofort von anderen eingenommen«, sagte Guterres. »Deshalb ist es offensichtlich, dass, wenn eine Großmacht sich zurückzieht, eine andere sofort nachrückt.«

Der UNO-Generalsekretär wusste genau, wovon er sprach, genauer vielleicht, als er wollte. China hat in den vergangenen Jahren hinter den Kulissen der Vereinten Nationen alles dafür getan, seine Leute in einflussreiche Positionen zu bringen. Für die notwendige Stimmenzahl nutzte es finanzielle Anreize wie Investitionsversprechungen, massives Lobbying und unverhohlenen Druck. Im Ergebnis hat Peking auch wegen des Rückzugs der USA unter Trump einen Einfluss wie nie zuvor in der Geschichte der Vereinten Nationen. Das hat Guterres selbst bislang erstaunlich still hingenommen.

China füllt die Leere – auch in den Vereinten Nationen

Der Einfluss Chinas wurde im Zuge der Corona-Pandemie besonders deutlich, als die Weltgesundheitsorganisation in den Fokus des Weltinteresses rückte. Deren Chef Tedros Adhanom Ghebreyesus, ehemaliger Gesundheits- und Außenminister Äthiopiens, war mit Pekings Unterstützung 2017 als erster Afrikaner zum Generalsekretär der WHO gewählt worden. Die Corona-Pandemie war die wichtigste Herausforderung in der Geschichte der WHO. Dass die Organisation dabei so versagte, lag nicht zuletzt an Tedros und seiner übergroßen China-Nähe. Tedros spielte die Gefährlichkeit lange herunter, lobte stattdessen Chinas Krisenmanagement über den grünen Klee. Gleichzeitig ignorierte Tedros' WHO frühe Warnungen aus Taiwan. Die WHO gab damit dem Druck aus Peking nach, das Taiwan international isoliert sehen will. Welche grotesken Formen die China-Ergebenheit der WHO dabei annehmen konnte, zeigte ein Videointerview, das der Hongkonger Sender RTHK mit Bruce Aylward, einem Berater des WHO-Generaldirektors, führen wollte. Auf die Frage, ob die WHO aufgrund der Pandemie-Erfahrungen eine Mitgliedschaft Taiwans in Betracht zog, tat der hohe WHO-Funktionär so, als sei plötzlich die Verbindung schlecht und legte auf. Die Frage wollte er auch danach nicht beantworten. Noch Ende Februar, als ich Deutschlands Außenminister bei einem WHO-Besuch in Genf begleitete, verbreitete WHO-Chef Tedros die Idee, dass das Virus möglicherweise auf verschiedene Infektionsgebiete eingedämmt werden könnte. Erst drei Wochen später war die WHO so weit, die Pandemie aus China auch als solche offiziell zu deklarieren.

Trumps Entzug der amerikanischen WHO-Gelder für drei Monate auf der Höhe der Pandemie war ein typischer menschenverachtender Populismus des US-Präsidenten. Aber seine Kritik an der WHO ist berechtigt, und er steht damit auch nicht allein. China hat seinen Einfluss auf Tedros und die Organisation zu nutzen versucht, um Details seines eigenen Versagens zu vertuschen. Und es hat mitten in der größten Gesundheitskrise seit 100 Jahren eine UN-Organisation für seinen Feldzug gegen Taiwan eingespannt. Dass Tedros und die WHO dabei mitmachten, obwohl Taiwan vorbildlich auf das Virus reagiert und als erstes Land weltweit auf die Gefahren hingewiesen hat, zeigt, welche Risiken ein übergroßer China-Einfluss in den Vereinten Nationen für alle Länder bedeuten kann.

China übt diesen Einfluss auch in anderen UN-Organisationen aus, besonders über chinesische Staatsbürger, die Peking in hohe Positionen hieven konnte. Die Internationale Fernmeldeunion, die wichtige Standards für die weltweiten Kommunikationsnetze definiert, fördert unter Leitung von Zhao Houlin Huaweis Position als Anbieter von 5G-Technologie. Die Internationale Zivilluftfahrtorganisation unter Leitung von Fang Liu exekutiert wie die WHO Chinas Anti-Taiwan-Politik und informierte das Land nicht über Covid19-Schutzmaßnahmen. Die Ernährungs- und Landwirtschaftsorganisation der UNO steht unter Leitung von Qu Dongyu, die Organisation der Vereinten Nationen für industrielle Entwicklung führt Chinas ehemaliger stellvertretender Finanzminister Li Yong. Dort hat auch Zhang Huarong, der bereits erwähnte Schuhkönig Chinas, eine wichtige Position bekommen. Sein unternehmerisches Motto hatte er mir gegenüber so zusammengefasst:»Wenn wir gute Geschäfte machen, stellen wir ein. Wenn wir keine guten Geschäfte machen, stellen wir nicht ein. Wir sind Unternehmer. Für uns zählt nur der Profit.« Nun leitet Zhang den chinesischen Ableger der UN-Organisation. China schafft es mit diesen Personalbesetzungen, in den Vereinten Nationen seine eigene außenpolitische Agenda durchzusetzen. Und es ist durch diesen Einfluss ebenfalls erfolgreich, missliebige Diskussionen oder Kritik abzuwürgen.

Im UN-Menschenrechtsrat schafft es China inzwischen auch dank seiner Seidenstraßen-Investitionen, Mehrheiten zu organisieren, die eine Verurteilung zum Beispiel der massiven Menschenrechtsverletzungen in Xinjiang verhindern. Wenn Deutschlands Außenminister im Plenum des UN-Gremiums unter einem bunten, tropfsteinartigen Gewölbe China für seine brutale Unterdrückung der Uiguren in Xinjiang kritisiert, wie im Februar 2020 geschehen, kann sich dessen Vertreter entspannt zurücklehnen und sich seinem Smartphone widmen. Chinas diplomatischer Vertreter wurde inzwischen sogar in die Konsultativgruppe des UN-Gremiums gewählt. Er muss keine Kritik fürchten.

So verschieben sich innerhalb der Vereinten Nationen die Koordinaten zugunsten Chinas – und zuungunsten zentraler Werte der UN. Die Leerstellen, die Guterres erwähnte, nutzt Peking mit aller Macht, knüpft Allianzen und schafft es mit der Erzählung seines eigenen Aufstiegs sowie dem großen Seidenstraßen-Versprechen, sich Einfluss zu verschaffen, wie er noch vor ein paar Jahren undenkbar schien.

Das ist auch ein Teil jenes Epochenumbruchs, den Guterres im Scheinwerferlicht des Hotelzimmers am Brandenburger Tor umtrieb. Was macht Europa in dieser Situation, was sollte es tun? Droht es in diesem Konflikt zermalmt zu werden, muss es sich entscheiden für eine Seite, kann es den Konflikt entschärfen? Guterres sagte:»Wir müssen das Risiko eines Bruchs vermeiden. Und eine Möglichkeit, das zu schaffen, ist durch eine starke Präsenz Europas in den internationalen Beziehungen und eine starke Präsenz in der globalen Wirtschaft.«

Ein politisch und wirtschaftlich starkes Europa als Ausgleich, als Stabilisator zwischen den rivalisierenden Mächten, ein Dreieck der Mächte statt einer Konfrontation zwischen den zweien – man merkt, dass Guterres, der einmal Portugals Premierminister war, Europa am Herzen liegt. Aber ist das realistisch? Hat Europa, hat Deutschland überhaupt eine Strategie, wie es mit Chinas Aufstieg und neuer Stärke umgehen will?

14 Und was sollen wir in Europa tun?

China ist ein aufregendes Land, es ist nichts, wovor wir uns fürchten sollten. Aber wir sollten uns auch keine Illusionen machen. China wird regiert von einer diktatorischen Partei, die im Inneren wie nun auch im Äußeren ihre Macht und ihre Regeln durchsetzen will.

Für Europäer schien das Land zunächst so weit weg, dass wir lange Zeit glaubten, eine China-Naivität an den Tag legen zu können. Deutschlands Außenpolitik nennt China einen »strategischen Partner«, was in Wirklichkeit so viel bedeutet wie: Wir machen gute Geschäfte mit euch, und gelegentlich erinnern wir an die universelle Gültigkeit der Menschenrechte und an die Notwendigkeit eines funktionierenden Rechtsstaats. Die Zeit der China-Naivität ist nun aber endgültig abgelaufen. Was aus Peking auf uns zukommt, ist »China First«. Chinas enormer Machtzuwachs und Machtanspruch zwingen Europa zu einem neuen Blick und einer kühleren und vielleicht auch realistischeren Politik. Der Wind dreht sich in Europa und Deutschland. China wird zum Risikoland, gegen das man sich wappnen muss. Das ist nicht erst seit der Corona-Pandemie so, aber es ist eine Entwicklung, die sich dadurch noch erheblich verschärft hat.

Es ist ein neues, ein anderes China, das uns da herausfordert – es ist nicht mehr vor allem mit sich selbst beschäftigt, sondern greift über seine Grenzen mit all seiner Macht, seiner wirtschaftlichen Wucht, seinem politischen Sendungsbewusstsein aus. Wir in Deutschland und Europa müssen darauf Antworten finden. Sie betreffen unsere politischen und wirtschaftlichen Beziehungen mit China, aber sie sollten darüber hinausgehen. In dem Maße, da sich die Gewichte der Welt verschieben von West in Richtung Ost, von Amerika nach China, muss sich auch unser Blickwinkel anpassen. Wir müssen lernen, genauer hinzuschauen, was in Fernost geschieht. Bislang hat Deutschland eine Chinapolitik aus der Perspektive eines Handelskontors gemacht. Zentral und alles überragend war die Frage der wirtschaftlichen Beziehungen. Alles andere trat dahinter zurück, nicht völlig, aber doch so, dass Peking nicht allzu verärgert war. Man könnte diese Strategie als Appeasement bezeichnen, und sie hat eine lange Tradition.

Alle zwei Jahre gibt es deutsch-chinesische Regierungskonsultationen, mal in Berlin, mal in Peking – wo dann angeführt von Chinas Ministerpräsidenten oder der deutschen Kanzlerin ein großer Tross von Ministern und Unternehmensbossen einfliegt. Der Höhepunkt im Ritual dieser Treffen ist dann eine lange Reihe von Abkommen zwischen Unternehmen. Die Summen dürfen gerne sehr groß sein, um deutlich zu machen, wie gewichtig diese Treffen angeblich sind. Wobei: Aus einem guten Teil dieser Abkommen wird am Ende nichts, oder sie sind umgekehrt längst abgeschlossen, und die Sache wird hier nur noch einmal vollzogen, der lieben Show halber.

Die regelmäßigen Regierungsbesuche gehorchen einem so strengen Ritual, dass man befürchten muss, in der deutschen Botschaft könnte eines Tages der Fauxpas passieren, dass das Besuchsprogramm des Vorjahres verschickt wird statt des aktuellen. In der großen Halle des Volkes verteilen die strengen Protokolldamen von Chinas Außenministerium jedes Mal gelbe, grüne und blaue Armbänder an die Korrespondenten.

Die zeigen an, wo man dann zusehen darf: Wenn die Delegationen sich an einem der endlos langen Konferenztische gegenübersitzen und Small Talk versuchen, während grüner Tee eingeschenkt wird. Oder nur bei der Pressekonferenz, die der chinesische Ministerpräsident als Zumutung empfindet, weil er nicht abgesprochene Fragen verachtet, und bei der die deutsche Kanzlerin in der Regel mit den Folgen der Zeitverschiebung und ihres wie üblich viel zu dichten Besuchsprogramms zu kämpfen hat. Einmal wagte ich es mit ein paar Kolleginnen und Kollegen, ohne die richtige Armbinde durch eine der hohen Türen zu drängen. Auf Seiten des chinesischen Protokolls wurden sie daraufhin sehr hektisch, und eine der Damen drohte uns, sie werde uns beim deutschen Regierungssprecher melden. Ihr schien das wie die ultimative Bestrafung. Die Idee von unabhängigen Medien schien ihr, obwohl im Außenministerium tätig, nicht so geläufig.

In der ritualisierten Welt dieser Besuche gibt es manchmal Überraschendes, etwa wenn die deutsche Botschaft nach einem langen Besuchstag und einem Katz-und-Maus-Spiel mit Chinas Stasi es doch noch schafft, einen kritischen Menschenrechtsanwalt zu einem Gespräch mit der Kanzlerin oder dem Bundespräsidenten in die Botschaft zu bringen. In meiner Erinnerung aber verschwimmen diese Besuche schon jetzt, weil dabei so oft das immer Gleiche gesagt wurde. Dass Deutschland und China voneinander profitieren, dass man gegenseitig offen sei für Unternehmen des jeweils anderen Landes, dass man das geistige Eigentum schützen wolle und natürlich dass die Beziehungen letztlich eine Win-win-Situation für beide Länder seien. Es ist eine Welt, die so schön wie unwirklich ist.

Die weltumstürzenden Veränderungen in Chinas Außenpolitik, in der Art, wie es seinen Platz in der Welt sieht und wie es diese Welt prägen und beeinflussen will – das alles hatte bei diesen Treffen keinen Platz, als fehlte diesen Themen wie mir die richtige Armbinde, um vorgelassen zu werden. Langsam verändert sich das. China wird bald die größte Volkswirtschaft der Welt sein. Deutschland und Europa werden dann nur noch insoweit wichtig sein, wie sie es schaffen, sich in bestimmten Bereichen einen technologischen Vorsprung zu erhalten. Selbst bei deutschen Unternehmen und Verbänden wächst der Frust über ein China, das seine Interessen auch in der Wirtschaft rücksichtslos und oft mit unfairen Mitteln durchsetzen will. Vielleicht waren wir zu naiv, sagen viele. Es ist nur noch nicht klar, was die Konsequenz daraus ist. Was kann Deutschland, was kann Europa tun? Seit Langem verhandelt die EU mit China zum Beispiel über ein Investitionsabkommen. Es soll den unhaltbaren Zustand beenden, dass Europa seinen Markt öffnet und chinesischen Unternehmen einen verlässlichen Rechtsrahmen bietet, während umgekehrt China Handelsbarrieren hochzieht und ausländische Unternehmen in China diskriminiert. Doch die Verhandlungen kommen nicht recht voran. China scheint nicht bereit zu sein, das bestehende Ungleichgewicht zugunsten von mehr Fairness zu beenden.

Chinas Druck und Europas Schwäche

Gleichzeitig übt Peking massiven politischen Druck zur Durchsetzung seiner Interessen in Europa aus. In der Deutungsschlacht um Fehler und Versäumnisse bei der Corona-Pandemie überzieht es Europa mit einem Propagandafeldzug bislang nicht gekannten Ausmaßes. Im März 2020 zum Beispiel nahmen Mitarbeiter der chinesischen Botschaft in Berlin

Kontakt auf zu Ministerien. Ihr Ziel: Deutschland solle Chinas Kampf gegen das Virus loben, also Kronzeuge sein für Peking. Der plumpe Versuch der Einflussnahme scheiterte. Doch statt den chinesischen Botschafter einzubestellen, übte sich die Bundesregicrung in Leisetreterei. Wie viele Regierungsmitarbeiter kontaktiert wurden, wollte sie nicht verraten. Das Bundesinnenministerium erklärte, man könne keine weitergehenden Auskünfte erteilen, weil das Rückschlüsse auf die Gesprächspartner ermögliche und dies »einem künftigen vertrauensvollen Austausch zwischen den beteiligten Staaten entgegenstehen würde«. Ähnlich verhält es sich bei strategischen Konflikten mit China. Soll Deutschland mit Schiffen der Bundesmarine ins Südchinesische Meer, um Ländern wie Japan, Australien oder Indien zu helfen, die freie Schifffahrt dort gegen Chinas aggressive Machtpolitik durchzusetzen? Frankreich und Großbritannien beteiligen sich mit den USA seit Langem an solchen »Freedom of Navigation Operations«. Die deutsche Verteidigungsministerin hat einen Einsatz deutscher Schiffe im Westpazifik gefordert. Aber sie hat dafür wenig Unterstützung bekommen, insbesondere nicht innerhalb der eigenen Regierung.

Chinas neue Expansionspolitik berührt das Bild, das wir uns selbst von Deutschland gemacht haben. Es betrifft die Frage, welche Interessen Deutschland in der Welt vertritt. Wie viel Macht es hat und wie viel es einzusetzen bereit ist. Wir können nicht viel tun, höre ich oft bei den Gesprächen in Berlin-Mitte. Die EU insgesamt ist ohne Großbritannien machtpolitisch geschwächt. Unsere Wirtschaft ist abhängig vom Handel mit China, unser Militär in einem so schlechten Zustand, dass es nur bedingt einsatzfähig ist. Welche Position bleibt uns zwischen den USA und China, den beiden Weltmächten, die klar und deutlich auf Konfrontation miteinander gehen? Es gibt Experten in Deutschland, die ernsthaft glauben, dass eine Politik der Äquidistanz, der Balance zwischen China und den USA der richtige Weg sei. Das klingt nach einer Art drittem Weg zwischen einem egomanischen Trump-Amerika, das unberechenbar geworden ist und auf das man sich nicht mehr recht verlassen kann, und einem machtbewusst ausgreifenden China. Es klingt nach einem wunderbaren Kompromiss, in dem Deutschland und Europa sich das Beste aus beiden Blöcken nehmen und sich dabei doch selbst irgendwie treu bleiben können. Ein bisschen Demokratie und militärische Sicherheit aus dem Westen, Handel und Profit aus dem Osten. Geht das?

Es gibt ein Beispiel aus unserer eigenen Vergangenheit, das uns dringend vor einem solchen Weg warnen sollte. Wieder geht es ums wilhelminische Kaiserreich, das am Ende des 19. und zu Beginn des 20. Jahrhunderts seine eigene Machtposition aus einer sogenannten Mittellage heraus ausbauen wollte. Ziel war es, den Westen, insbesondere Großbritannien und Frankreich, auszuspielen gegen den Osten, also das russische Zarenreich. Das ging furchtbar schief und mündete in den Ersten Weltkrieg.

Eine Politik der Äquidistanz wäre etwas ganz Ähnliches: das Ende der Westbindung, die prägend war für die gesamte Nachkriegsgeschichte der Bundesrepublik, ein verhängnisvoller Rückfall in Zeiten, da Deutschland glaubte, es müsse für sich einen Sonderweg wählen. China hat daran großes Interesse, weil es davon am meisten profitieren würde. Deutschland und Europa herauszubrechen aus dem Verbund des Westens, wäre ein großer Preis. Wir aber würden damit jene Werte aufgeben, die grundlegend für unsere Gesellschaft sind. So sehr uns Trump fremd erscheint, so sehr teilen wir jenseits seiner katastrophalen Präsidentschaft Werte und Ideale mit den USA. Sie sind Grundlage unserer Beziehungen, so sehr diese auch im Moment belastet sind. Diese Wertegemeinschaft gibt es nicht mit China. Im Gegenteil: Wir stehen mit China in einem Wettstreit der Systeme. Eine Äquidistanz kann es deshalb nicht geben, denn sie würde in Wahrheit ein Zugehen auf China und die stückweise Aufgabe von Freiheit und Demokratie bedeuten. Der Wettstreit der Systeme zwischen Diktatur und Demokratie ist noch lange nicht entschieden. Die Corona-Krise hat den wahren Charakter vieler Systeme gezeigt. China hat das Virus mit der ganzen Verfügungsmacht einer digitalen Diktatur bekämpft. Es war die Methode Einsperren – zuerst die Millionen Menschen in Wuhan, dann all jene, die aus dem Ausland kamen oder sonst irgendwie als gefährdet galten. Nirgendwo sonst mussten Menschen so lange und so zahlreich in Quarantäne. China war nicht transparent, es hat nicht offen informiert, es hat sich so verhalten, wie es das auch sonst tut – Peking hat im Angesicht der Krise einen chinesischen Nationalismus befeuert und die Allmacht der Partei befestigt.

Im Vergleich zu freiheitlichen Staaten zeigt sich, wie wenig davon durch die Krise erzwungen, wie viel stattdessen Teil der chinesischen Diktatur war. Südkorea und Taiwan haben es in unmittelbarer Nachbarschaft Chinas geschafft, mit frühen Warnungen, transparenten Informationen an die eigene Bevölkerung und die Welt, mit zahlreichen Tests und digitalen Tracking-Apps die Infektionen einzudämmen und unter Kontrolle zu halten. Es war nicht die Methode Einsperren, es war die Methode Offenheit. Auch bei uns in Deutschland hat es zwar lange gedauert, bis wir uns auf die Pandemie einstellen konnten. Aber die Einschränkung der Grundrechte, die damit einherging, war quasi von Beginn an verbunden mit einer gesellschaftlichen Debatte darüber, was davon wie lange vertretbar ist. Auch das war am Ende ein Beleg für Offenheit, dafür, dass eine so existenzielle Krise wie die Corona-Pandemie am besten besiegt werden kann durch eine möglichst breite Beteiligung aller und nicht durch eine allmächtige Partei, die von oben dekretiert, was sie für richtig erachtet.

Deutschland und Europa müssen sich nicht entkoppeln von China, wie das manche nun fordern. Aber es muss seine China-Naivität aufgeben. Es muss klar machen, welche Werte es vertritt, was seine roten Linien sind. Und es muss sich wappnen gegen chinesisches Powerplay, das in Zukunft noch viel stärker werden wird.

Schluss

Als meine Familie und ich vor fünf Jahren beschlossen, nach China zu ziehen, sahen uns manche unserer Freunde und Bekannten an, als wollten wir auf den Mond fliegen. China schien so weit weg, dass sich einige unsicher waren, ob wir uns jemals wiedersehen würden. Fünf Jahre später hat sich alles verändert. China ist nicht mehr weit weg, es ist auch nicht mehr nur irgendwie wichtig. Es ist da, mitten unter uns. Für meine Familie und mich ist das erstmal eine Erleichterung. Es ist schön, wieder in Deutschland zu sein. Aber wir waren kaum zurück, da vermissten wir China auch schon: das Essen, die unverstellte Neugier und den Enthusiasmus der Chinesen, das ruppige, pralle Leben auf seinen Straßen. Wir sind jetzt Stammkunden im Asiamarkt, unser Jüngster besteht auf Reisnudelsuppe zum Frühstück, und wenn ich chinesische Reisegruppen in Berlin sehe, schleiche ich mich näher ran, um Chinesisch zu hören, dieses raue, aufgeregte Durcheinanderreden.

Ich habe gelernt, zwischen Chinesen und dem chinesischen Staat zu unterscheiden. Ich bewundere Chinesen für ihre Neugier, für ihren Mut, Unbekanntes zu wagen. Ihr Ehrgeiz und Fleiß, die sie dabei antreiben, machen viel von den Fehlern und Unzulänglichkeiten wett, die wir gerne belächeln. Ihre große Stärke besteht darin, dass nicht alles von Anfang an perfekt und fehlerfrei sein muss. *Chàbùduō* – »so ungefähr« – geht erst mal auch. Viel wichtiger ist, dass es tatsächlich gemacht wird – schnell und ausdauernd, man kann es dann immer noch Stück für Stück weiter verbessern. Ein bisschen was von dieser Haltung täte uns auch gut. Meine chinesischen Freunde fanden jedenfalls immer, dass wir Deutschen zu viel planten und zu viel Angst vor Chaos und Improvisation hätten. Dabei sei das doch gerade das Geheimnis von Chinas Wirtschaftsaufstieg: ausprobieren, statt immer erst auf den großen Plan zu warten und nur damit weiterzumachen, was einmal gut geklappt hat. Damit einher geht eine viel größere Risikobereitschaft. Fehler zu machen, zu scheitern ist nicht so schlimm, solange man es danach wieder neu versucht. Daraus ergibt sich noch ein letzter, vielleicht der wichtigste Punkt: Es ist die Bereitschaft, von anderen zu lernen. Wir müssen nicht alles für uns neu erfinden, wir müssen auch nicht darauf warten, dass unsere Gesundheitsexperten herausfinden, was in Asien seit Jahren Gemeinplatz ist. Dass etwa Schutzmasken die Ausbreitung eines Virus eindämmen können. Mehr Neugierde auf die Lösungen anderer und weniger Arroganz, dass nur wir selbst die Sache hinkriegen, täten uns gut und würden auch helfen, schneller zu Lösungen zu kommen. Abkupfern ist okay und manchmal sogar lebenswichtig.

Wovor wir uns dagegen hüten sollten, ist all das, womit Partei und Staat Chinas Macht nach außen transportieren wollen: das Überwachungs- und Spionagesystem, die Propaganda und Zensur, die eine eigene, verzerrende China-Erzählung verbreiten wollen, das wirtschaftliche Powerplay, das freie Märkte fordert und sich selbst abschottet, der Versuch, Europa zu teilen, um dadurch besser zu herrschen. Wir müssen uns einstellen auf ein China, das technologisch, wirtschaftlich und militärisch eine Weltmacht ist. Und das in all diesen drei Bereichen die Regeln bestimmt und seine Interessen durchsetzt.

Dieses neue China ist machtvoll und trägt doch Zeichen gravierender Schwächen in sich. Die Überalterung wird das Land im Inneren vor monumentale Herausforderungen stellen und die Grundfesten seiner Gesellschaftsidee erschüttern. Weil ein adäquates Renten- und Pflegesystem fehlt, werden sich Chinas Familien Aufgaben gegenübersehen, die sie kaum leisten können und an denen viele scheitern werden. Chinas städtische Mittelklasse, bislang eine der Stützen des Systems, wird weiter unter Druck geraten, weil die Einkommen stagnieren, die Lebenshaltungskosten aber steigen. Gleichzeitig droht China wegen seiner rapide steigenden Schulden eine Finanzkrise.

Chinas Nationalismus wird stärker werden, weil im Zuge einer globalen Rezession die Partei ihre Legitimität weniger durch Wachstumsraten und viel mehr durch Abgrenzung gegenüber anderen gewinnen wird. Diese Abgrenzung war immer schon da, aber sie wird stärker in den Vordergrund treten und macht Chinas zu einer »unruhigen Weltmacht«.

Das größte Hindernis für Chinas Wachstum und Modernität ist die allmächtige Partei selbst. Unter Xi Jinping ist sie dabei, ihren kühlen Pragmatismus aufzugeben, der entscheidend war für das chinesische Wirtschaftswunder. Stattdessen verfolgt sie eine Reideologisierung, in der alles von Xi abhängt, alle auf ihn schauen und niemand wagt, ihm zu widersprechen. Das schwächt das System und macht es anfällig für folgenschwere Fehleinschätzungen.

Wie gesagt, *wēijī*, das chinesiche Wort für Krise, enthält Gefahr und Chance. China ist nichts, weswegen wir uns in eine fatalistische Angststarre flüchten sollten. Die Herausforderung, die es darstellt, ist im Gegenteil eine Chance für uns. Chinas System ist weder besser noch stärker. Unser System der freiheitlichen Demokratie, des Wettstreits der Ideen, der

Schluss

Gewaltenteilung hat eigentlich alles, was es braucht, um in diesem Wettstreit zu bestehen. Wir müssen das stärken, was uns wichtig ist. Damit können wir ein Gegenbild zeichnen zu jener kühlen Effizienz, mit der Peking sein diktatorisches System propagiert. Das bedeutet, mehr Offenheit und Freiheit zu wagen, statt der Faszination des Autoritären Raum zu geben. Es bedeutet, neugierig zu sein, lernen zu wollen – auch und gerade von den Dingen, die China uns voraushat.

Dank

Mein Dank gilt zuerst den Menschen in China, die mir ihre Geschichten erzählt haben und von denen ich so viel über dieses riesige und rätselhafte Land lernen durfte. Ihre Offenheit war für sie häufig ein Risiko, und viele setzten sich damit staatlichem Druck und Einschüchterung aus. Für diesen Mut gebührt ihnen alle Bewunderung.

Ohne meine großartigen Kolleginnen und Kollegen im ZDF-Studio Ostasien hätten diese Geschichten nicht den Weg nach Deutschland gefunden. Es war ein Privileg, mit ihnen all diese Abenteuer erleben zu dürfen.

Stefanie Bolzen, Stefanie Schoeneborn und Normen Odenthal haben Teile des Manuskripts vorab gelesen und mir wertvolle Hinweise gegeben. Besonders dankbar bin ich Kai Strittmatter, der sich den ganzen Text vornahm. Dass er sein einzigartiges China-Wissen und seinen Scharfsinn so großzügig mit mir teilte, war ein Geschenk.

Ebenso, dass meine Literaturagentin Michaela Röll mit all ihrer Textweisheit und ihrem scharfen Blick mir dabei half, der überbordenden Erinnerung eine Dramaturgie und erzählerische Form zu geben.

Ohne Stefan Ulrich Meyer von dtv gäbe es dieses Buch nicht. Er hatte die Idee dazu und trieb mich mit seinen neugierigen Fragen immer weiter voran. Nadine Lipp hat das Manuskript sorgfältig und engagiert lektoriert.

Mein besonderer Dank gilt meiner Familie, die sich voller

Dank

Begeisterung und Abenteuerlust mit mir auf diese lange Reise begeben hat. Und die nach unserer Rückkehr mit viel Geduld mein Schreiben ertrug. Dieses Buch ist für euch.

Literatur

Acemoglu, Daron/Robinson, James A.: Why Nations Fail. The Origins of Power, Prosperity, and Poverty. New York 2012.

Allison, Graham: Destined for War. Can America and China Escape Thucydides's Trap? New York 2018.

Baron, Stefan/Yin-Baron, Guangyan: Die Chinesen. Psychogramm einer Weltmacht. Berlin 2018.

Ibn Battuta: Reisen ans Ende der Welt. Durch Afrika und Asien, 1325-1353. Wiesbaden 2016.

Benner, Thorsten/Gaspers, Jan/Ohlberg, Mareike/Poggetti, Lucrezia/ Shi-Kupfer, Kristin:»Authoritarian Advance. Responding to China's Growing Political Influence in Europe«, Februar 2018, www.merics.org/sites/default/files/2018-02/GPPi_MERICS_Authoritarian_Advance_2018_1.pdf (abgerufen am 03. Januar 2020).

Brown, Kerry: CEO, China. The Rise of Xi Jinping. London, New York 2016.

Ders.: China's World. What Does China Want? London, New York 2017.

Ders.: The New Emperors. Power and the Princelings in China. London, New York 2014.

Bundesamt für Verfassungsschutz:»Risiken im Zusammenhang mit Reisen nach China«, BfV-Newsletter Nr. 4/2019, Thema 4, www.verfassungsschutz.de/de/oeffentlichkeitsarbeit/newsletter/newsletter-archive/bfv-newsletter-archiv/bfv-newsletter-2019-04-archiv/bfv-newsletter-2019-04-thema-04 (abgerufen am 03. April 2020).

Business Europe:»The EU and China – Addressing the Systemic Challenge. A comprehensive EU strategy to rebalance the relationship with China«, Januar 2020, www.businesseurope.eu/sites/buseur/files/media/reports_and_studies/the_eu_and_china_full_february_2020_version_for_screen.pdf (abgerufen am 21. April 2020).

Climate Action Tracker: »China«, https://climateactiontracker.org/countries/china/ (abgerufen am 02. April 2020).

Chapman, Bert: »2017 Defense Department Report on Chinese Military Power«, in: *CPIAnalysis*, 22. Juni 2017.

Chung, Chien-Peng: »The Defense of Xinjiang: Politics, Economics, and Security in Central Asia (China)«, in: *Harvard International Review* 25, 2, 2003. Chinfluence – Chinese Influence in Central Europe: »Engaging China in 17+1«, www.chinfluence.eu (abgerufen am 03. Mai 2020).

Department of Defense, United States of America: »Annual Report to Congress, Military and Security Developments Involving the People's Republic of China 2019«, https://media.defense.gov/2019/May/02/2002127082/ -1/-1/1/2019_CHINA_MILITARY_POWER_REPORT.pdf (abgerufen am 11. Mai 2020).

Department of State, United States of America: »China, Country Report on Human Rights Practices for 2019«, www.state.gov/reports/2019-countryreports-on-human-rights-practices/china/ (abgerufen am 05. Mai 2020).

Esteban, Mario/Otero-Iglesias, Miguel u.a.: »Europe in the Face of US-China Rivalry«, www.merics.org/sites/default/files/2020-01/200123_ETNC_Report.pdf (abgerufen am 04. Januar 2020).

European Union Chamber of Commerce in China: »European Business in China, Position Paper 2019/2020«, Peking 2019.

Dies.: »The Road Less Travelled: European Investment in China's Belt and Road Initiative«, 16. Januar 2020.

EUvsDisinfo: »EEAS Special Report Update: Short Assessment of Narratives and Disinformation around the Covid-19/Coronavirus Pandemic«, https://euvsdisinfo.eu/eeas-special-report-update-2-22-april/ (abgerufen am 03. Mai 2020).

Feldwisch-Drentrup, Hinnerk: »How WHO Became China's Coronavirus Accomplice«, Foreign Policy, 02. April 2020, https://foreignpolicy.com/2020/04/02/china-coronavirus-who-health-soft-power/ (abgerufen am 10 April 2020).

Fenby, Jonathan: The Penguin History of Modern China. The Fall and Rise of a Great Power, 1850 to the Present. London 2019.

Fischer, Joschka: Der Abstieg des Westens, Europa in der neuen Weltordnung des 21. Jahrhunderts. Köln 2019.

Ders.: Willkommen im 21. Jahrhundert. Europas Aufbruch und die deutsche Verantwortung. Köln 2020.

Foreign Correspondents' Club of China:»Control, Halt, Delete. Reporting in China under the Threat of Expulsion. FCCC Report on Media Freedoms in 2019«, März 2020, www.dropbox.com/s/gky8352xue74kuh/control-halt-delete.pdf?dl=0 (abgerufen am 02. Mai 2020).

Dies.:»Tibet Position Paper. Foreign Journalist Access to Tibet«, März 2019, www.dropbox.com/s/prcupbzyvi33kdf/FCCC%20Tibet%20Position%20 Paper%20March%202019.pdf?dl=0 (abgerufen am 11. Mai 2020).

Frankopan, Peter: The Silk Roads. A New History of the World. London 2018.

Frisch, Nick:»Liu Xia Rebuilds Her Career As An Artist«, 30. April 2019, www.newyorker.com/culture/persons-of-interest/liu-xia-rebuilds-her-career-as-an-artist (abgerufen am 03. März 2020).

Gabriel, Sigmar: Mehr Mut. Aufbruch in ein neues Jahrzehnt. Freiburg 2020.

Ders.: Zeitenwende in der Weltpolitik. Mehr Verantwortung in ungewissen Zeiten. Freiburg 2018.

Ghiasy, Richard/Zhou, Jiayi:»The Silk Road Economic Belt: Considering Security Implications and EU-China Cooperation Prospects«, SIPRI, Friedrich-Ebert-Stiftung, Februar 2017, www.sipri.org/sites/default/files/ The-Silk-Road-Economic-Belt.pdf (abgerufen am 04. Mai 2020).

Glinskaya, Elena/Feng, Zhanlian (Hg.): Options for Aged Care in China. Building an Efficient and Sustainable Aged Care System. World Bank Group, Washington D.C. 2018.

Gompert, David C./Stuth Cevallos, Astrid/Garafola, Cristina L.: War with China. Thinking Through the Unthinkable. Rand Corporation, Santa Monica 2016.

Greer, Tanner:»Xi Jinping in Translation: China's Guiding Ideology«, in: Palladium, Governance Futurism, 31.05.2019, https://palladiummag. com/2019/05/31/xi-jinping-in-translation-chinas-guiding-ideology/ (abgerufen am 09. Mai 2020).

Gu, Xuewu:»Europas Zukunft: Äquidistanz zwischen China und Amerika«, in:»Die Konkurrenz um wirtschaftliche Dominanz: Wie kann sich Europa zwischen den USA und China positionieren?«, ifo Schnelldienst 2019, 72, Nr. 22, 03-21, www.ifo.de/publikationen/2019/aufsatz-zeitschrift/die-konkurrenz-um-wirtschaftliche-dominanz-wie-kann-sich (abgerufen 04. November 2019).

Haddick, Robert: Fire on the Water. China, America, and the Future of the Pacific. Annapolis 2014.

Hamilton, Clive/Ohlberg, Mareike: Die lautlose Eroberung. Wie China westliche Demokratien unterwandert und die Welt neu ordnet. München 2020.

Hanemann, Thilo/Huotari, Mikko/Kratz, Agatha: »Chinese FDI in Europe: 2018 Trends and Impact of New Screening Policies«, Rhodium Group und Mercator Institute of China Studies, März 2019, www.merics.org/sites/default/files/2019-11/SCREEN_Merics_China-Monitor_PublicDiplomacy_english_02.pdf (abgerufen am 21. Februar 2020).

Hartmann, Wolf D./Maenning, Wolfgang/Wang, Run: Chinas Neue Seidenstraße. Kooperation statt Isolation, der Rollentausch im Welthandel. Frankfurt am Main 2017.

Hessler, Peter: Oracle Bones. A Journey Through Time in China. New York 2007.

Hillman, Ben/Tuttle, Gray: Ethnic Conflict in Tibet and Xinjiang. Unrest in China's West. New York 2016.

Höllmann, Thomas: Die Seidenstraße. München 2017.

Human Rights Watch: »China's Global Threat to Human Rights«, World Report 2020, www.hrw.org/world-report/2020/china-global-threat-to-human-rights (abgerufen am 3. Mai 2020).

Dies.: »How Mass Surveillance works in Xinjiang. ›Reverse Engineering‹ Police App Reveals Profiling and Monitoring Strategies«, 02. Mai 2019, www.hrw.org/video-photos/interactive/2019/05/02/china-how-mass-surveillance- works-xinjiang (abgerufen am 11. Dezember 2019).

Huotari, Mikko/Weidenfeld, Jan/Arcesati, Rebecca: »Managing Economic Cooperation and Competition with China. Towards a More Integrated European Trade Policy Approach«, März 2020, Mercator Institute for China Studies, www.merics.org/sites/default/files/2020-03/200312_MERICS_Report_MECC_final_2.pdf (abgerufen am 04. April 2020).

Huawei: »Huawei Safe City Solution. Leading New ICT. The Road to Collaborative Public Safety«, 2018, https://e.huawei.com/en/material/industry/safecity/044042f765c04a518e3e25c87fea5133 (abgerufen 17. April 2020).

IISS: The Military Balance 2017. London 2017.

Jungbluth, Cora: »Kauft China systematisch Schlüsseltechnologien auf? Chinesische Firmenbeteiligungen in Deutschland im Kontext von ›Made in China 2025‹«, Bertelsmann Stiftung 2018, www.bertelsmann-stiftung. de/fileadmin/files/BSt/Publikationen/GrauePublikationen/MT_Made_ in_China_2025.pdf (abgerufen 19. April 2020).

Khanna, Parag: The Future is Asian. Global Order in the Twenty-First Century. London 2019.

Kissinger, Henry: On China. New York 2011.

Kroeber, Arthur R.: China's Economy. What Everyone Needs To Know. Oxford 2016.

Lai, Suetyi: »Understanding Europe's Interest in China's Belt and Road Initiative«, Carnegie Endowment For International Peace, 10. Mai 2017, https:// carnegieendowment.org/2017/05/10/understanding-europe-sinterest-in-china-s-belt-and-road-initiative-pub-69920 (abgerufen am 01. November 2019).

Lee, Kristine: »It's Not Just the WHO: How China Is Moving on the Whole U.N.«, *Politico*, 15. April 2020, www.politico.com/news/magazine/2020/04/15/its-not-just-the-who-how-china-is-moving-on-the-whole-un-189029 (abgerufen am 02. Mai 2020).

Lin, Yutang: My Country and My People. Oxford 2010.

Liu, Xiaobo: Ich habe keine Feinde, ich kenne keinen Hass. Ausgewählte Schriften und Gedichte. Frankfurt am Main 2013.

Lippert, Barbara/Perthes, Volker (Hg.): »Strategische Rivalität zwischen USA und China. Worum es geht, was es für Europa (und andere) bedeutet«, SWP-Studie 2020/S 01, Februar 2020.

Lohse-Friedrich, Kerstin: »China's Public Diplomacy. International Companies Face Increasing Reputational Risks«, Merics, April 2019, www.merics. org/sites/default/files/2019-11/SCREEN_Merics_China-Monitor_Public-Diplomacy_english_02.pdf (abgerufen am 25. Februar 2020).

Lovell, Julia: The Opium War. Drugs, Dreams and the Making of China. London 2011.

Luqiu, Luwei Rose: »Why is China's younger generation more pro-government than the previous generation?« The Asia Dialogue, 03. Februar 2020, https://theasiadialogue.com/2020/02/03/why-is-chinas-younger-generation-more-pro-government-than-the-previous-generation/ (abgerufen am 15. Februar 2020).

Magnus, George: Red Flags. Why Xi's China is in Jeopardy. New Haven, London 2018.

McGregor, Richard: The Party. The Secret World of China's Communist Rulers. New York 2010.

Mercator Institute for China Studies:»Merics Belt and Road Tracker«, www.merics.org/en/bri-tracker (abgerufen am 07. Mai 2020).

Dass.:»Neue Seidenstraße«, www.merics.org/de/themen/neue-seidenstrasse (abgerufen am 07. Mai 2020).

Miller, Tom: China's Asian Dream. Empire Building Along the New Silk Road. London 2017.

Ministry of National Defense, The People's Republic of China:»China's Military Strategy«, http://eng.mod.gov.cn/publications/2016-07/13/content_4768294.htm (abgerufen 28. März 2020).

Dass.:»China's National Defense in the New Era«, http://eng.mod.gov.cn/publications/2019-07/24/content_4846452.htm (abgerufen am 11. Mai 2020).

Mounk, Yascha/Foa, Roberto Stefan:»This Is How Democracy Dies. A new report shows that people around the world are collectively losing faith in democratic systems«, *The Atlantic,* 29. Januar 2020, www.theatlantic.com/ideas/archive/2020/01/confidence-democracy-lowest-point-record/605686/?utm_campaign=the-atlantic&utm_medium=social&utm_source=facebook (abgerufen am 03. März 2020).

OECD:»Programme for International Student Assessment, PISA«, www.oecd.org/pisa/publications/ (abgerufen am 07. Januar 2020).

Pacific Prime China:»How Retirement in China is evolving«, 11. September 2019, http://pacificprime.cn/blog/how-retirement-in-china-is-evolving/ (abgerufen am 12. März 2020).

Pew Research Center:»China's Economic Growth Mostly Welcomed in Emerging Markets, but Neighbors Wary of its Influence«, 05. Dezember 2019, www.pewresearch.org/global/wp-content/uploads/sites/2/2019/12/PG_2019.12.05_Balance-of-Power_FINAL.pdf (abgerufen am 07. Januar 2020).

Dass.:»Many See Growing Benefits to China's Economy Over the Past Five Years«, 04. Dezember 2019, www.pewresearch.org/global/2019/12/05/chinas-economic-growth-mostly-welcomed-in-emerging-markets-but-neighbors-wary-of-its-influence/pg_2019-12-05_balance-of-power_2-06/ (abgerufen am 07. Januar 2020).

Polo, Marco: The Travels of Marco Polo. London 2008.

Rambourg, Erwan: The Bling-Dynasty. Why the Reign of Chinese Luxury Shoppers Has Only Begun. Singapur 2014.

Reed, Thomas C./Stillman, Danny B.: The Nuclear Express. A Political History of the Bomb and its Proliferation. Minneapolis 2010.

Reichart, Thomas: Der Wahnsinn und die Bombe. Wie Nordkorea und die Großmächte unsere Sicherheit verspielen. Berlin 2018.

Reporter ohne Grenzen:»China's New Pursuit of a New Media World Order«, 22. März 2019, https://rsf.org/en/reports/rsf-report-chinas-pursuit-new-world-media-order (abgerufen am 19. Januar 2020).

Dies.:»Rangliste der Pressefreiheit 2020«, www.reporter-ohne-grenzen.de/ fileadmin/Redaktion/Downloads/Ranglisten/Rangliste_2020/Rangliste_ der_Pressefreiheit_2020_-_RSF.pdf (abgerufen am 07. April 2020).

Riencourt, Amaury de: The Soul of China. London 1989.

Schaik, Sam van: Tibet. A History. New Haven 2011.

SIPRI:»Trends in World Military Expenditure, 2018«, April 2019, www.sipri. org/sites/default/files/2019-04/fs_1904_milex_2018.pdf (abgerufen am 19. Dezember 2019).

Stanzel, Volker:»Machtverschiebungen in Ostasien, Chinas Welt und Europas Platz darin«, OAG Notizen Juni 2017, http://oag.jp/img/2017/06/1706_ China_Europa.pdf (abgerufen 30. November 2019).

Statistische Ämter des Bundes und der Länder:»Internationale Bildungsindikatoren im Ländervergleich«, Ausgabe 2019, www.destatis.de/DE/ Presse/Pressekonferenzen/2019/Bildung/heft_bildungsindikatoren_ laendervergleich. pdf?_blob=publicationFile (abgerufen am 17. Februar 2020).

Strittmatter, Kai: Gebrauchsanweisung für China. München 2004.

Ders.: Die Neuerfindung der Diktatur. Wie China den digitalen Überwachungsstaat aufbaut und uns damit herausfordert. München 2018.

Süddeutsche Zeitung:»China Cables«, https://projekte.sueddeutsche.de/ artikel/politik/das-sind-die-china-cables-e185468/ (abgerufen am 03. April 2020).

Sun Tzu: The Art of War. An Anthology of China's Ancient Military Philosophy, hg. von Edgar Bailitis, 2013.

Taube, Markus/Hmaidi, Antonia:»Was der Westen entlang Chinas neuer Seidenstraße investiert. Ein Vergleich westlicher und chinesischer Finanzströme«, Bertelsmann Stiftung 2019, www.bertelsmann-stiftung.de/

fileadmin/files/BSt/Publikationen/GrauePublikationen/Seidenstr_
dt_2019_final.pdf (abgerufen am 11. Mai 2020).

Theroux, Paul: Riding the Iron Rooster. By Train through China. New York 1988.

United States – China Economic And Security Review Commission: »2019 Report to Congress«, November 2019, www.uscc.gov/sites/default/files/2019-11/2019%20Annual%20Report%20to%20Congress.pdf (abgerufen am 07. Januar 2020).

Vogel, Ezra F.: Deng Xiaoping and the Transformation of China. Cambridge, London 2011.

Vogelsang, Kai: Kleine Geschichte Chinas. Stuttgart 2014.

Tang, Wenfang: »The ‚Surprise‘ of Authoritarian Resilience in China«, American Affairs 2018, II, 2, https://americanaffairsjournal.org/2018/02/surprise-authoritarian-resilience-china/?mod=article_inline (abgerufen am 02. Februar 2020).

Woetzel, Jonathan/Towson, Jeffrey: The One Hour China Book. Two Peking University Professors Explain All of China Business in Six Short Stories. Cayman Islands 2013.

World Economic Forum: »Global Social Mobility Index 2020: Why Economies Benefit From Fixing Inequality«, 19. Januar 2020, www.weforum.org/reports/global-social-mobility-index-2020-why-economies-benefit-from-fixing-inequality (abgerufen am 15. März 2020).

Xi, Jinping: »Secure a Decisive Victory in Building a Moderately Prosperous Society in All Respects and Strive for the Great Success of Socialism with Chinese Characteristics for a New Era«, Rede an den 19. Nationalkongress der Kommunistischen Partei Chinas am 18. Oktober 2017, www.xinhuanet.com/english/download/Xi_Jinping's_report_at_19th_CPC_National_Congress.pdf (abgerufen am 12. November 2019).

Ders.: »Uphold and Develop Socialism with Chinese Characteristics«, Rede an das Zentralkomitee der Kommunistischen Partei Chinas am 5. Januar 2013, zitiert nach: https://palladiummag.com/2019/05/31/xi-jinping-in-translation-chinas-guiding-ideology/ (abgerufen am 3. Mai 2020).

Yang, Jisheng: Tombstone, The Untold Story of Mao's Great Famine. London 2013.

Zotz, Volker: Der Konfuzianismus. Wiesbaden 2015.